s Teilzeit-Abenteuer
~~n und Vesterålen~~

Da geht mehr
Von Flensburg zu den Åland-Inseln

Ein Ossi erobert die Küste
Rund um Rügen

Das Frost-Abenteuer
Winterpaddeln auf der Warnow

**Tassie Time –
Ein Down Under-Abenteuer**
Nord- und Ostküste Tasmaniens

Du bist das
Abenteuer

Mit dem Kajak in ein neues Leben

Jörg Knorr

Thomas Kettler Verlag

Impressum

1. Auflage 2019

© 2019 Thomas Kettler Verlag
Von-Hutten-Str. 15
D-22761 Hamburg
Tel +49 (40) 39 10 99 10
Fax +49 (40) 390 68 20
www.thomas-kettler-verlag.de

Autor: Jörg Knorr
Titelfoto: Jörg Knorr, *Neufundland*
Fotos: Jörg Knorr

Lektorat: Thomas Kettler
Umschlaggestaltung: Jörg Knorr, Carola Hillmann
Layout und Satz: Carola Hillmann, Thomas Kettler Verlag

Bildnachweis Karte mit Windrose: ©Fotolia/Tomasz Zajda - stock.adobe.com
Bildnachweis Vignette Windrose: ©Fotolia/alfinu - stock.adobe.com
Druck: LEGRA Sp. z o.o., Krakau

Die Deutsche Nationalbibliothek verzeichnet diese Publikation
in der Deutschen Nationalbibliografie; detaillierte bibliografische
Daten sind im Internet über *http://dnb.d-nb.de* abrufbar.

ISBN 978-3-934014-74-9

Inhalt

Abenteuer –
ein Erklärungsversuch

Das Wort Abenteuer ist mit einer Vielzahl von Klischees beladen. Hat man das Wort vor Augen, erblicken die einen den Bergsteiger im heulenden Wind am Gipfel des K2, den Musher auf dem Hundeschlitten im stiebenden Schnee auf dem Weg zum Nordpol, einen Einhandsegler unterwegs auf den Weltmeeren oder den Paddler, der auf die Fallkante eines tosenden Wasserfalls zufährt um sich gleich spektakulär in die Tiefe zu stürzen. Andere mögen sich, wenn Sie von Abenteuern lesen, sofort an selbst Erlebtes erinnern und werden dabei von einer Art Virus gefangen genommen, der Sie unruhig werden lässt. An Abenteuer denken kann bedeuten, der Phantasie freien Lauf zu lassen und Pläne für kommende Unternehmungen zu schmieden, ohne dabei große Heldentaten im Fokus zu haben.

Was meinen wir eigentlich, wenn wir von Abenteuern oder besser gesagt von eigenen Abenteuern reden? Sind es außergewöhnliche Begegnungen in besonderen Gegenden dieser Erde? Sind es wohl oder übel heil überstandene Herausforderungen, die uns an den Rand unseres Leistungsvermögens führen? Ist eine Nacht unter freiem Himmel, ein Abend am Lagerfeuer fernab der Zivilisation oder ein Zusammentreffen mit besonderen Menschen ein Abenteuer? Einige Menschen, die ohne Zweifel Abenteuerliches erlebt haben, habe ich gefragt, was für sie Abenteuer bedeutet.

Olaf Obsommer, Wildwasser-Paddler & Filmemacher, meint dazu:
„Egal ob eine U-Bahnfahrt in München, oder die Suche nach etwas vermeintlich Neuem, das Erkunden neuer Dimensionen – Abenteuer öffnen die Augen und erweitern unseren Horizont. Auch wenn wir dabei manchmal einstecken müssen. Kurz gesagt Zuckerbrot und Peitsche. Und manchmal hätte ich mich nach einem Abenteuer vor Freude auspeitschen können."

Wer lange in der Wildnis unterwegs war und anschließend Freunde und Bekannte an seinen Erlebnissen teilhaben lässt, wird schnell als Abenteurer bezeichnet oder zumindest in diese Ecke gerückt. Dies ist nicht unangenehm und hat auch mit Respekt zu tun der einem gezollt wird. Genauer betrachtet gehört meines Erachtens kein besonderes Geschick dazu, ein Abenteuer zu erleben. Entscheidend ist der erste Schritt im Kopf und die Bereitschaft sich auf etwas nicht ganz Planbares einzulassen. Das kann wirklich jeder.

Schauen wir doch einmal was Wikipedia dazu sagt. Dort heißt es: „Als Abenteuer wird eine risikoreiche Unternehmung oder auch ein Erlebnis bezeichnet, das sich meistens stark vom Alltag unterscheidet – also ein Verlassen des gewohnten Umfeldes und des sozialen Netzwerkes, um etwas Riskantes zu unternehmen, bei dem der Ausgang ungewiss ist."

Drei Begriffe sind aus meiner Sicht das Bezeichnende dieser Definition. Unternehmung, gewohntes Umfeld verlassen und Ausgang ungewiss. Kein Abenteuer gleicht dem anderen. Eine Unternehmung ist der erste, rein praktische Schritt. Das Umfeld und der Ausgang sind sehr variabel.

Bevor ich zu sehr aushole und weitere theoretische Betrachtungen anstelle, sollten wir vielleicht in mein erstes Abenteuer abtauchen und sehen was passiert.

Ein Ossi erobert die Küste
Rund um Rügen

Eine Woche bin ich jetzt unterwegs. Gutes Wetter, freundliche Menschen, Tierbeobachtungen und eine Landschaft, die mich jeden Tag aufs Neue staunen lässt, sind die Zutaten dieser großen Reise. Heute scheint es, als wollte mich die auflaufende Flut zu einem Kräftemessen herausfordern. Ich habe die Arran Rapids, bei Stuart Island, British Columbia, erreicht. Es sieht so aus, als ob ich etwas spät dran bin. Nach meiner Tidenberechnung müsste der Strom jetzt von Ebbe auf Flut kippen. Wenn dem so wäre, könnte ich ganz locker durch die enge Passage paddeln, die weiterführt ins Bute Inlet.

Es ist zu spät für Alternativpläne. Ein Tidenstrom, der für mich eine komplett neue Erfahrung ist, reißt mich mit sich, als würde die kräftige Hand eines Riesen ohne Gnade den Bug meines Kajaks packen, um anschließend sein Spiel damit zu treiben. Die Spielregeln sind mir allerdings vollkommen unbekannt. „Learning by doing", schießt es mir durch den Kopf, als ich mich zwischen Wasserwirbeln und Stromschnellen wiederfinde. Ich agiere, reagiere trifft es besser, intuitiv. Ein Wirbel reißt das Kajak nach links. Als ich versuche gegenzusteuern, macht mein Boot plötzlich eine Rechtsdrehung, mit der ich den Wasserwirbel wieder verlasse. Kurz darauf schieße ich durch eine Welle oder schießt die Welle über mich? Ich versuche nur halbwegs auf Kurs zu bleiben und den bedrohlichen Wirbeln auszuweichen, die sich unberechenbar wie ein hungriger Schlund über die Wasseroberfläche bewegen. Wieder donnert eine Welle von links auf mein Boot. Nur nicht kentern, nicht hier, nicht jetzt. Ich muss mich mit dem Paddel abstützen, als die nächste Welle wie aus dem Nichts kommend gegen das Kajak drückt. Mein Boot macht eine 360 Grad Drehung. Jede Sekunde, so kommt es mir vor, ändern sich die Bedingungen. Wellen und Strudel tauchen genauso plötzlich auf, wie sie verschwinden. Der Wasserlauf wird wieder etwas breiter. Die engste Stelle mit der stärksten Strömung ist heil überstanden. Puh – ich sitze immer noch aufrecht im Boot! Nur langsam beruhigt sich mein Pulsschlag. Eben noch von einer heftigen Adrenalinausschüttung gebeutelt, entspanne ich mich nun schlagartig. Angesichts dieser Bedrohung hat die Mobilisierung der Stresshormone mich superwach gemacht. Lakonisch sag' ich mir selbst: Wer keine Krisen meistert, kann nicht über sich hinauswachsen und Vertrauen in die eigenen Fähigkeiten entwickeln – wer keinen Stress erlebt, hält nichts aus!

Schmunzelnd blicke ich in meinen Gedanken zurück und muss an den Beginn meiner „Paddelkarriere" denken. Mitte der 1980er, an den Mauerfall dachte noch niemand, waren meine Frau Kerstin und ich das erste Mal in unserem neuen Faltboot auf den Mecklenburger Seen unterwegs. Das Boot hatten wir im Sportwarengeschäft in Rostock gekauft. Natürlich nicht einfach so spontan. Das verhinderte die ostdeutsche Mangelwirtschaft. Während einer Messe auf dem Gelände des Rostocker Flussbads an der Warnow hatten wir das Faltboot bestellt. Monate später bekamen wir schließlich die Nachricht, dass wir unser Bötchen abholen dürften. Es wurde mit Seriennummer und Personalausweis auf den Besitzer registriert. Damals war ein Faltboot nicht nur ein Freizeit-

Vehikel, sondern gleichzeitig ein potentielles Fluchtfahrzeug, auch wenn ich mir nicht mal ansatzweise hätte vorstellen können, mit einem Faltboot über die Ostsee abzuhauen. Wir wollten gar nicht abhauen. Wir wollten einfach nur mit dem Kanu in der Natur unterwegs sein. Dafür war die Mecklenburger Seenplatte das richtige Revier. Unser erster Wasserwander-Urlaub übertraf alle Erwartungen. Weitestgehend unabhängig durch die Natur zu reisen, Gleichgesinnte zu treffen und die Nächte im Zelt zu schlafen gefiel uns sehr. Die Campingplätze waren naturbelassen. Sanitärgebäude gab es

So fing alles an . . .

nicht. Plumpsklos waren Standard und statt zu duschen wurde im See gebadet. Alles völlig normal. Nicht normal, sondern überaus gespannt lauschten wir einer Geschichte, die uns ein Vater, der mit seinem Sohn ebenfalls im Faltboot unterwegs war, auf einem Campingplatz erzählte. Sein Name ist mir leider entfallen. Nennen wir ihn Peter. Peter hatte in den späten 1950iger Jahren zusammen mit seinem Bruder eine Rügen-Umrundung mit dem Faltboot gewagt. Damals war so etwas noch möglich. Die DDR-Regierung hatte bekanntlich erst einige Jahre später die Grenze einschließlich der Seegrenze dichtgemacht.

Für mich klang Peters Story wie der Plot eines Abenteuerfilms. Mit dem Faltboot auf der Ostsee – das bekam ich kaum rein in meinen Kopf. Ich dachte an Meereswellen, die das Boot unausweichlich fluten würden, an Seenot, weil der Kahn drohen würde abzusaufen und an einen ständigen Kampf mit den Naturgewalten. Ich lag an diesem Abend im Zelt noch lange wach weil mich Peters Erzählung gepackt hatte und ich mir ständig auszumalen versuchte, wie man ein solches Wagnis heil überstehen kann.

Einige Jahre später fiel die Mauer. 1991 sind wir nach Flensburg gezogen, weil ich dort einen neuen Job gefunden hatte. Da es mit unserem siebenjährigen Sohn Hannes zu dritt etwas eng wurde in unserem Faltboot kauften wir 1993 ein neues Kajak, ein Necky „Kyook". Bei Familienurlauben paddelten Hannes und ich üblicherweise im Faltboot und Kerstin im Necky-Kajak. Gleich nach dem Kauf des neuen Kajaks machte ich damit erste kleine Ausflüge hinaus auf die Flensburger Förde, paddelte weiter nach Norden in die dänische Ostsee und wagte auch schon mal eine Querung, bei der zwölf Kilometer offenes Wasser vor meinem Bug lagen. Ich stellte fest, dass das Meer gar nicht so rau und grausam war, wie ich früher gedacht hatte.

Sich etwas trauen ist das Eine. Zu beobachten was dabei passiert, wie man damit klarkommt, was man anders machen sollte, worauf man achten muss – das waren Dinge, die genauso wichtig waren. Alles fühlte sich gut an. Ich spürte, dass unser neues Boot und sein Skipper bereit waren für Größeres und fing an, nach einem neuen Ziel zu suchen. Peters Rügen-Geschichte war nach fast zehn Jahren plötzlich wieder in meinem Hinterkopf präsent.

1995 war ich soweit, mir ein erstes größeres Paddel-Abenteuer zuzu-
trauen. Ich wollte Rügen umrunden. Allein. Nicht im Faltboot, sondern
in einem Einer-Seekajak, das mit 4,52 Meter einen ganzen Meter kürzer war als unser Faltboot. Nach ausgiebigem Kartenstudium fühlte ich
mich bereit für Rügen. Die Insel sollte von mir erobert werden. Für die
180-Kilometer-Runde kalkulierte ich eine Woche. Wenn ich etwa 40
Kilometer am Tag schaffen würde, könnte ich mir zwei Reservetage für
schlechtes Wetter leisten. Das war der Plan. Natürlich musste ich auch
mit Kerstin meinen Alleingang in Sachen Urlaubsplanung abstimmen.
Aber das war leichter als gedacht, weil meiner lieben Frau natürlich nicht
entgangen war, dass ich anfing eine neue Leidenschaft zu entwickeln.

Am Campingplatz in Suhrendorf auf der Halbinsel Ummanz am
Westende Rügens setze ich mein Kajak ins Wasser und mache die ersten Paddelschläge Richtung Norden. Ich fühle mich großartig. Voller
Erwartungen bin ich im engen Fahrwasser zwischen Hiddensee und Rügen unterwegs. Was vor zehn Jahren noch unvorstellbar war, schien jetzt
ganz einfach möglich. Ich bin dabei, ganz unbehelligt um Deutschlands
größte Insel zu paddeln und sehe mich schon als Held in einer Woche
wieder am Strand von Ummanz aus dem Boot steigen. In meinen Ge-
dankengängen meldet sich hin und wieder der Ossi. Auch nach sechs
Jahren Wiedervereinigung und vier Lebensjahren in Flensburg empfinde

Und plötzlich bieten sich ganz neue Küsten-Perspektiven

9

ich es immer noch als ein großes Geschenk, sich einfach ins Boot setzen zu dürfen, um Deutschlands Küste aus einer neuen Perspektive zu entdecken. Im weitesten Sinne ist Rügen als Teil der ehemaligen DDR so etwas wie meine Heimat. Oft hatten meine Eltern mit meinem Bruder und mir Urlaub auf der Ostseeinsel gemacht. Trotzdem kommt mir meine Reise vor wie ein Aufbruch in eine neue Welt. Mit einem leichten innerlichen Kopfschütteln muss ich immer noch daran denken, wie gebannt ich an Peters Lippen hing, als er uns von seinem Rügen-Abenteuer erzählt hatte. Jetzt bin ich das Abenteuer.

Über Dranske, Kap Arkona, die Kreidefelsen, Sassnitz, Binz und Göhren paddle ich in drei Tagen bis nach Klein Zicker auf Mönchgut, eine Halbinsel im Südosten Rügens. Diese drei Tage sind geprägt von neuen Erfahrungen, neuen Eindrücken und neuen Freiheitsgefühlen. Da es auf Mönchgut schwierig ist wild zu zelten, lande ich bei der Surf-Oase Klein Zicker an. Dieser Campingplatz ist normalerweise Wohnmobilen und Wohnwagen vorbehalten. Bedingt durch die Vorsaison ist noch viel Platz und ich darf mein Zelt aufbauen. Am nächsten Morgen beginnt das Warten. Der Wind hat aufgefrischt und weht so stark, dass die Kite-Surfer riesigen Spaß dabei haben, weite und hohe Sprünge über die aufgewühlte Ostsee hinzulegen. Mein Spaß hält sich in Grenzen, da ich angesichts der schäumenden Wellen, die genau aus Südwest anrollen, keine Chance sehe weiterzukommen. So bleibt es den ganzen Tag. Der Wind nimmt sogar noch zu. Mir bleibt nichts anderes übrig als abzuwarten. Dem Typen an der Rezeption, ein Berliner, hatte ich gestern schon erzählt, dass ich mit meinem Kajak auf dem Weg um Rügen bin und nur für eine Nacht bleiben will.

„Na, zu windig für dit kleene Boot, wa?" grinst er mich an.

Ich schaue etwas traurig und antwortete: „Sieht aus, als wenn ich noch eine Nacht ranhängen muss." Achim, wir einigten uns schnell aufs Du, ist schon klar, dass ich lange wieder weg sein wollte.

„Brauchst och nur'n halben Preis zahlen", ist seine erfreuliche Ansage. Außerdem warnt er mich vor: „Dit Wetter soll so bleiben. Mach keen Scheiß' mit Deine Nussschale." Achims Sorge ist ehrlich gemeint. Ich bedankte mich für den Spezialpreis und verabschiede mich schon jetzt.

„Machs jut und viel Glück", erwidert Achim mit einer winkenden Handbewegung.

Am nächsten Tag stehe ich wieder bei ihm auf der Matte.

„Die nächste Nacht jeht ufs Haus", empfängt mich Achim. So hat der zweite stürmische Tag auch etwas Positives. Schön, wenn Menschen in der Lage sind, sich in die Situation anderer hineinzuversetzen. Achim beweist Empathie. Das ist nicht selbstverständlich, wie ich schon oft erfahren musste.

„Wenn der Wind morgen nicht nachlässt, hole ich mein Auto. Ich will Deine Gastfreundschaft nicht überstrapazieren", lasse ich Achim dankend wissen.

„Mach Dir ma keen Kopp. Dit jeht schon in Ordnung", entschärft Achim meine Bedenken.

Leider sehen wir uns schon am nächsten Tag wieder. Ich muss meine Rügen-Umrundung, die so gut angelaufen war, tatsächlich abbrechen. Der dritte Tag Starkwind ist zu viel für meine Nerven. Ich trampe nach Suhrendorf, um das Auto zu holen und verabschiede mich am frühen Nachmittag von Achim:

„Ich komme wieder. Vielleicht nächstes Jahr." Nach einer Stunde Autofahrt fange ich an zu grübeln. Hätte ich es nicht vielleicht doch wagen können? War das schon mein Limit? Unterm Strich komme ich zu einer einfachen Erkenntnis. Wenn dein Bauchgefühl dir sagt, dass du eine Hürde nicht sicher überspringen kannst, dann lass es. Vielleicht hätte ich der Brandung in Klein Zicker Paroli bieten können? Vielleicht wäre es einfacher gewesen, als ich dachte? Kann sein, kann aber auch nicht sein. Rügen läuft mir nicht weg. Es wird einen zweiten Versuch geben.

⚓

Schon ein Jahr später stehe ich Ende Mai wieder in Suhrendorf. Dieses Mal sind wir zu zweit. Ich habe meinen Freund Martin begeistern können mitzukommen. Martin, fünf Jahre jünger als ich, hatte sich vor zwei Jahren elf Monate Auszeit genommen, um einmal quer durch die USA und weiter nach Mittelamerika zu radeln. Er durfte nach seinem Velo-Abenteuer zwar wieder in unserer Firma arbeiten, hätte den Trip aber auch ohne diese Zusage gemacht. Ich bewundere Martin für die Konsequenz, mit der er sein Ding durchgezogen hatte. Martin paddelt zwar nicht so viel wie ich, hat aber trotzdem schnell zugesagt, als ich ihm vorschlug mitzukommen.

Früher war Martin viel auf schwedischen Binnengewässern unterwegs. Zum Küstenpaddeln ist er erst durch mich gekommen. Vor zwei

Jahren haben wir eine kleine Tour an der dänischen Küste unternommen. Da saß Martin noch in einem für Küstengewässer nicht so gut geeigneten kleinen Tourenkajak. Sein Seekajak hat er erst vor einem Jahr gekauft. Das Boot, ein gelber Lettmann Arctic, ist einen Meter länger und vier Zentimeter schmaler als mein Kajak. Hoffentlich wird Martin mich damit nicht in seinem Kielwasser verhungern lassen. Damit ich das ein Jahr zuvor ausgelassene Stück Rügen dieses Mal zumindest von der Wasserseite aus sehen würde, starten wir nach Süden, um Rügen entgegen dem Uhrzeigersinn zu umrunden.

An unserem zweiten Paddeltag wird Martin plötzlich auffallend wortkarg. Wir paddeln mit westlichem Wind auf Palmer Ort zu, der südlichsten Ecke Rügens. Bei einem Meter Wellenhöhe muss Martin sich auf die ungewohnten Bewegungen seines kippeligen Kajaks konzentrieren. Oft hatte er noch keine Gelegenheit, das Boot in der Welle zu testen. Jedes Boot verhält sich anders. Martin ist gerade dabei herauszufinden, wie sein Boot auf Wellen von hinten reagiert und wie man dabei am besten mit Körper und Paddel gegensteuert. Nachdem wir Rügens Südkap schließlich umrundet haben, entspannen sich die Gesichtszüge meines Paddelpartners. Mit den letzten von hinten anrollenden Wellen glaubte ich im Gesicht meines Freundes schon einen leicht nach oben gezogenen Mundwinkel entdeckt zu haben. Wenn man die Welle richtig erwischt

Rügen-Helden oder Glückssucher?

12

und das Boot im richtigen Moment beschleunigt, sind selbst mit einem beladenen Kajak Surfeinlagen möglich, die dem ambitionierten Paddler ein breites Grinsen ins Gesicht zaubern. Hinter Palmer Ort empfängt uns ein windgeschützter Abschnitt. Ganz entspannt paddeln wir nun Richtung Nordosten weiter. Eine Frau am Ufer winkt zu uns herüber als ob sie etwas von uns will. Wir paddeln auf einen kleinen Strand ganz in der Nähe zu und steigen dort aus den Kajaks. Ulla und ihr Mann Klaus, beide Mitte Vierzig, stehen bald vor uns und laden uns auf ein Bier ein. Neben ihrem kleinen Zelt liegt ihr Kanu, ein offener Kanadier. Auf dem Boden neben ihrem Zelt sitzend, halten wir einen Moment später jeder eine Dose Bier in der Hand.

„Prost", Klaus öffnet seine Dose einladend.

„Damit seid Ihr unterwegs?", frage ich ungläubig, mit einem Fingerzeig auf das Kanu.

„Fast um die ganze Insel rum", sagt Klaus. Ulla ergänzt: „Zwei Wochen sind wir schon unterwegs. Aber anders herum als Ihr. Heute weht der Wind von vorn. Da würden wir kaum vorankommen."

Martin, die letzten Wellen vor Palmer Ort noch bildlich vor Augen, nickt nur und meint: „Würde ich heute mit eurem Boot auch nicht versuchen."

Ulla und Klaus sind südlich von Kassel zu Hause. Ihr Kanadier ist wesentlich windanfälliger als ein Kajak. Aber das scheint den Hessen nichts auszumachen. Sie haben genügend Zeit im Gepäck und offenbar reichlich Erfahrung um einschätzen zu können, was geht und was nicht. Es soll die letzte Tour mit diesem Boot sein. Die nächste Reise ist mit einem Segelboot geplant. Klaus ist Bastler durch und durch. Viele Ausrüstungsdetails an ihrem Boot hat er sich selbst ausgedacht und auch gebaut. Ein runder Flicken aus Klett-Material prangt auf seiner Mütze.

„Was hat es damit auf sich?", frage ich interessiert.

„Da kann ich meine Positionslampe anflanschen", klärt Klaus mich auf, verschwindet im Zelt und kommt mit einer transparenten Tupperdose zurück, in der er Lampe, Batterie und Schalter wasserdicht verbaut hat. Am Deckel der Tupper-Dose ist ebenfalls ein Klett-Flicken angebracht. Klaus schaltet die Lampe an, setzt sie sich auf die Mütze, grinst und sagt nicht ohne Stolz:

„Für Nachtfahrten. Damit man uns sehen kann, wenn uns mal nichts anderes übrig bleibt, als die nächtliche Windstille zu nutzen." Wir sind beeindruckt. Die Zwei scheinen auf alle Eventualitäten vorbereitet zu sein und minimieren Restrisiken auf sehr innovative Art und Weise.

Fürs Bier dankend, wünschen wir uns gegenseitig eine sichere Umrundung der Insel und machen uns wieder auf den Weg. Ulla und Klaus werden morgen versuchen weiterzukommen. Oder nachts mit angeflanschter Tupperdose.

Einen Tag später erreichen wir Mönchgut. Nun habe ich zumindest die Lücke geschlossen, die bei meinem ersten Rügen-Törn offen blieb. Bei der Surf-Oase Klein Zicker wollen wir die Nacht verbringen. Ich gehe zunächst zur Rezeption, um Achim Hallo zu sagen. Leider habe ich Pech im doppelten Sinne. Erstens ist Achim nicht da und zweitens scheint sein Kollege Vertreter der zeltenden Zunft nicht zu mögen. Jedenfalls erlaubt er uns nicht auf seinem Claim zu zelten, weil der Caravans und Wohnmobilen vorbehalten sein soll. Er lässt nicht mit sich reden. Dazu sei erwähnt, dass der Platz noch nicht überlaufen ist und Raum für mindestens 25 Zelte unserer Größe bietet. Wir nehmen es gelassen und haben einen Plan B parat. Der Miesepeter wird sicherlich gegen 22 Uhr das Feld räumen. Danach ist auch noch Zeit zum Zeltaufbau.

Am Strand lassen wir die Kajaks liegen, ziehen uns um und suchen das nächste Restaurant auf, um dort das gesparte Übernachtungsgeld sinnvoll anzulegen. Kurz nach zehn bezahlen wir unsere Rechnung und schlendern gut gelaunt und etwas angeheitert durch die stockdunkle Nacht zurück zu unseren Booten. Mit Stirnlampen ausgerüstet bauen wir die Zelte auf.

„Gute Nacht", rufe ich durch die Zeltwände zu Martin, als ich meinen Schlafsack-Reißverschluss zuziehe.

Unterm Strich betrachtet war der Tag trotz des angesagten Zeltverbots – oder vielleicht gerade deswegen – richtig gut.

Schon früh sitzen wir in den Booten und paddeln nur drei Kilometer weiter zum Strand bei Thiessow. Ich mache mich auf den Weg, um Brötchen beim Spar-Markt zu holen. Martin kocht Kaffee. Dann lungern wir auf einem angetriebenen Baumstamm in der Morgensonne herum und genießen ein göttliches Frühstück. Schöner kann ein Tag kaum beginnen, wenn man mal von unserem notgedrungenen Frühstart absieht. Während wir an Göhren, Baabe und Sellin vorbeipaddeln, frischt der Wind langsam aber stetig auf. Hinter Sellin wird es haarig.

Kurz vor Granitzer Ort erkundige ich mich bei Martin noch mal, ob alles im Lot ist. Die Wellenhöhe ist in der letzten halben Stunde um einiges gewachsen und hinter der nächsten Landnase müssen wir mit noch stärkerem Wind rechnen. Auf der Suche nach der optimalen Sitzposition ruckelt Martin auf seinem Sitz hin und her. Wohl ahnend was jetzt kommt, ruft er in auffallend ernstem Tonfall:

„Wir versuchen es. Wenn es zu viel wird gehen wir an Land." Als wir um Granitzer Ort herum sind, rollen die Wellen schräg von vorn mit sechs Windstärken auf uns zu. Windböen machen das Ganze noch unangenehmer. Mal eben notlanden können wir vergessen, da das Ufer überall steinig ist. Das würde unseren Booten nicht gut bekommen. Wir versuchen eng zusammenzubleiben. Martin verschwindet immer wieder hinter den Wellenbergen. Mal ist Binz zu sehen, mal sehe ich nur Wasser. Eine Dreiviertelstunde kämpfen wir gegen die Wellen an. Es kommt uns vor, als wären es Stunden. Dann endlich rutschen unsere Kajaks mit einem vertrauten sachten Knirschen auf den im Windschatten liegenden Strand vor Binz. Wir sind völlig ausgepumpt. Trotzdem ist da ein gutes Gefühl, das nicht nur mich packt. Martins Gesicht strahlt ebenfalls etwas Positives aus. Auch wenn wir eine Pause jetzt mehr als nötig haben, die letzte Stunde hat uns gestärkt. Psychisch noch mehr als physisch, glaube ich. Ein bisschen Stolz mischt sich in die Gedankenfetzen, die mir durch den Kopf jagen: Ab und zu eine Grenzlinie aufgezeigt zu bekommen, kann nicht schaden. Das eben war so eine Situation, die einem klarmacht, bis wohin man gehen kann und wann Schluss sein sollte. Es erinnert ein wenig an Klein Zicker vor einem Jahr.

Martin entblößt sich und stürzt sich in die kalte Ostsee, bevor er in trockene Sachen schlüpft um das Gefühl von wohliger Wärme zu genießen. Ich bin einfach zu faul mich umzuziehen, da wir noch ein Stück weiter bis Prora paddeln wollen. Nur eine Stunde später ziehen wir die Kajaks auf den Strand des Campingplatzes des Bundeswehrsozialwerkes.

Am nächsten Tag freuen wir uns auf das vor uns liegende Rügen-Highlight, als wir Sassnitz links liegen lassen und die Kreidefelsen mit dem Königsstuhl im Nationalpark Jasmund anpeilen. Mit Blick auf die gewaltigen weißen Felsen fahren wir in gebührendem Abstand am Ufer entlang. Angesichts der Tatsache, dass Busladungen voller Touristen zum Königsstuhl pilgern, ist nicht ganz zu verstehen, weshalb hier auch Kajakfahrer einen Mindestabstand von 500 Metern einhalten müssen.

Knapp vier Kilometer weiter machen wir im Hafen von Lohme fest, um uns zu einem Spaziergang auf dem Uferweg Richtung Königsstuhl aufzumachen. Wir staunen über das, was die Natur hier geschaffen hat und sind ganz nebenbei auch ein wenig stolz, dass wir aus eigener Kraft über die Ostsee hierhergekommen sind. Vom Königsstuhl und der Victoriasicht blicken wir etwas später in die Ferne und auf die milchig grün schimmernde Ostsee. Grandios. Mehr Zeit als nötig wollen wir hier oben zwischen all den Touristen aber nicht verschwenden. Die Ostsee ruft. Wir haben noch ein Stück vor uns, auch wenn nicht klar ist, bis wohin wir heute kommen werden.

Der Wind ist total eingeschlafen und wir legen einen sehr relaxten Paddelstil an den Tag. Damit werden wir zwar keinen Streckenrekord aufstellen, drücken aber bis in den späten Abend soviel Wasser unter unsere Kajaks, dass wir es immerhin, wenn auch im Dunkeln, bis nach Juliusruh schaffen. Juliusruh liegt am Ende der langgestreckten Tromper Wiek, einer feinsandigen Bucht zwischen den Halbinseln Jasmund und Wittow. Hier finden wir einen Campingplatz. Dessen Restaurant hat ganz sicher schon bessere Zeiten erlebt. Eine alte Köchin, die 70 schon locker überschritten, bietet uns trotz später Stunde ein Bauernfrühstück an. Die liebenswürdige Omi spürt wohl, dass sie damit zwei geschundenen Paddlern wieder auf die Beine helfen kann. Freude strahlt aus ihren wachen Augen, als sie in die Küche trottet, um den Herd für uns noch mal hochzufahren.

Wenig später kommt sie leicht hinkend an unseren Tisch, schiebt jedem von uns einen reichlich gefüllten Teller vor die Nase, legt das Besteck dazu, stemmt eine Hand in die Hüfte, legt die andere auf Martins Schulter und sagt:

„So Jungens, guten Hunger wünsch ich. Soll ich Euch noch'n Bier bringen?"

„Jo", reagieren wir hocherfreut und dankbar fast im Chor und fallen über das Bauernfrühstück her. Es ist, als wären wir nach Hause gekommen, während Mutti schon mit dem Essen wartet. Vergnügt bleibt unsere Omi noch einen Moment stehen. Die Freude darüber wie „ihre Jungens" das späte Abendbrot mit so viel Appetit verschlingen, ist ihr anzusehen. Ich könnte sie knuddeln, unsere Omi aus Juliusruh.

Der vorletzte Tag im Mai wird auch unser vorletzter Paddeltag sein, wenn das Wetter mitspielt. Am Abend zuvor sitzen wir kurz vor halb elf vor unserem Weltempfänger und lauschen dem Seewetterbericht auf NDR4. Der späte Termin am Radio ist zum Tagesritual geworden.

Da der Empfang meines Weltempfängers nicht gerade berauschend ist, kriechen wir ganz nah ans Radio um die wichtigste Durchsage nicht zu verpassen. Ganz langsam und deutlich kommen die Worte des Sprechers über den Äther. Dazwischen lange Pausen und schließlich der für uns entscheidende Teil:

„Südliche Ostsee – Nordwest – drei bis vier – später nach Süd drehend – nachlassend." Ich hebe den rechten Daumen und schalte das Radio aus – Zeit für die Koje.

Kap Arkona, der nördlichste Punkt Rügens, liegt vor dem Bug unserer Kajaks. Es sieht ganz danach aus, als wenn die Umrundung dieses Mal klappen könnte. In Gedanken sehe ich uns schon in Suhrendorf, werde aber von Martin aus meinem Tagtraum gerissen:

„Der Strand sieht irre aus. Lass uns hier eine Pause machen." Ich ahne schon, dass jetzt wieder Geduld gefragt ist, da Martins Pausen an solchen Stränden bei diesem Wetter Zeit brauchen. Deswegen kommt mein „Okay" etwas zögerlich, was Martin wiederum auch sofort zu werten weiß:

„Eine halbe Stunde, maximal 45 Minuten."

Nach fünf Tagen gemeinsamen Paddelns müssen wir nicht mehr lange diskutieren, da jeder die Macken und Vorlieben des anderen kennt. Martin ist ein Genießer, der gern später aufsteht, in den Pausen auch mal ein Stündchen am Strand liegt und dabei einnickt. Wenn man ihn nicht treibt, können daraus auch leicht zwei Stunden werden. Wann man abends das Tagesziel erreicht, wo das auch immer sein mag, scheint bei Martin zweitrangig und wird sich schon irgendwie ergeben. Ich dagegen bin im Kajak sehr zielorientiert unterwegs. Frühes Aufstehen ist kein Problem. Die grob geplante Tagesstrecke vor Augen, müssen meine Pausen nicht länger als 15 Minuten dauern. Bin ich dann am Ziel angekommen, muss erst das Zelt aufgebaut und eingeräumt sein. Erst danach kann auch ich so entspannen, wie Martin es ohne Mühe während jeder Pause schafft. Für meine Reisepartner ist das manchmal schwierig. Wenn ich aber mit Leuten unterwegs bin, die sonst auf meiner Wellenlänge ticken, finden wir ohne Probleme Kompromisse, mit denen beide Seiten leben können.

Martin hat sich in den Sand gelegt und genießt die wärmende Sonne.

Ich laufe ein Stück am Ufer entlang. Das Wasser bei Kap Arkona ist glasklar. Der Strand zieht sich, parallel von einem Baumgürtel begleitet, weit nach Westen hin. Die Wellen rauschen unaufhörlich in immer gleichem Rhythmus an den Strand, wirken beruhigend und lassen kleine Steine das Licht der Sonne reflektieren. Der Blick über die Ostsee lässt Schweden erahnen, reicht aber doch nur bis zum Horizont, wo Himmel und Wasser sich berühren.

Solche Blicke beflügeln mich über neue Paddelziele nachzudenken. Mal nach Schweden oder noch weiter zu paddeln wäre sicher auch interessant. Dafür würde eine Woche Urlaub aber nicht ausreichen. Mit 30 Tagen Tarifurlaub und einigen Überstunden die ich abbummeln könnte, bin ich eigentlich schon ganz gut bedient. Zusammen mit der Familie zu reisen und zusätzliche Solo-Paddel-Projekte zu realisieren könnte aber selbst in diesem Zeitfenster knapp werden. Ohne zu wissen wann und wo eine längere Tour genau hinführen könnte, ertappe ich mich dabei, von noch unkonkreten imaginären Zielen zu träumen. „Schluss damit", ermahne ich mich selbst. „Sieh erst mal zu, dass Dein Törn um Rügen läuft." So rufe ich mich in die Realität zurück, frage mich aber gleichzeitig zweifelnd, warum ich beides trennen soll. Die realen Rahmenbedingungen könnte man seinen Träumen doch anpassen und diese dann versuchen, zu realisieren. „Träume leben" ist ein etwas abgedroschener Slogan. Aber genau das ist es, was Träume und Realität verschmelzen lässt.

Martin ist wieder mal eingedöst. Während meines Strandspaziergangs ist glatt eine Stunde vergangen. Ich tue so, als ob ich schon eine Viertelstunde neben Martin hocken würde und versuche, ihn in sachtem Tonfall aus dem Schlafmodus an den Strand von Kap Arkona zurückzuholen:

„Lass uns weiterpaddeln. Du bist schon 15 Minuten drüber."

Ein müdes Blinzeln seiner Augen lässt hoffen.

Nach einer letzten Nacht in Dranske starten wir in den finalen Tag unserer Reise. Der gestrige Seewetterbericht hat schon für ein erstes Stimmungshoch vor dem Einschlafen gesorgt. Morgens beim ersten Blick aus dem Zelt eine positive Wettervorhersage bestätigt zu finden, ist ein großartiges Gefühl. Solche Tagesanfänge erzeugen pure Paddellust in mir, die ich gern eins zu eins auf meinen Paddel-Gefährten übertragen würde. Als Martin den Weg aus seinem Zelt findet, habe ich den Kaffee schon fertig. Das wird honoriert und ich hoffe auf einen frühen Paddel-Start in den Tag.

Die letzte Etappe soll an der Westküste Hiddensees entlangführen. Wir nehmen Kurs auf den Dornbusch, Hiddensees Hügel am Nordende der Insel mit dem gleichnamigen Leuchtturm. Um uns auch an Land ein Bild von der Insel zu machen, setzen wir in Kloster unsere Füße auf den Strand, lassen die Boote zurück und peilen den Leuchtturm nun zu Fuß an. Trotz der Tagestouristen liegt eine angenehme Ruhe über der Insel, die sich noch verstärkt, wenn man Kloster hinter sich lässt. Das hängt mit dem Auto-Verbot auf Hiddensee zusammen. Selten sieht man das inseleigene Elektrofahrzeug. Öfter dagegen Pferdewagen, mit denen fußlahme Inselbesucher chauffiert werden.

Vom Dornbusch aus präsentiert sich Hiddensee, dessen Silhouette ein wenig an ein Seepferdchen erinnert, in seiner ganzen Ausdehnung. Rund 17 Kilometer ist die Insel lang und zählt ganze 100 Bewohner. Fast genauso lang ist auch der Strand an der westlichen Inselseite, der heute noch ganz langsam an uns vorbeiziehen wird. Was macht den Hauptreiz dieser Insel aus? Ist es die unendliche Weite, die sich vor dem Auge auftut? Ihr Name rührt vom legendären Norwegerkönig Hedin aus dem Buch der Edda her, einer Sammlung altnordischer Götter- und Heldenlieder. Im Jahre 1872 fand man den berühmten Hiddenseer Goldschmuck, eine Wikingerarbeit aus dem 10. Jahrhundert. Schon in den 1920er Jahren war die Insel eine beliebte Sommerfrische für Schriftsteller, Dichter, Maler, Schauspieler und andere Künstler. Unter ihnen solche Berühmtheiten wie Albert Einstein, Hans Fallada, Thomas Mann, die Puppenmacherin Käthe Kruse, der Stummfilmstar Asta Nielsen, Joachim Ringelnatz, der Filmemacher Billy Wilder oder Gerhard Hauptmann, der in Kloster gar begraben liegt. Zu DDR-Zeiten erfuhr Hiddensee einen regen Zulauf Andersdenkender, Künstler und Aussteiger, die in der Saison in der Gastronomie arbeiteten und hier Unterschlupf fanden.

Auf dem Rückweg vom Leuchtturm lassen wir uns von den Verlockungen der Gastronomie verführen, was die Pause schon wieder länger macht als geplant. Aber was soll's, der Blick in den Himmel verspricht eine stabile Wetterlage und die 25 verbleibenden Kilometer bis zum Ziel werden wir schon noch packen. Ein bisschen müde vom Essen stürzen wir uns am Strand in die Ostsee um den Kreislauf auf Tour zu bringen. Dann endlich setzen wir die Kajaks Richtung Süden in Bewegung. An der Grenze zum Naturschutzgebiet „Gellen" locken schattenspendende Kiefern. Wir geben klein bei. Eine letzte Pause.

Vor etwa 700 Jahren war Hiddensee hier zu Ende. Kontinuierlich schreitet die Verlandung voran, die der Insel jährlich bis zu fünf Meter Wachstum Richtung Süden bescheren. Nun sind wir wirklich allein. Neben gelegentlichem Möwengeschrei und einem ganz leisen Windhauch in den Wipfeln der Kiefern ist kein Geräusch zu vernehmen. Auf dem Rücken liegend schauen wir durch die dunkelgrünen Kiefernäste in den azurblauen Himmel. Selbst mir gelingt es jetzt innere Ruhe zu spüren.

„Was ist los?", fragt Martin, der überrascht scheint, als ich schon zehn Minuten ohne ein Wort einfach nur daliege.

„Weiß auch nicht. Fühlt sich gut an heute", ist meine unbeholfene Antwort.

„Bist Du krank?", scheint Martin sich lachend versichern zu wollen.

„Ist ja nicht mehr weit bis Suhrendorf. Da wird man sich wohl mal ein Viertelstündchen entspannen dürfen", entgegne ich mit einem aufgesetzt rechtfertigenden Tonfall und muss schließlich selbst lachen.

Nach einer weiteren Viertelstunde finde ich zu meinen Tatendrang zurück, der mir tatsächlich kurz abhandengekommen war. Ich versuche den neben mir dösenden Freund mit meinem Aktivismus anzustecken. Schließlich sitzen wir wieder in unseren Kajaks und paddeln dem Südende Hiddensees entgegen. Dort einen paddelbaren Wasserweg zu finden um rüber nach Ummanz zu kommen, gestaltet sich schwierig. Aus unserer Perspektive ist es verdammt schwer einzuschätzen, wo das Wasser tief genug ist. Unsere Kajaks haben kaum mehr als zehn Zentimeter Tiefgang. Zu viel. Wir müssen aussteigen und die Boote hinter uns herziehen.

Wir sind jetzt nach Osten unterwegs. In der Ferne ist die dunkle schmale Fahrwasserrinne zu erkennen. Bis dort dürften es noch einige hundert Meter oder mehr sein. Was sollen wir machen? Es geht amphibisch weiter. Jeder zieht sein Boot an der Leine hinter sich her, als würden wir mit ungehorsamen Hunden unterwegs sein. Als uns die Ostsee wieder fast bis zur Wade reicht lässt die Spannung der Leinen nach. Das Fahrwasser liegt vor uns. Ganze drei Kilometer trennen uns noch von Suhrendorf. Martin will schon wieder einsteigen, als ich ihn zurückrufe:

„Hol mal Deinen Becher raus!"

Einen Moment später entkorke ich eine Flasche Rotwein und gieße uns jedem einen Schluck ein. Wir haben an die 190 Paddelkilometer im Kielwasser und stehen irgendwie gerade besonders exponiert in der Ostsee herum. Ich will dem Moment ein wenig Geltung verleihen.

„Sieht ganz danach aus, als ob wir den Kreis gleich schließen werden", sage ich nicht lauter als notwendig an diesem fast windstillen Ort im Wasser der Ostsee stehend. Meinen Becher halte ich in Martins Richtung.

„Noch drei Kilometer, dann haben wir es geschafft. Prost Martin, auf Rügen!"

Martin ahnt, glaube ich, was mir dieser Moment bedeutet und hebt ebenfalls seinen Becher.

„Prost Jörg, auf Rügen!"

Dann steigen wir für das letzte Stück noch mal in die Kajaks und queren das Fahrwasser zwischen Rügen und Hiddensee. Wir werden erst morgen nach Hause fahren. Zum Abendbrot kochen wir uns Pasta. Dazu gibt es eine Soße aus gebratenen Salamiwürfeln und Ketchup. Kein kulinarischer Höhepunkt, aber zusammen mit der Flasche Sekt, die Martin an der Rezeption des Campingplatzes besorgt hat, ein würdiges Abschlussessen. Beim Kauen spüren wir, dass wir eine Woche an der Ostseeküste unterwegs waren. Sandkörner knirschen zwischen unseren Zähnen.

„Pasta alla Baltic Beach" nuschle ich mit vollem Mund.

„Ohne Sand würde mir jetzt was fehlen", meint Martin und gießt noch einen Schluck Sekt nach.

Manchmal braucht es etwas Geduld, um ein Ziel zu erreichen. Den Kreis um Rügen zu schließen klappte bei mir erst im zweiten Anlauf. Aber die Runde um die Insel hat etwas ausgelöst, dass ich in dieser Intensität nicht erwartet hätte. Nur wenige Tage nach unserer Heimreise denke ich wieder an neue Kajak-Ziele. Mit etwas mehr Zeit, das ist mir jetzt klar, kann ich noch ganz andere Sachen machen.

Womöglich auch mal nach Schweden paddeln. An der deutschen und dänischen Küste habe ich einige Erfahrungen sammeln können. Würden die reichen, um ein richtig großes Paddelprojekt anzugehen? Etwas unsicher bin ich mir noch, aber gedanklich sehe ich mich im Kajak schon deutlich weiter nördlich in Skandinavien.

Entweder – oder, der lange Weg
Von Flensburg nach Oslo

Kerstin und Hannes stehen am Ufer und winken. Ich winke noch zwei Mal zurück und wende den Blick jetzt nach vorn, gen Dänemark. In meinem Kopf herrscht ein aufgeregtes Gedanken-Wirrwarr, das sich wohl erst in den nächsten Tagen ordnen lassen wird. Jetzt ziehe ich genussvoll die frische Seeluft in meine Lungen und lasse den Blick über die Förde schweifen.

Lange genug hatte ich gegrübelt und auf der Karte nach Paddelzielen gesucht. Nach vielen Gesprächen gab Kerstin mir grünes Licht für mein neues, anspruchsvolles Reiseziel. Der Arbeitgeber hat meinen unanständigen Antrag auf acht Wochen Urlaub unterschrieben. Am Anfang stand die Idee von Flensburg bis Schweden und wieder zurück zu paddeln. Je länger ich darüber nachdachte, desto unattraktiver erschien mir der Plan nach halber Strecke wieder umzukehren. Stattdessen könnte ich doch einen One-Way-Trip machen. Das würde bedeuten, dass ich weiter nach Norden käme, keine Strecke doppelt paddeln müsste und es vielleicht sogar bis Norwegen schaffen könnte.

Im Kajak von Flensburg nach Norwegen – das klang für mich mehr als verlockend. Von Oslo fährt eine Fähre nach Kiel. Dort könnte Kerstin mich abholen. Alles schien plötzlich so einfach. Der logistische Aufwand war minimal. Ich müsste einfach nur nach Oslo paddeln, dort auf die Fähre steigen und wäre einen Tag später in Kiel. Der Kraftaufwand war allerdings etwas anspruchsvoller. Tausend Kilometer ergaben meine Messungen auf den Karten. Das war die Strecke, auf die ich mich physisch und mental einstellen musste. Maximal fünf Wochen standen mir dafür zur Verfügung. Drei Wochen sollten für den Urlaub zusammen mit Kerstin übrig bleiben. Meine Erfahrungen haben gezeigt, dass ich bei optimalen Bedingungen pro Tag um die 40 Kilometer paddeln

kann. Bei Gegenwind ist das schwieriger und außerdem würde es auch
Tage geben, die an Land abgewettert werden müssen. Ich kalkulierte
fünf Paddeltage mit je 40 Kilometer pro Woche. Damit würde ich in
fünf Wochen 1.000 Kilometer schaffen und hätte pro Woche zwei Reservetage. Das Zeitfenster sah für mich großzügig aus. Mein Tatendrang
war enorm und ich fieberte meiner bisher längsten Reise mit dem Kajak
entgegen. Ich war mir zwar sehr sicher, meinem Norwegen-Abenteuer
physisch gewachsen zu sein.

Einige Fragen blieben allerdings im Vorfeld unbeantwortet. Wie wür-
de ich allein mit mir klarkommen? Werde ich nach 1.000 Kilometern im
Kajak vielleicht die Nase voll haben vom Paddeln und nur noch kleine
Brötchen backen wollen? Oder wird das Gegenteil eintreten? Vielleicht
kann Langstreckenpaddeln auch zur Sucht werden? Entweder – oder.
Ich werde es herausfinden.

Anfang Juni 1999 bekomme ich dann einen letzten Schubs von Kerstin. Jetzt ist mein Kajak mit 55 Kilogramm Gepäck beladen und liegt
tief und sicher in der Ostsee. Die ersten Paddelschläge lassen die Entfernung zwischen Flensburg und mir immer größer werden. Der Himmel
ist bedeckt, es weht nur ein leichter Wind – beste Bedingungen für den
Start meines langen Törns nach Norwegen. Mit 55 Kilometern liegt die
erste Tagesetappe weit über dem kalkulierten Durchschnitt. Die Euphorie treibt mich an. Die ersten Paddeltage bringen noch nicht viel Neues.
In der Dänischen Südsee war ich schon einige Male unterwegs. Ab Langeland liegt dann Neuland vor mir. In der Ferne ist die Brücke über den
Großen Belt schon zu sehen. Die Brücken-Pylone sind über 200 Meter
hoch, aber immer noch 50 Kilometer entfernt.

Die Sicht ist bestens und auch die Sonne scheint mir wohlgesonnen.
Im T-Shirt paddle ich mit Rückenwind dem Nordende Langelands entgegen und bin auf der Suche nach einem Übernachtungsplatz. Überall
stehen Sommerhäuser herum, daher lande ich mit Genehmigung einer
dänischen alten Dame mit meinem Zelt in ihrem Vorgarten.

Schon früh am nächsten Morgen strecke ich die Nase aus dem Zelt
und schnell ist klar, dass ich, wenn überhaupt, erst später starten werden
– ein frischer Ostwind drückt Wellen nach Langeland. Ich will rüber
nach Omø, müsste also elf Kilometer gegen den Wind paddeln. Eine
lange Querung über offenes Wasser, ganz ohne den Windschutz einer
Insel. Am frühen Nachmittag scheint sich der Wind etwas zu beruhigen.

Schnell habe ich mein Zeug gepackt und Langeland verlassen. Entlang einiger Fahrwassertonnen paddle ich, den Kompass im Blick, eine Stunde Richtung Nordosten. Es scheint mir, als würden die Tonnen alle nach Süden treiben. Als ich meinen Kompass-Kurs ebenfalls nach Süden korrigieren muss wird mir klar, dass ich in einem Strömungsgebiet unterwegs bin. Bei östlichen Winden muss hier mit zwei bis drei Knoten Strömung gerechnet werden, wie ich später erfahre. Von Südost zieht eine Gewitterfront auf. Das sieht nach einem ernsten Problem aus. Noch ist Omø zu sehen. Noch!

Es fängt wie aus Kübeln an zu regnen. Die Sicht verschlechtert sich zunehmend. Nirgends ist mehr Land zu sehen. Ich treibe in einer beachtlichen Nord-Strömung und habe keinen Orientierungspunkt mehr. Ein Südost-Kurs scheint mir am sichersten. Ein Blitz zuckt durch die dunkelgraue Wolkendecke. Unmittelbar danach ein mörderischer Knall, der mir durch alle Glieder fährt. Ich bin mittendrin in einem gespenstisch wirkenden Gewitter. Der Regen peitscht aufs Wasser. Vor mir taucht eine Boje auf. Ich paddle in ihre Richtung, um an der Boje die Strömungsgeschwindigkeit schätzen zu können. Die ist stärker als ich dachte. Zum ersten Mal treibe ich ratlos auf dem Wasser und überlege was ich tun soll. Zurückpaddeln wäre eine Option. Wahrscheinlich bin ich noch näher an Langeland als an Omø?

Eine neue Option offenbart sich: Aus Norden kommend kreuzt ein holländischer Segler meinen Kurs. Die Yacht kommt näher. Der Skipper ahnt, dass ich ein Problem habe. Schreiend verständigen wir uns. Der Holländer will auch nach Omø. Er wirft mir eine Leine rüber, an der ich meine Bootsleine festmache, und nimmt mich ins Schlepptau. Glück gehabt! Mit einem für meine Verhältnisse anspruchsvollen Tempo geht die Fahrt Richtung Omø. Reichlich Gischt schlägt über den Bug voll in mein Gesicht. Damit ich beim Paddeln nicht so schwitze, habe ich mich eindeutig zu dünn angezogen, nun kühle ich langsam aber sicher aus.

Als der Hafen in Sichtweite kommt, löse ich mit verkrampften Fingern die Schleppleine, um das letzte Stück selbst zu paddeln. Ich bin fast steifgefroren von der Überfahrt, bei der ich nichts zu tun hatte als die Leine und meinen Kurs zu halten. Auch an Land regnet es ununterbrochen weiter. In Rekordzeit baue ich das Zelt auf, schmeiße die wichtigsten Sachen ins Vorzelt und mache mich mit trockenen Sachen unterm Arm auf den Weg zum Sanitärhaus.

Ohne Duschmarke gibt es nur kaltes Wasser. Mir kommt es heiß vor. Es scheint, als würde sich meine Körpertemperatur schon auf einem kritischen Niveau bewegen. Viel länger hätte die Überfahrt nicht dauern dürfen. Langsam kriecht wieder wohlige Wärme in meine Glieder. Zurück am Zelt, bestätigt der vorbeikommende Hafenmeister, dass kleine Boote durchaus ihre Vorteile haben. Für den „lütten Kahn" will er keine Hafengebühren kassieren. Der Wetterbericht sagt für morgen sechs bis sieben Windstärken aus Südwest voraus. Es sieht nach einem Hafen-Tag aus. Muss auch mal sein.

Entlang des Hafenstädtchens Korsør paddle ich unter der Storebælt-Brücke hindurch, auf dem Großen Belt zum Westende Sjællands, der größten Halbinsel des dänischen Festlandes. In den letzten Tagen hat es immer wieder geregnet. Umso mehr freue ich mich jetzt über ein paar sonnige Stunden und mäßigen Wind. Beides kann ich für die nun folgenden Querungen nach Sejerø und Sjællands Odde gut gebrauchen. Jeweils 12 Kilometer muss ich dafür über offenes Wasser paddeln. Früher habe ich solche Distanzen bei Querungen noch als Meilensteine meiner Paddelkarriere angesehen. Heute sind derartige Entfernungen Normalität geworden. Trotz allem sollte man dem Wetter immer genügend Respekt zollen. Meine Omø-Überfahrt hat gezeigt, wie schnell sich ändernde Wetterbedingungen zu unangenehmen Situationen führen können.

Dieses Mal läuft alles glatt. Mehr noch – sogar Schweinswale tauchen neben mir auf. Viel mehr als deren Rückenflossen bekomme ich allerdings nicht zu sehen. Die mit Delfinen verwandten Tiere werden bis zu zwei Meter lang und leben meist als Einzelgänger oder in Zweierverbänden.

Andere Tierbeobachtungen zeigen mir, dass ich es schon ein ganzes Stück nach Norden geschafft habe. Gryllteiste umkreisen mich, als würden sie Kontrollrunden fliegen, um zu sehen, ob Gefahr von dem Eindringling droht. Die erstaunlichen Tiere ernähren sich hauptsächlich von Fischen und Krebstieren, die sie auf bis zu 50 Meter tiefen Tauchgängen erbeuten.

Ich genieße das Schönwetter-Paddeln. Solche Situationen verleiten zum Reflektieren. „Wie läuft's denn so?", könnte man mich jetzt gut fragen. Ich hätte eine Fülle ausschweifender Antworten parat, die mein Stimmungshoch und den Genuss der „Freiheit auf Zeit" beschreiben würden. Mein Reise-Kosmos liegt so weit weg vom Alltag und bietet mir trotzdem alles was ich zur Zeit brauche, einschließlich des vielleicht

Wichtigsten: Die weiten Blicke, die bis zu neuen Horizonten reichen. Ich bin mir nicht sicher, wie lange diese Freiheit auf Dauer funktionieren könnte, ohne Gewohntes zu vermissen. Jetzt jedenfalls fühlt sie sich großartig an und warum soll ich über mehr nachdenken, wenn es gerade so schön ist. Die Vorfreude wieder nach Hause zu kommen, wird sich noch früh genug einstellen. Spürbar ist sie noch nicht. Nach zehn Tagen und 370 Kilometern im Boot glaube ich schon eine Prognose wagen zu können, was meine Pläne nach dieser Reise angeht: Mehr davon!

***

Neuland liegt vor mir. Die schwedische Küste kommt in Sichtweite. Im letzten dänischen Hafen des Badeortes Hornbæk fasse ich Proviant und Trinkwasser. Bekannt ist der Ort für seine eleganten Sommerhäuser und ehemals alten Badehotels, von denen nur noch das im schwedisch klassizistischen Stil erbaute Hornbækhus übriggeblieben ist. Ich kaufe mir eine Dose Carlsberg-Bier, damit ich heute noch meinen Landfall in Schweden begießen kann. Die Sicht ist gut und der Schiffsverkehr durch den Øresund sieht überschaubar aus. Die Øresund-Querung wird zu einem paddeltechnisch unspektakulären Ereignis. Mental sieht das Ganze anders aus.

Als ich bei Lerberget am schwedischen Ufer an Land gehe, spüre ich wie mein Körper Glückshormone ausschüttet. Mit meinem ersten Schritt aus dem Kajak an einen schwedischen Strand erfüllt sich ein Wunsch, den ich vor drei Jahren nach der Rügen-Umrundung mit Martin angefangen habe zu träumen. Jetzt bin ich angekommen. Mir stehen Tränen in den Augen. Vielleicht ganz gut, dass ich allein bin. Zwei Wochen hatte ich bis hierher kalkuliert. Ganze elf Tage hat es gedauert. Ich krame die Bierdose aus dem Boot, ziehe den Verschluss auf, stoße mit meinem Kajak an und setzte mich in den Sand. Mein Boot hat keinen Namen. Wozu auch? Es ist ein Werkzeug, ein Reiseuntersatz, der mich von A nach B bringen soll.

„Prost, Boot!"

Die Infrastruktur größerer Yachthäfen beschert mir oft den Luxus eines zweiten Frühstücks, wie jetzt in Mölle, wo ich an einem kleinen Tisch im Freien sitze. Das Seebad Mölle wurde schon früh touristisch erschlossen, Anfang des 20. Jahrhunderts wurde sogar ein Direktzug von Berlin hierher eingerichtet. Ein Schwede setzt sich nun zu mir und fragt, ob das Kajak unten am Hafen zu mir gehört. Ich nicke mit vollem Mund.

„Woher kommst Du?", fragt er mich.

„Aus Deutschland", antworte ich.

„Aber nicht mit dem Kajak?", versucht mein Gesprächspartner sich zu vergewissern.

Mein „Doch, aus Flensburg" lässt ihn ungläubig dreinschauen.

Ich beschreibe ihm den Weg, der mich bis hierher geführt hat. Dabei neigt mein Gegenüber immer wieder langsam den Kopf von einer Seite zur anderen und hört aufmerksam zu. Dann steht er auf und holt sich einen Kaffee, als ob er das eben gehörte erstmal verarbeiten müsste. Als er zurückkommt klopft er mir auf die Schulter.

„Ich heiße Frederik, Du must ein Wikinger sein, willkommen in Schweden."

Die Landschaft verändert sich nun. Sie wird felsiger. Die aus Gneis, magmatischem Pegmatit und Sandstein bestehende schroffe Felsformation ist anderthalb Kilometer breit und rund 16 Kilometer lang und fällt teils senkrecht zum Meer ab. Durch beständigen Wellenschlag sind Kliffs, Grotten und Felssporne entstanden. An Kullarbergs Naturreservat paddle ich hier entlang und komme bald an der Spitze der schmalen Landzunge zu Kullens Fyr, Skandinaviens höchstes und stärkstes Leuchtfeuer.

Dass es auch in Schweden lange Sandstrände gibt, erfahre ich zwischen Båstad und Halmstad. Über die unglaubliche Länge von über 24 Kilometern zieht sich der Strand hin, nur unterbrochen vom Mündungsbereich des 244 Kilometer langen Lågan, dem längsten Fluss des südschwedischen Hochlandes und einem beliebten Kanuwanderfluss. Als ich die Mündung erreiche, mag ich nicht mehr paddeln. Ich hab erst die Hälfte des unendlich lang erscheinenden Strandes hinter mir und die Flussmündung sieht paradiesisch aus. Kein Mensch ist zu sehen.

Den Sand als Zeltunterlage nehme ich zwangsweise in Kauf und bin zufrieden, dass mein Zelt an der Flussmündung solch ein erstklassiges Fotomotiv abgibt. Die Situation ändert sich allerdings schnell. Ein Gewitter ist im Anmarsch und der Himmel verdunkelt sich wie im Zeitraffer. Schnell hole ich meine Sandheringe aus dem Boot, um das Zelt sicher abzuspannen. Eine gute Idee, wie sich nur fünf Minuten später herausstellt. Wie aus dem Nichts kommend, zerrt ein unangenehmer Wind am Zelt. Mein Timing war offensichtlich perfekt. Ich liege im Zelt, während Wind und Regen auf meine Behausung eindreschen, die dem Unwetter aber standhält. Genauso plötzlich wie Sturm und Regen kamen, beruhigt sich die Situation wieder. Beim ersten Blick durch den geöffneten Reißverschluss meines Innenzeltes wird klar, was als nächstes erledigt werden muss – alles, wirklich alles, in meinem Vorzelt ist mit einer feinen Sandschicht überzogen, als hätte jemand Puderzucker durch ein Sieb über meinem Equipment verteilt. Die Paddelsachen, das gesamte Küchenzeug einschließlich Topf, Pfanne, Besteck, Becher und Kocher sind vollkommen versandet. Nichts blieb vom Sandsturm verschont. Alles muss ausgepackt und einzeln gereinigt werden.

Am Abend sitze ich dann bei Windstille zufrieden neben der sauberen Ausrüstung und blinzle mit zusammengekniffenen Augen in die immer noch wärmenden Sonne. Sie wird noch einige Stunden scheinen, denn in vier Tagen ist Mittsommer.

Fünf Uhr früh bin ich schon auf den Beinen. Wahrscheinlich haben mich die Stimmen der Angler, die unweit meines Zeltes an der Flussmündung stehen, nervös gemacht. Was soll's, der frühe Paddler ist schnell am Ziel, wo auch immer das heute sein wird. Der Fährhafen Halmstad, wo Fähren zwischen Dänemark und Schweden pendeln, bleibt rechts liegen. Zu viel Betrieb für meinen Geschmack. Wesentlich wohler fühle ich mich einen Steinwurf entfernt, im Hafen von Grötvik. Wenn auch nur für eine kurze Pause auf einer Wiese, windgeschützt hinter einem Schuppen. Der Hafenmeister, ein Typ um die 70 mit dichtem weißem Bart und faltigem Gesicht, läuft mir über den Weg und erkundigt sich mit besorgtem Gesichtsausdruck, was ich denn mit der „Nussschale" hier treibe. Als ich ihn aufkläre schaut er noch besorgter und wendet seinen Blick gen Norden.

„Bis sechs Windstärken aus Nordwest heute Nachmittag", lässt er mich wissen und zeigt auf mein Boot. „Damit wirst Du heute nicht mehr weit kommen".

Ich gebe mich unbeeindruckt und will es trotzdem versuchen, da ich erst 15 Kilometer gepaddelt bin.

„Bleib lieber im Hafen. Kannst Dein Zelt hier aufbauen, wenn Du willst". Die Einladung klingt freundlich, aber mir ist es noch zu früh zum Bleiben, auch wenn die Verlockung groß ist.

„Sei vorsichtig", ist der letzte Satz des Alten, als er seine Hafenrunde fortsetzt. Ich schnappe mir das Paddel und steige wieder in meine Nussschale. Bis jetzt bin ich im Windschutz unter Land gepaddelt.

Ab Tylösand, acht Kilometer weiter, wird es unangenehm. Starker Wind von vorn pfeift mir um die Ohren und drückt auf die Paddelblätter. Voraus sind weiße Schaumkronen zu erkennen, die sich wie ein Muster gleichmäßig auf die Wasseroberfläche legen. Schätzungsweise sechs bis sieben Windstärken. Das ist eindeutig zu viel. Es hilft nichts, ich muss zurück. Und ich muss einsehen, dass der Alte Recht hatte. So komme ich wenigstens noch in den Genuss, einige respektable Wellen abzureiten. Ich habe jetzt schon etwas Erfahrung darin und juchze laut, wenn mich eine perfekt erwischte Welle mit bis zu 18 Stundenkilometer vor sich herschiebt. Manchmal schaffe ich sogar den direkten Übergang in die nächste Welle. Dann sind lange Surfs machbar, die unendlich viel Spaß bringen.

Mein Sprint durch die Wellen führt mich in kürzester Zeit zurück nach Grötvik. Dort begrüßt mich der Hafenmeister mit freudigem Gesicht und einem leicht besserwisserischen Lächeln. Gunnar heiß mein neuer Hafen-Freund. Er zeigt mir, wo ich Toiletten, Waschmaschinen und Duschen finde.

„Zwei Nächte wirst Du wohl bleiben müssen. Morgen soll noch mehr Wind kommen", klärt Gunnar mich auf.

Gerührt von der Gastfreundschaft lade ich Gunnar auf einen Kaffee ein. Ganze vier Nächte muss ich in Grötvik verbringen. Der Wind hat zwischenzeitlich auf Südwest gedreht, weht aber kontinuierlich mit sechs bis sieben Beaufort. Das zerrt höllisch an den Nerven und an meinem Zeitplan. Ich vertreibe mir die Zeit mit Ausflügen nach Halmstad, Tylösand und in die nähere Hafenumgebung, mit dem von Gunnar zur Verfügung gestellten Hafenfahrrad. Inzwischen habe ich schon meine gesamte Wäsche gewaschen und will einfach nur weiter.

Am Nachmittag des 22. Juni kann ich endlich den Hafen verlassen. Gunnar winkt mir noch lange hinterher. In einem kleinen Hafen bei Falkenberg baue ich nach sechseinhalb Stunden paddeln abends um halb zehn mein Zelt auf. Zwei Leute empfangen mich freundlich und wundern sich, dass ein gestrandeter Paddler so spät noch nach einem Platz für sein Zelt sucht.

Übermorgen will ich mich mit Knut treffen, einem nach Schweden ausgewanderten Studienfreund. Wir wollen zusammen Mittsommer feiern. Knut wohnt bei Åmål am Vänern und will mich nördlich von Göteborg abholen.

Das gute Gefühl wieder bei passablem Wetter paddeln zu können motiviert mich ungemein. Nördlich von Varberg werden die Inseln zahlreicher. Das ist das Schweden, wie ich es liebe – Schäreninseln, kleine und große, überall. Eine der Schären ist von Robben bevölkert, die sich ins Wasser rutschen lassen sobald ich näherkomme. Sie entfernen sich allerdings nicht weit, tauchen immer wieder auf und schauen neugierig nach mir, als ob sie sich versichern wollen, dass ich ihnen nicht ihren angestammten Pausenplatz streitig machen will.

Die letzten 20 Tageskilometer sind besonders schön. Zwischen den Schären kommt einem das Entfernungs-Gefühl abhanden. Nie kommt Langeweile auf. Jede Insel ist anders. Einige sind üppig grün bewaldet, während andere sich von ihrer kargen Seite präsentieren. Auf den flachen Felsen sehe ich oft Gänse und die mit gebogener Schnabelspitze ausgestatteten Säger mit ihren Jungen. Oft habe ich mich früher gefragt, wie groß ein Felsen eigentlich sein muss, um Insel genannt zu werden. Auf dem Vänern, bei einer Sommertour mit Hannes und Kerstin, hat ein schwedischer Paddler uns seine Variante einer Definition erzählt.

„Ganz einfach", holte der Schwede zu seiner Erklärung aus. „Wenn Du auf einer Schäre eine Decke ausbreiten und mit zwei Leuten picknicken kannst, dann stehst Du auf einer Insel."

Jeder findet in den Schären seine „eigene" Insel – was für ein Luxus

Im Båtfjord stelle ich fest, dass ich schon 55 Kilometer Strecke gemacht habe. Wie schnell der heutige Paddeltag vergangen ist! Morgens um sechs Uhr rufe ich zu Hause an, um meinem Sohn zu seinem elften Geburtstag zu gratulieren. Hannes freut sich über sein größtes Geschenk, ein neues Fahrrad. Ganz aufgeregt erzählt er mir, dass auch noch sein Meerschweinchen drei Junge bekommen hat. Schön zu wissen, dass zu Hause auch ohne mich alles seinen gewohnten Gang geht. Leider liegt sein Geburtstag in dem von mir bevorzugten jährlichen Paddel-Zeitfenster. Aber wer weiß, vielleicht unternehmen wir später mal zusammen eine solche Tour . . . .

Geniales Wetter begleitet mich durch den ganzen Tag. Plätschernd gleiten die Paddelblätter durchs glasklare Wasser. Robben scheinen sich hier besonders wohlzufühlen. Auffallend viele der wendigen Schwimmer sind in Sichtweite meines Kajaks unterwegs. Auch unter Wasser gibt es viel zu sehen. Fast überall sind kleine Krebse auszumachen. Wenn man sich ein Stück treiben lässt, huschen hin und wieder Fische unter dem Kajak hervor.

Am Schiffsverkehr merke ich, dass es nicht mehr weit bis Göteborg ist. Meine Zeitplanung bezüglich des Treffens mit Knut scheint aufzugehen. Auf Styrsö, einer Insel in Göteborgs südlichem Schärenhof, beende ich den Paddeltag, rufe Knut an und mache mit ihm einen Treffpunkt nördlich von Göteborg aus, in der Nähe des Flusses Nordre Älv. Der Motorboot-Verkehr in Nähe Schwedens zweitgrößter Stadt mit über einer halben Million Einwohnern nimmt merklich zu. Zwei Stena Line-Fähren steuern Göteborg im schmalen Fahrwasser an, das ich nun zügig quere und mich gleich darauf in einem Schärengarten zwischen Andalen, Grötö und Öckerö wiederfinde. Mit dem Maßstab meiner Seekarte von 1:180.000 wird eine genaue Orientierung schwierig. Zwar wäre ein GPS-Gerät jetzt hilfreich, dieses gehört aber noch nicht zu meinem Navigations-Equipment. Mit einem Grundkurs nach Norden sollte ich erst mal nichts verkehrt machen.

Um mir einen Überblick zu verschaffen, erklimme ich einen Hügel und gleiche meine Aussicht mit der Karte ab. Der Treffpunkt mit Knut, ein Strand bei Tumlehed, kann nicht mehr weit sein. Als ich mich diesem nähere, sehe ich zwei winkende Gestalten am Ufer stehen.

Das kann nur mir gelten! Knut hat seinen Sohn Toni mitgebracht. Ich lege noch einen Zahn zu und paddle den beiden aufgeregt entgegen. Per Handschlag und kurzer Umarmung fällt die Begrüßung unter Männern zwar nüchtern aber herzlich aus. Ich bin froh, ein Wochenende mit Freunden zu verbringen, die ich lange nicht gesehen habe. Mein Gepäck laden wir in Knuts Auto und schnallen das Kajak auf seinen Dachträger. Die Familie ist erst vor sechs Wochen nach Schweden gezogen und so bin ich gespannt, wie sie sich in ihrer neuen Heimat eingerichtet haben. Typischer kann ein schwedisches Grundstück nicht sein. Es ähnelt mehr einem Stück schwedischer Landschaft als einem Grundstück nach deutschen Maßstäben. Das dunkelrote Holzhaus mit weißen Fenstern steht auf anderthalb Hektar Land. Ich bin begeistert. Knuts Frau Jana und der jüngere Sohn Tom eilen uns entgegen. Die herzliche Begrüßung geht unter die Haut. Obwohl ich mich in den letzten Wochen langsam aber stetig immer weiter von meiner Heimat entfernt habe, fühlt sich das Wiedersehen mit Freunden ein bisschen so an, als würde man nach Hause kommen. Jana macht es mir leicht, dieses Gefühl sehr deutlich zu spüren. Sie hat Kuchen gebacken und stellt eine Kanne Kaffee auf den schon gedeckten Tisch, der draußen auf der gemähten Wiese vor dem Haus steht.

Genüsslich lehne ich mich zurück und schlürfe den heißen Kaffee. Natürlich muss ich erzählen, wie die Reise bislang verlaufen ist. Mich interessiert viel mehr, wie Jana und Knut die letzten Wochen erlebt haben. Ihre Auswanderung nach Schweden ist ein viel größeres Abenteuer und Wagnis, als mein Kajak-Trip. Das schönste aber ist, dass sich unsere Wege hier kreuzen. Schon jetzt bin ich mir sicher, dass dies noch oft passieren wird, denn meine Freunde wohnen in einem der bekanntesten Paddelgebiete Schwedens. Allein der Vänern, Schwedens größter Binnensee, dessen Wasser so sauber ist dass man es trinken kann, ist eine Paddeldestination, die schier unendliche Möglichkeiten in großartiger Natur bietet. Wir sitzen bis weit nach Mitternacht zusammen. Richtig dunkel wird es zu dieser Jahreszeit nicht mehr.

Den 26. Juni, Mittsommer, feiern wir zusammen mit Freunden von Knut, die direkt am Dalsland-Kanal wohnen und später noch, es ist einfach zu schön, im Haus von Jana und Knut. Tags darauf wird es für mich schon wieder Zeit zurück an die Westküste zu fahren. Nach einem üppigen Frühstück und anschließendem Großeinkauf im Supermarkt fährt

Knut mich nach Udevalla. Das ist nicht so weit wie Göteborg. Damit lasse ich zwar etwa 60 Kilometer Küstenlinie zwischen Göteborg und Gullholmen aus, werde aber zusätzliche 30 Kilometer durch die Fjorde bis zur Außenküste paddeln. Der Kompromiss scheint mir vertretbar, um Knut nicht mehr Fahrstrecke als notwendig zuzumuten.

Der nächste Paddelabschnitt verläuft an der felsigen Küste der Provinz Bohuslän mit ihren vorgelagerten Inseln und glattgeschliffenen Schären. Man sagt, dass es hier die schönsten Schären der schwedischen Westküste gibt. Als ich die von Uddevalla nach Südwest verlaufende Bucht hinter mir gelassen habe, steuere ich durch den schärenreichen Lysekil-Archipel auf Lysekil zu. Dabei schlängel ich mich zwischen dem Festland und der Insel Skaftö hindurch, eine typische Bohuslän-Insel. Auf ihr gibt es mit den Orten Grundsund, Rågårdsvik und Fiskebäckskil noch richtig malerische Fischerdörfer. Lysekil schon im Blick, quere ich dann den Gullmarsfjorden.

Hinter Lysekil lege ich eine neue Hochgeschwindigkeitsetappe hin. Fünf Windstärken schieben mich übers Wasser. Ein Segler überholt mich sehr langsam. Ich paddle dicht an die Yacht heran und frage nach der Geschwindigkeit.

„Sechs Knoten", ruft der Skipper mir mit erhobenem Daumen zu und scheint sich zu wundern, dass ich mit rund zehn Kilometern pro Stunde fast mithalten kann. Eine Welle nach der anderen surfe ich ab. Manchmal taucht das Boot bis zum Cockpit in die Welle. Kaum noch schaue ich mich um, habe nur noch einen Blick für die Wellen. Möchte möglichst keine einzige für den nächsten Surf verpassen. Was für ein Genuss!

Auf Höhe der Inseln Stora- und Lilla Kornö wird es noch spannender. Die Wellenhöhe nimmt sogar noch zu. Zwar wird es ab und zu kitzelig, aber ich bin von meinem Speed so begeistert, dass ich die Herausforderung annehme. Immer auf seitliches Abstützen vorbereitet, reite ich über die Wellen und spüre den Rausch tiefster Erfüllung der sich dann einstellt, wenn alles stimmt und die Bedingungen perfekt sind.

Im Hafen von Malmön treffe ich die Crew der Segelyacht wieder, die mich überholt hat. Der Skipper empfiehlt mir auf seiner Karte einige Spots zum Zelten und gibt mir den Tipp, durch den geschützten Sotenkanal weiter nach Norden zu paddeln. Auf der Außenseite der westlich vorgelagerten Insel müsste ich mit noch mehr Wind rechnen. Den

Rat nehme ich dankbar an. Der wegen der im nördlichen Skagerrak häufig herrschenden gefährlichen Strömungs- und Windverhältnisse erbaute fünf Kilometer lange Kanal, ist kurz vor seiner Einfahrt von vielen kleinen Inseln gesprenkelt, die herrlichen Windschutz bieten. Welche der Inseln suche ich mir nur für eine Übernachtung aus? An einem kleinen Ministrand, hinter dem sich eine flache Wiese erstreckt, lege ich an.

Ganz allein bin ich allerdings nicht. Ich werde mich in eine Wohngemeinschaft mit einigen Schafen integrieren müssen. Unsere Insel-WG übertrifft al-les, was ich bisher an Lagerplät-

„Connection" unter Wassersportlern

zen entdeckt habe. Perfekter Windschutz, ein kleiner Strand, ein von den Schafen bestens gepflegter, kurzgefressener Rasen in Strandnähe und ein Ausguck-Felsen. Dieser befindet sich nur wenige Schritte vom Zelt entfernt und gewährt einen vorausschauenden Blick über den mor-gen vor mir liegenden Küstenabschnitt.

Zu all dem Glück illuminiert die Sonne am Abend mein Inselreich mit einem die Seele streichelnden Licht. Ich sitze vor meinem Zelt und horche in mich hinein. Dabei denke ich an diejenigen Menschen aus meinem Familien- und Freundeskreis, die nicht so richtig nachvollzie-hen können warum ich diese Reise mache. Gerade in Partnerschaften scheint für viele gar unvorstellbar, sich für vier Wochen oder länger von der Familie abzusetzen. Ich habe es bis jetzt noch nie als Nachteil emp-funden ohne Partner unterwegs zu sein.

Natürlich gab es immer wieder Momente in denen man das Erleb-te gerne mit dem Partner geteilt hätte. Aber nicht häufig hat man das Glück, den Zeitrahmen für eine solch lange Reise gemeinsam abstecken zu können. Klar, man könnte das Zeitfenster reduzieren. Was dann aber bliebe, wäre ein Kompromiss, der ein nicht annähernd so intensives Erlebnis bieten würde. Ein weiterer Aspekt ist jener der Auseinandersetzung mit sich selbst. Was für eine Erfahrung ist es doch, komplett auf sich alleine zurückgeworfen zu sein. Die Art der Wahrnehmung ist eine ganz andere, als wenn man, abgelenkt vom Gespräch mit dem Paddelpartner, durch solch eine Naturkulisse schippert. So hängt man eben seinen Gedanken nach, dreht sich zwar manchmal im Kreis, kommt dann aber auch wieder zu Erkenntnissen und neuen Ideen, die einen oft „weiterbringen". Mein Leitsatz dabei ist: Wer mit sich gut alleine klarkommt, wird dies im Leben auch in und mit einer Partnerschaft können. Ich bin Kerstin so dankbar, dass sie mich hat ziehen lassen!

Der windgeschützte Sotenkanal ist abgehakt. Zwischen einer Gruppe lieblicher Schären hindurch steuere ich mein Kajak in die kanalartige Meerenge Hamburgsund, welche die Insel Hamburgö vom Festland trennt. Der Name hat nichts mit Hamburg zu tun, sondern bezieht sich auf zwei markante Halbinseln am südlichen Ende der Insel, die ihr ehemals den Namen Hornbora, die Horntragende, einbrachte. Der an seiner schmalsten Stelle nur 50 Meter breite Sund zieht sich über fünf Kilometer von Vassviken am gleichnamigen Ort Hamburgsund vorbei.

Zwischen Fjällbacka und Grebbestad öffnet sich ein gewaltiger Schärengarten. Wer hier nicht auf den Kompass oder die Sonne achtet, verpaddelt sich leicht. Hinter dem pittoresken und bei Touristen beliebten Fjällbacka erhebt sich der imposante Felsen Vetteberget, unter dem sich die schnuckeligen Häuser winzig ausnehmen. Man erwartet jeden Moment, dass er sie unter sich begräbt. Durch den Felsen schneidet sich eine populäre Kluft, die Kungsklyfta. Bekannt wurde sie, weil hier Teile des Films „Ronja Räubertochter" gedreht wurden.

Zwar behalte ich meinen Hauptkurs nach Norden bei, muss mich aber trotzdem oft entweder für links- oder rechtsherum entscheiden, da es keinen direkten paddelbaren Kurs gibt. Man könnte Tage, wenn nicht Wochen zwischen diesen Schären verbringen. Als die Gletscher vor 10.000 Jahren abschmolzen, tauchten sie, vom Gewicht des Eises befreit, in Form von Tausenden kleiner Inseln und Felsen aus dem Meer auf. Die Landhebung ist immer noch nicht abgeschlossen, so dass die Inseln auch in Zukunft weiter wachsen und ihre Zahl zunimmt.

Beim Blick auf sie ergeben sich in jede Richtung andere Perspektiven, neue Landschaftsbilder und Aussichten. Fast jede Schäre übt eine gewisse Anziehungskraft aus, die dem vorbeipaddelnden Reisenden zuruft: „Mach eine Pause! Steig aus dem Boot! Schau mich an! Klettere ein bisschen auf mir herum!" Als ich auf einer größeren Schäre drei Kajaks und zwei Zelte entdecke, gebe ich meinen Widerstand auf. Vielleicht habe ich auch einfach Lust auf ein nettes Gespräch. Die drei schwedischen Paddler, die zu den Kajaks gehören, laden mich auf einen Kaffee ein. Mit meiner Whiskey-Blechflasche, die ich genau für solche Begegnungen am Start habe, geselle ich mich zu ihnen. Wir fachsimpeln über unsere Ausrüstung und sind uns einig, dass dieser Küstenabschnitt ein ultimativer Tipp für Paddler ist.

Auf meinen Faltkarten zeichne ich allabendlich die zurückgelegte Strecke ein und stelle fest, dass ich Oslo schneller als erwartet näherkomme. Kerstin warne ich telefonisch schon mal vor, dass sie nächste Woche mit mir rechnen kann. Durch den schützenden Schärengarten paddle ich an den Inseln Kalvö, Resö und Saltö vorbei und verbringe die letzte Nacht in Schweden.

Inzwischen habe ich mein Tagespensum reduziert, gönne mir noch etwas Muße und sauge die Landschaftseindrücke auf. Die Bilder möchte ich nicht nur auf dem Film meiner Kamera festhalten, sondern ihnen auch Platz in meinem Kopf und meinem Herzen einräumen. Das erste Mal auf dieser Reise fange ich an, über neue Paddelziele nachzudenken. Wohin weiß ich noch nicht – es darf aber gerne eine noch längere Tour als diese hier werden!

Dass ich die Grenze zu Norwegen überquert habe, nehme ich nur anhand der Schiffe wahr, die zunehmend die norwegische Flagge gehisst haben. Eine richtig tolle Paddelei erwartet mich in diesem letzten Abschnitt unmittelbar vor dem Oslofjord! Ich befinde mich im Meeres-Nationalpark „Ytre-Hvaler". Die relativ unberührte Küstenlandschaft mit ihren unterschiedlichen Ökosystemen ist Lebensraum zahlreicher Tiere und Pflanzen und kann sogar mit Korallenriffen aufwarten. Die malerischen Inseln Søndre Sandøy und Nordre Sandøy, an denen ich zuerst vorbeikomme, bestechen mit ihrer reizvollen Natur, tollen Stränden und vielen Wanderwegen.

Die sich anschließende und fast nicht als Eiland wahrnehmbare Insel Kirkeøy ist seit 1989 durch einen unterseeischen Tunnel mit dem Rest des Archipels verbunden. Auf ihr befindet sich eine der ältesten Kirchen romanischen Stils in Norwegen, die einer Sage nach von schottischen Fisch- und Walfängern um 1.000 n. Chr. erbaut worden sein soll. Rechts von Kirkeøy käme man nach Fredrikstad, wo mitten in der Stadt die Mündung des Flusses Glomma liegt, der mit einer Länge von rund 600 Kilometern und einer Breite von bis zu 1,5 Kilometern der längste und breiteste Fluss Norwegens ist. Für Paddler reizvoll ist er vor allem wegen des ständigen Wechsels von seenartigen, überwiegend schnell fließendem Zahmwasser und Wildwasserabschnitten.

Dann trennen mich nur noch 80 Kilometer Luftlinie von Oslo. Voraus steuere ich einen Schwimmsteg an, an dem nur eine Segelyacht vertäut liegt. Hinter dem Steg ist eine große, frisch gemähte Wiese zu erkennen. Risholmen heißt die Insel, auf der ich gerne mein Zelt aufstellen würde. Ein sehr gelassen wirkender Mann in Arbeitskleidung schlendert über das Grundstück auf mich zu. Was mich hertreibt, möchte er wissen. Ich erzähle ihm von meiner Reise und frage vorsichtig nach, ob mein Zelt für eine Nacht auf seiner Insel stehen könne. Er winkt unmissverständlich aber mit freundlichem Gesichtsausdruck ab. Die Insel gehöre zwei Brüdern und er sei nur der Gärtner. Zelten sei nicht erwünscht.

Nach kurzer Pause bietet er mir ein Sommerhäuschen an, in dem ich übernachten könnte. Ich bin begeistert. Dann erfahre ich von Harald, wie er sich vorstellt, der vor seiner Passion als Gärtner auf dem Bau gearbeitet hat und dann bei der Küstenwache war, etwas über die Insel. Stolz und sehr zufrieden erzählt er mir von den über 100 Rhododendronarten und weiteren exotischen Pflanzen auf die man im Park trifft und die von ihm gepflegt werden. Besitzer dieses kleinen Inselparadieses sind die Brüder eines Reeder-Ehepaares, das mit der norwegischen Königsfamilie befreundet ist. Sie haben das Eiland in den Fünfziger Jahren gekauft.

Ich räume meine Sachen ins Ferienhaus und laufe dabei einem der Brüder über den Weg. Interessiert hört er sich meine Reise-Story an, reicht mir dann freundlich die Hand und wünscht mir viel Glück für die letzten Tage und macht sich auf den Weg zu seinem Motorboot. Harald klärt mich später auf, dass sein Arbeitgeber gleich zu einer Party mit der Königsfamilie verabredet sei, die in der Nähe auch ein Sommerhaus hat. Tatsächlich passiert bald darauf eine alte stilvolle Motoryacht Risholmen. Die Yacht gehört dem König, wie Harald weiß. Königin Sonja hat morgen Geburtstag, sie wird 62. Nun weiß auch ich Bescheid und fühle mich fast, als ob ich dabeigewesen wäre.

Wer alleine unterwegs ist, lernt sehr schnell andere Menschen kennen

Nördlich von Moss verbringe ich dann die vorletzte Nacht im Zelt. Strahlender Sonnenschein verursacht einen wahren Hitzestau in meiner Behausung. Der Tag beginnt also früh, was der letzten Etappe bis Oslo zugute kommt. Immerhin stehen heute 50 Kilometer auf meinem Programm. Am Abend paddle ich auf mein Ziel zu, das ich nun schon genau erkennen kann.

„Wo werde ich heute mein Zelt aufbauen?", frage ich mich etwas ratlos, da ich darauf angewiesen bin, nahe des Anlegers der Color-Line-Fähre an Land zu kommen. Boot und Ausrüstung muss ich zu Fuß auf die Fähre schleppen, denn einen Bootswagen habe ich nicht dabei. Den hätte ich unterwegs auch gar nicht gebrauchen können, er hätte nur gestört. Irgendwie werde ich mein Problem schon lösen, rede ich mir ein.

Den Anleger, von dem morgen hoffentlich meine Fähre nach Kiel auslaufen soll, glaube ich schon gefunden zu haben, als ich auf das Zentrum Oslos zusteuere. Nun brauche ich nur noch eine Zeltmöglichkeit in der Nähe.

Ich versuche es im Königlichen Yachtclub. Zwei junge Burschen konfrontiere ich sogleich mit meinem Problem. Sie zucken nur unsicher mit den Schultern und machen mir klar, dass sie mich im Hafen nicht beherbergen dürfen. Oder nicht wollen, wie ich glaube zu verstehen. Denn selbst mit viel gutem Willen ist nichts Royales an mir, geschweige denn an meiner Kajak-Plastikschale, zu erkennen. Ich versuche es ohne große Hoffnung an der nahegelegenen Bootstankstelle, neben der ein fast leerer Parkplatz liegt, der an das Hafengelände grenzt. Rein praktisch gesehen wäre die Lokalität perfekt, da der Weg von hier zur Fähre nicht mal einen Kilometer lang wäre. Als ich im Büro dem Angestellten beschreibe, wie ich hergekommen bin und dass ich morgen mit der Fähre nach Kiel fahren möchte, geht er mit mir nach draußen auf den Parkplatz und zeigt mir eine Ecke am Maschendrahtzaun.

„Da kannst Du Dein Zelt aufbauen. Keine Ahnung, ob jemand ein Problem damit hat. Ich nicht." Ich schaue ihn etwas erstaunt aber hoffnungsvoll an.

„Hier?", frage ich sicherheitshalber nach und beschreibe mit meinen Armen den Stellplatz für mein Zelt, der in einem Industriegebiet zwischen Tankstelle und Hafengelände liegt.

„Genau", bestätigt er mir und ergänzt: „Das ist öffentliches Land. Wer soll sich daran stören?"

Die Nacht verläuft ruhig. Niemand störte sich offenbar an dem ungewöhnlichen Camper, erfahre ich beim Frühstückskaffee in der Tankstelle. Zurück am Zelt geht es ans Abbauen und Packen. So viel wie möglich verstaue ich in einem Seesack, den ich extra für meine Rückreise mitgenommen habe. Nur wenig muss im Kajak seinen Platz finden. Dann teste ich das Kajakgewicht auf der Schulter und bin ganz zufrieden. Den Seesack darf ich in der Tankstelle zwischenlagern, das Boot deponiere ich neben der Tankstelle.

Gut gelaunt laufe ich in die Stadt, um ein Reisebüro aufzusuchen. Dort schildere ich mein Anliegen und frage nach Fahrscheinen für einen Erwachsenen und ein Kajak. Etwas ratlos erkundigt sich die Mitarbeiterin bei ihrer Kollegin. Die weiß auch nicht weiter. Nach einigen telefonischen Nachfragen bekomme ich ein Personenticket nach Kiel und den Hinweis, dass mein Kajak, wenn ich es denn tragen könne, als Handgepäck gilt. Ich traue der ganzen Sache nicht und bitte darum, mein Ticket mit einem Hinweis auf mein sperriges „Handgepäck" zu versehen. Damit verlasse ich das Reisebüro und begebe mich vergnügt auf einen Stadtbummel durch Oslo, denn meine Fähre legt erst am Nachmittag ab.

Beim Check-in mit dem Kajak auf der Schulter folgt die gleiche Ratlosigkeit wie zuvor im Reisebüro. Ich verweise auf den handschriftlichen Vermerk auf meinem Ticket. Etwas genervt erhalte ich meinen Bordpass und werde angewiesen, mich mit meinem Kajak in die Fahrzeugwarte-spur einzureihen. Vollkommen durchgeschwitzt stehe ich dann damit zwischen den Autos und werde mit einer Mischung aus Ungläubigkeit und Misstrauen von den Fahrern beäugt. Morgen bin ich zurück in Kiel!

Das in sich Hineinschauen, das Beobachten was die Reise mit einem macht, war die spannendste Erfahrung dieser Tour. Nüchtern betrachtet war es zwar „nur" eine Reise von Flensburg nach Oslo, unterwegs habe ich aber erfahren, dass es eine Reise zu mir selbst war. Ich habe neue Maßstäbe entdeckt, in deren System scheinbar einfache Dinge eine neue Wertung erfahren. Noch wichtiger war es, mich mit der Natur auseinander-setzen zu müssen und die Erkenntnis, wie wertvoll Zeit ist. Ich rede hier nicht von Lebenszeit, sondern viel mehr von der Art und Intensität, mit der wir unsere Zeit verbringen, von Dingen, denen wir Zeit gönnen und natürlich von Dingen, denen wir, wenn wir genauer darüber nach-denken, etwas weniger Zeit widmen sollten.

Was war nochmal bei Wikipedia zum Thema Abenteuer zu lesen?:
„. . . risikoreiche Unternehmung / Erlebnis, Verlassen des gewohnten Umfel-des, . . . Ausgang ungewiss . . . "

Dass es ohne Unternehmung kein Abenteuer geben kann, scheint mehr als plausibel. Das Erlebnis ist etwas, das sich eigentlich von selbst, quasi zwangsläufig, einstellt. Worauf bin ich bereit mich einzulassen, scheint mir eine der wichtigsten Fragen die jedem Abenteuer voraus-gehen. Nicht genau zu wissen, wo und wie man die nächste Nacht verbringt, sich nicht sicher sein zu können, welche Bedingungen man vorfindet oder welche Probleme man lösen muss – das sind einige der Kriterien, die unseren Unternehmungen einen abenteuerlichen Charak-ter geben können. Wie einfach sich dabei oft Lösungen für ein Problem ergeben, ist erstaunlich.

Die Hilfsbereitschaft fremder Menschen hat mich mehr als einmal überrascht. Vielleicht liegt das daran, dass wir nur selten auf fremde Hil-fe angewiesen sind, weil vieles von Dienstleistern, Behörden oder an-deren Institutionen geregelt wird. Auszutesten, wie weit wir außerhalb dieses „Hängematten-Lebens" kommen, scheint mir erstrebenswert und wertvoll. Die Gefahr, dass man dabei wirklich scheitert ist relativ un-wahrscheinlich. Denn was du mit dem Leben machst, das macht das Leben mit dir.

Da geht mehr
Von Flensburg zu den Åland-Inseln

Was könnte man nicht alles machen, wenn man sich die Zeit dafür nähme! Was fangen wir an mit der Zeit, die uns zur Verfügung steht? Wem oder was gönnen wir diese Zeit? Ich würde sie am liebstem mehr und mehr meinem Hang nach Abenteuern widmen. Teilweise konnte ich Kerstin und Hannes dabei mit ins Boot holen. Für kleine Abenteuer waren sie ja zu begeistern: Zwei Wochen in Schweden entspannt paddeln – das ging in Ordnung. Mal 20 oder 15 Kilometer am Tag über die Seen Dalslands oder Värmlands streifen, die Angel auswerfen, abends einen Fisch am Lagerfeuer grillen und Stockbrot backen – daran hatten auch Hannes und Kerstin Spaß. Diese Sommerurlaube gefielen uns, aber . . .

Schon ein Jahr nach meiner Oslo-Tour bastelte ich an einem neuen Vorhaben. Ich hatte von einer Inselgruppe zwischen Schweden und Finnland gelesen, den Åland-Inseln. Sie liegen in der Ostsee am südlichen Eingang des Bottnischen Meerbusens. Weit über 6.000 Inseln umfasst der Archipel. Nur 60 von ihnen sind bewohnt. Dort wollte ich hin!

Logistisch schien die Tour leicht machbar, aber wie lange würde ich brauchen? Ich kalkulierte die Strecke, schlug noch einige Kilometer drauf, weil ich die Åland-Inseln ja nicht nur erreichen, sondern zumindest einige von ihnen näher kennenlernen wollte und kam, großzügig gemessen, auf 2.000 Kilometer. Das war eine Hausnummer, für die ich viel Zeit benötigen würde. Neun Wochen – Minimum. Ich musste nur noch meinen Arbeitgeber und meine Familie überzeugen, dass mein neues Paddelprojekt wichtig war. Wichtig für mich. Das mag egoistisch klingen, war es auch. Aber ist Egoismus per se etwas Negatives? Mein Überstundenkonto in der Firma war gut gefüllt und würde zusammen mit dem obligatorischen Jahresurlaub dicke reichen. Aber wie macht man seinem Arbeitgeber klar, dass man elf Wochen Urlaub am Stück braucht und, noch wichtiger, dass dieser Urlaub wichtiger ist als ein Arbeitgeber in der Lage ist zu verstehen. In einem Vieraugengespräch mit meinem Chef unterbreitete ich ihm meinen Plan und war gespannt auf seine Reaktion.

Er kannte mich gut und ahnte schon, dass ich mal wieder ein zeitaufwändiges Paddel-Projekt im Auge hatte. Schneller als gedacht signalisierte er seine Zustimmung, musste meinen Antrag allerdings noch beim Abteilungsleiter durchbringen. Eine Woche später lag ein genehmigter Urlaubsantrag über elf Wochen auf meinem Schreibtisch. Ich vollführte innere Freudensprünge.

Am 13. Mai 2002 stehe ich wieder am gleichen Strand wie schon bei meinem Oslo-Trip Jahre zuvor, drücke meine Lieben, greife nach meinem Paddel und verabschiede mich für mindestens zwei Monate. Inzwischen bin ich etwas erfahrener geworden und habe mir ein GPS-Gerät zugelegt. Aufgeregt bin ich aber genauso wie zum Start der ersten langen Reise. Ein unglaubliches Glücksgefühl kriecht mir unter die Haut und scheint sich durch alle Poren Luft machen zu wollen. Bis Mitte Juli werde ich voraussichtlich unterwegs sein. Viel Zeit zum Abschalten vom Alltag, viel Zeit zum Nachdenken.

Reisende brauchen fast immer einige Tage, bevor sie zu 100 Prozent von ihrem Unterwegssein gefangen genommen werden und in der Lage sind, den Alltag wirklich abzuschütteln. Ich dagegen habe das Gefühl, dass ich nur einen Schalter umlegen muss, um Teil einer anderen Welt zu werden. Von Alltag abschütteln kann also keine Rede sein, er fällt in dem Augenblick von mir ab, in dem mein Boot den vertrauten Strand verlässt. Es gibt jetzt nur noch den Start und das Ziel, zwei klar definierte Fixpunkte. Dazwischen liegen eine Zeitspanne und eine räumliche Distanz. Das Durchschreiten dieses Raum-Zeit-Bereiches wird meinen Alltag in den nächsten Wochen bestimmen.

Die ersten drei Tage sind so etwas wie Warmlaufen für einen Wettkampf. Die Muskeln gewöhnen sich an die tägliche Belastung. Auf dem Weg Richtung Lolland paddle ich durch eine mir unbekannte Landschaft. Lolland, dessen alter Name „Wasserland" bedeutet, Bezug nehmend auf die zahlreichen Seen und Sumpfgewässer der Insel, bildet den südlichen Eingang in den Großen Belt. Nach Lolland und Falster erreiche ich die Faxe-Bucht an der Ostküste des südlichen Sjælland. Eine schmale Einfahrt führt zum Præstø Fjord. Ein guter Platz zum Übernachten. Kein Mensch ist am schmalen Strand zu sehen. Niemand den ich fragen könnte, ob mein Zelt stört. Mir ist's recht. Unweit davon liegt der Hafen von Præstø mit Restaurant, Café, und Kiosk, mitten in der alten Provinzstadt.

Fast windstill empfängt mich ein neuer Tag. Ich nutze das Kaiser-Wetter für eine lange erste Etappe bis nach Rødvig und sehe schon von weitem den weißen Feuersteinofen, das Wahrzeichen des Hafenortes. Der Ofen wurde 1870 erbaut, um Feuersteinmehl für die Glasur von Steingutwaren zu gewinnen, die man dann nach Kopenhagen lieferte. Hier treffe ich schon zum zweiten Mal auf andere Paddler. Zwei Dänen die ihre Kajaks für einen Tagestörn klarmachen, beneiden mich um meine lange Reise. Ich bin mir meiner üppig bemessenen Zeit bewusst und genieße mein Privileg und die Unterhaltung mit ihnen.

Hinter Rødvig paddle ich entlang einer 15 Kilometer langen und bis zu 41 Meter hohen Kreideküste – dem UNESCO-Welterbe Stevns Klint. Die weltberühmte, strahlend weiße Steilküste vor graublauem Meer und hellblauem Himmel ist von grauen Streifen durchzogen. Fischton oder Fischlehm wird das dunkle Sediment genannt. Hier handelt es sich um eines der seltenen Vorkommen, wo Ablagerungen aus zwei geologischen Erdzeitaltern sauber und ordentlich übereinander lagern. Man hat darin zahlreiche Fossilien gefunden aus der Zeit als vor etwa 65 Millionen Jahren ein gigantischer Meteorit aus dem Weltall stürzte, infolge dessen die Dinosaurier ausstarben und mit ihnen Ammoniten und andere Tiergruppen. Solche Fundstücke sind im Stevns Museum in Højerup ausgestellt, nur einen halben Kilometer von der Steilküste entfernt. Dort erhebt sich an der Abbruchkante des Kliffs die Gammel Kirke aus dem 12. Jahrhundert – ein imposanter Anblick. Zum Zeitpunkt ihrer Erbauung lag sie noch etwa 50 Meter von der Kliffkante entfernt. Durch fortwährende Erosion rückte die Abbruchkante immer näher, bis im Jahre 1928 der Chorraum der Kirche abstürzte.

Für die Querung der sich anschließenden riesigen Køge Bucht habe ich etwas mehr als einen Tag gebraucht und steuere nun direkt auf Kopenhagen zu. Dänemarks Hauptstadt mit seinen zahlreichen Sehenswürdigkeiten möchte ich zumindest einen Tagesausflug widmen. Als ich mich Vallensbæk Strand nähere, kommen mir zwei Paddler entgegen. Kirsten und Peter, beide etwas älter als ich, sind sehr sportlich in ihren Kajaks unterwegs. Das Pärchen, sie Dänin, er Österreicher, lebt hier. Beide sind

Mitglieder eines Kanuclubs ganz in der Nähe und laden mich ein, dort zu übernachten. Ihr Clubgelände ist das perfekte Basislager für meinen Kopenhagen-Besuch.

Zwar brächte mich die Bahn in zwanzig Minuten ins Zentrum, aber irgendwie habe ich mir in den Kopf gesetzt die 20 Kilometer von Vallensbæk

Stippvisite bei neuen Freunden

bis Nyhavn, dem zentralen Hafen in der dänischen Hauptstadt und eine der bekanntesten Sehenswürdigkeiten der Stadt, zu paddeln.

Dort liegt an einem der fest vertäuten Wohnschiffe ein weißes Kajak. Ein bärtiger Typ, ungefähr in meinem Alter, spricht mich an. Mogens Bidstrup stammt aus Oslo und ist, wie es der Zufall will, ebenfalls mit dem Kajak zu den Åland-Inseln unterwegs. In Kopenhagen legt er lediglich eine etwas längere Pause ein und kuriert seinen Sonnenbrand aus. Oh je, sein Rücken sieht echt schlimm aus! Kurzerhand lädt er mich aufs Schiff ein, auf dem er selbst nur Gast ist. Ich mache das Kajak am Heck fest und klettere über die Bordwand des alten Holzschiffes, auf dem neben Mogens noch zwei andere Männer relaxen, die mir gleich eine kalte Dose Carlsberg in die Hand drücken. Was ich auf meiner Reise bisher alles erlebt habe, wollen sie wissen. Mogens nimmt seine Zwangspause gelassen, er hat kein festes Zeitfenster, in das er seine Reise einpassen muss. Beneidenswert.

Irgendwann möchte ich dann aber doch noch etwas von Kopenhagen sehen, das sich über mehrere Inseln erstreckt, und melde mich bei den dreien für ein paar Stündchen ab. Zu Anfang machen mir die Menschenmassen nach der Ruhe der letzten drei Wochen etwas zu schaffen. Die hektische Großstadt fordert meine Sinne in einer ungewohnten Art und Weise. Zu meiner Rechten reihen sich die Cafés aneinander, während links von mir im Hafenbecken schmucke Traditionssegler vertäut liegen.

Kopenhagen ist eine Stadt in der man sich treiben lassen kann. Sehen möchte ich auf jeden Fall den Schlossplatz und die Christiansborg, Sitz des dänischen Parlaments und einst Schloss der dänischen Könige.

Zum Schluss geht es über die Fußgängerbrücke auf die andere Seite des Kanals ins Stadtviertel Christianshavn, zum obligatorischen Rundgang durch die selbsternannte Freistadt Christiania, eine alternative Wohnsiedlung, die fest in der Hand von Alternativen, Hippies und Aussteigern ist. Im Sommer ist Christiania der perfekte Ort, um kleine Konzerte zu besuchen und unter freiem Himmel die entspannte Stimmung zu genießen.

Auf dem Rückweg lohnt ein Stopp im Street Food Markt auf der kleinen Insel Papirøen, ganz in der Nähe von Nyhavn. Kopenhagen ist bekanntlich keine günstige Stadt, umso schöner, dass man hier in Food Trucks in einer riesigen Lagerhalle an zahlreichen Ständen Leckeres essen und trinken kann.

Die 20 Kilometer Rückweg genieße ich dann – Ruhe statt quirlige City, gleichmäßiges, fast meditatives Paddeln statt Hektik. In Vallensbæk bedenken mich Kirsten und Peter mit guten Wünschen für meine Reise. Am späten Abend sitze ich am Picknicktisch, schreibe in meinem Tagebuch und schaue den nächsten Tagen voller Erwartung entgegen. Schweden, ich komme!

Über zwei Stunden muss ich gegen vier Windstärken paddeln. Mit Blick auf die vor mir liegende Öresundbrücke werfe ich meinen ursprünglichen Plan, heute noch Schweden zu erreichen, angesichts des Wetters über den Haufen. Im Yachthafen der dänischen Kleinstadt Dragør lerne ich einen Dänen kennen, der mir stolz sein Folkeboot zeigt, ein kleines, einfaches aber seetüchtiges Segelboot, speziell konstruiert für die Ostsee. Das gepflegte Exemplar soll das weltweit älteste existierende Folkeboot sein, wie er meint. Baujahr 1941.

Er gibt mir den Tipp, im alten Hafen beim Kanu-Klub nach einer Übernachtungsmöglichkeit zur fragen. Dort darf ich nicht nur auf einer wunderbar ebenen Wiese mein Zelt aufbauen, sondern bekomme sogar noch eine Einladung zum wöchentlichen Grillabend, der jeden Mittwoch nach dem Kajak-Handicap-Klub-Rennen veranstaltet wird.

Heute ist Mittwoch!

Bei Bier, Bratwurst und Kartoffelsalat wird der Ausgang des Rennens lebhaft und mit viel Humor diskutiert. Zwischendurch ist auch meine Reise Gesprächsthema. Die Atmosphäre ist so freundlich und ungezwungen, dass ich das Gefühl habe schon lange Mitglied im Klub zu sein. Extra für mich werden Vereinshaus und Dusche nachts nicht abgeschlossen. Die Dänen sind ein liebenswertes und soziales Völkchen, von dem ich mich nun allerdings verabschieden muss.

Elf Tage bin ich schon unterwegs. Schweden liegt direkt vor mir. Der Wind passt. Die Sicht ist gut. Ich folge einfach 15 Kilometer der Öresundbrücke. Das Hauptfahrwasser der riesigen Brücke querend, deren Pylone 206 Meter in die Höhe ragen und über 490 Meter das Fahrwasser überspannen, paddle ich dem Brückenende auf schwedischer Seite entgegen. Dabei sind die Zeitabstände in denen die großen Schiffen passieren groß genug, um dazwischen die andere Seite sicher zu erreichen. Bei schlechter Sicht wäre die Fahrwasserquerung ein echtes Risiko. Ich schaue nach oben zur 57 Meter über dem Meeresspiegel liegenden Doppelstock-Fahrbahn. Auf der unteren Ebene rauschen Eisenbahnzüge hin und her. Eine Etage höher liegt die vierspurige Autobahn, die Dänemark mit Schweden verbindet. Winzig komme ich mir vor, als wäre ich eine nur millimetergroße Figur auf einer riesigen Modelleisenbahnanlage.

Schweden mit dem Kajak zu erreichen ist für mich ein besonderer Moment. Eine Handvoll Sand lasse ich durch meine Finger rieseln und begrüße auf diese Art Schweden. Oder begrüßt Schweden mich? Über 400 Kilometer bin ich gepaddelt, seit ich Flensburg verlassen habe. Ein respektables Stück Ostsee liegt hinter mir und doch ist es nur ein Viertel dessen, was ich noch vor mir habe. Für einen Moment lasse ich dem aufsteigenden Hochgefühl freien Lauf und schaue in die Wolken die langsam über die Brücke ziehen. Dann senkt sich der Blick wieder auf die Ostsee, die mich noch viele Tage zu neuen Inseln, Häfen, Menschen und Horizonten tragen wird.

Ab Höllviken nehme ich die Abkürzung durch den Falsterbo-Kanal, der die schmalste Stelle der Halbinsel Falsterbo durchschneidet. Das erspart mir die Umrundung der gleichnamigen Halbinsel. Vor der Einfahrt in den Kanal schaue ich linker Hand auf einen hölzernen Wachturm, das Wahrzeichen des Freilichtmuseums Fotevikens Vikingareservat. Rund zwanzig Gebäude innerhalb einer halbkreisförmigen Holzpalisade geben das Bild einer typischen Wikingersiedlung wie sie in der Zeit zwischen

Blick in die Vergangenheit statt Blick zum Horizont

950 und 1150 existierte. Es ist das größte Museum dieser Art in Skandinavien. Die Insel Falsterbo mit ihren unglaublich leuchtend weißen Sandstränden bildet den südwestlichsten Landzipfel Schwedens und ist somit bedeutend für den alljährlichen Vogelzug. Ein großer Teil der 500 Millionen Vögeln, die im Herbst aus Norden kommen, orientieren sich am Küstenverlauf und gelangen fast zwangsläufig nach Falsterbo, wo ein Teil der Vögel Richtung Dänemark fliegt und ein anderer Teil auf das mitteleuropäische Festland.

Trelleborg und Ystad, die von den großen Fähren angelaufen werden, sind Stationen der nächsten zwei Tage. Zum Abend stelle ich hinter Ystad, im Hafen Kåseberga, mein Zelt auf und wundere mich über die auffallende Betriebsamkeit in dem kleinen Hafen. Ein deutscher Segler, dessen Boot im Hafen liegt, klärt mich auf: Ganz in der Nähe befindet sich eine der größten erhaltenen Schiffssetzungen Skandinaviens. Ales Stenar, der Stein von Ale, nennt sich die 67 Meter lange Steinformation, die die Form eines Schiffes nachbildet und bisweilen auch als das „schwedische Stonehenge" bezeichnet wird. Die insgesamt 59 Steine sind bis zu 1,8 Tonnen schwer. Die älteste existierende Skizze der Steinsetzung stammt aus dem 18. Jahrhundert. Nach dem Abendbrot mache ich mich selbst auf den Weg nach Ales Stenar.

In der tief stehenden Sonne wirkt die Steinsetzung tatsächlich etwas mystisch und beflügelt meine Phantasie. Was mag man hier früher getrieben haben? Interpretiert wird die Anlage als Grabanlage oder sogar, umstritten, als Sonnenkalender. Vielleicht haben aber auch selbsternannte Anführer oder Gelehrte hier vor hunderten Jahren ihre Weltsicht verkündet?

Nach insgesamt 640 Kilometern erreiche ich die Grenze von Schwedens südlichster Provinz, Skåne län. Heute regnet es schon den ganzen Tag. Ich habe gerade einen kleinen Einkauf im Fischerort Hällevik erledigt und möchte rüber nach Hanö paddeln. Die winzige Insel liegt nur fünf Kilometer östlich vorgelagert und hat am Hafen ein kleines Museum das über die Natur des Natura-2000-Gebietes, die Geschichte und Kultur der Insel informiert.

Es ist zwar nicht besonders weit, aber der Wind aus Ost erschwert das Paddeln zusätzlich. Die durch fünf Windstärken angetriebenen Wellen kommen direkt von vorn und tragen sicher dazu bei, dass ich deutlich über eine Stunde für den Weg brauche. Groß ist meine Freude, als ich den Insel-Hafen erreiche. Der deutsche Segler den ich schon in Kåseberga kennengelernt habe, steht zusammen mit seiner Frau auf der Hafenmole. Die beiden hatten mich durch ihr Fernglas beobachtet, wie ich mich durch die Wellen kämpfte. Aufmunternd laden sie mich auf eine Tasse Tee auf ihr Boot ein. Die Einladung nehme ich dankend an.

Das Rentner-Ehepaar Hildegard und Hans, wir sind schnell beim Du, stammt aus Wesel. Ob es nicht gefährlich sei, mit einem kleinen Kajak bei diesem Wind zu paddeln, wollen die Segler wissen.

„Gefährlich nicht unbedingt, aber anstrengend", antworte ich mit um die heiße Tasse gelegten kalten Fingern. „Aber wenn man so empfangen wird wie bei Euch, ist das schnell vergessen".

Die nächste Einladung folgt sogleich: „Wenn Du Dein Zelt aufgebaut hast, komm zum Abendbrot vorbei. Wir haben genug zu essen an Bord."

Ich bedanke mich im Voraus und versichere pünktliches Erscheinen. Gut gelaunt suche ich den Hafenmeister auf, um nach einer formalen Erlaubnis zum Zelten zu fragen. Der tut sich zunächst etwas schwer und verweist auf ein abgelegenes Areal. Ich muss meine Überredungskünste nutzen und hole, um meinem Wunsch freundlich Nachdruck zu verleihen, den sozialen Weichmacher, meine Whiskey-Flasche, aus dem Boot. Und siehe da, nachdem ich dem Hafenmeister-Ehepaar ein Gläschen kredenzt habe, bekomme ich für mein Zelt eine Ecke zwischen Bootssteg und Waschhaus zugewiesen.

Meine Weseler Gastgeber erwarten mich schon mit einem üppig gedeckten Tisch in ihrem Yacht-Salon. Es wird ein langer Abend und erst kurz vor Mitternacht verabschiede ich mich von den beiden.

Der 17. Reisetag wird mein erster paddelfreier Tag. Es regnet ohne Unterlass. Ein Rundgang über die etwas mehr als zwei Kilometer lange Insel, die teils mit Hainbuchen bewaldet ist und von einer freilebenden Herde von Damhirschen bevölkert wird, führt mich zum Vandrarhem, wie die Jugendherbergen in Schweden heißen. Von dort zum Leuchtturm und weiter zum Nordende der Insel, auf die von faustgroßen Steinen bedeckte Landzunge Bönsäcken. Je nach Meeresströmung und Windrichtung verändert sie ständig ihre Gestalt.

Einer Sage nach wohnte einst eine sehr große Frau auf Hanö. Sie lebte allein auf der Insel und litt unter ihrer Einsamkeit. Um zum Festland zu kommen, beschloss die Frau, eine Steinbrücke über den Sund zu bauen. Sie sammelte so viele Steine in ihrer Schürze wie sie nur konnte. Dabei verlor sie den Halt, geriet ins Stolpern und stürzte am Nordufer von Hanö, wobei ihr alle gesammelten Steine aus der Schürze purzelten. So entstand der Bönsäcken.

Ich bin am Beginn des Kalmarsunds angekommen. Dieser trennt das schwedische Festland von Öland, Schwedens zweitgrößter Insel. Immer wieder tauchen die Köpfe von Seehunden aus dem Wasser auf. Eigentlich sind sie in der Ostsee selten anzutreffen. Einige Tiere leben an den dänischen Inseln und der südwestschwedischen Küste. Die Hälfte der etwa 300 Ostsee-Seehunde sollen im Kalmarsund beheimatet sein. Mit dem Kajak komme ich den standorttreuen Tieren teilweise sehr nah. Ein junger Seehund scheint auf einem Stein zu dösen. Er lässt mich so weit herankommen, dass ich ihn mit meinem Paddel berühren könnte. Als ich an ihm vorbeitreibe, öffnet er nur einmal kurz die Augen und döst anschließend ruhig weiter. Tiefenentspannter geht es kaum. Normalerweise sind die Tiere scheu und lassen sich ins Wasser gleiten, wenn man sich ihnen nähert.

Im Hafen von Kristianopel heißt mich Hafenmeister Sven Erik willkommen. Ich darf gleich hinter seinem Büro bei strahlendem Sonnen-

Je einsamer die Gegend, desto intensiver die Begegnungen mit den Menschen, die dort leben

schein mein Zelt aufbauen. Von April bis Oktober vermietet Sven Erik sein Haus und wohnt in dieser Zeit auf seinem Schiff im Hafen. Dort lädt er mich auf einen Kaffee ein. Ich steuere den Whiskey bei. Sven Erik, Mitte 60, ist schlank, hat weiße Haare und ein etwas spitzbübisches Gesicht. Er ist die Freundlichkeit in Person. Sein Gesicht strahlt beständig gute Laune aus. Er scheint in sich zu ruhen und mit sich und der Welt im Reinen zu sein. Wir unterhalten uns als wären wir alte Kumpels, bis das Telefon klingelt. Alles was ich verstehe, ist „Hans" und „Coca Cola".

Sven Erik lässt mich nach dem Telefonat wissen, dass wir gleich Besuch bekommen würden. Nur zehn Minuten später kommt Hans an Bord, Chef des benachbarten Campingplatzes, ein großer, stabiler Typ in meinem Alter mit festem Händedruck. Hans kommt gleich zur Sache, packt eine eisgekühlte 1,5 Liter-Cola-Flasche und eine Buddel Rum aus. Im Verhältnis 1:2, ein Teil Rum, zwei Teile Cola, macht Hans die erste Runde klar.

„Skol!".

Hans' Rasenmäher hat sich heute brennend verabschiedet. Er äußert kurz seinen Ärger darüber, scheint sein Problem aber mit dem zweiten Drink schon weitestgehend vergessen zu haben. Der kalte Drink tut gut. Ich ahne schon, wie die nächsten zwei Stunden vergehen werden. Sven

Erik lehnt nach dem ersten Glas ab. Er muss noch seinen Mann als Hafenmeister stehen. Hans hört sich meine Geschichte an und ist sich mit Sven Erik einig, dass sie Besuch von einem deutschen Wikinger bekommen haben.

Mit „Skol tysk viking" wird die dritte Runde eröffnet. Die Atmosphäre wird immer lockerer. Ständig klopft mir Hans auf die Schulter und würdigt meine Reise bis hierher mit: „Crazy Viking". Auch meine Stimmung ist nun kaum noch zu toppen.

Auf dem Weg zum Klo im Rezeptionsgebäude habe ich beim Übersteigen der Bootsreling leichte Gleichgewichtsprobleme. Kurz erinnere ich mich, dass ich Kerstin noch anrufen muss. Als Hans das vierte Glas füllt, ist die Rumflasche fast leer. Er scheint gut im Training zu stehen, bei ihm zeigt der Alkohol deutlich weniger Wirkung als bei mir. Mein Englisch läuft immer fließender, auf jeden Fall glaube ich das. Nach dem letzten Glas lädt Hans uns ein, später noch zur Campingplatz-Kneipe zu kommen. Er würde dort zusammen mit seinem Sohn Musik machen und wir könnten doch noch ein Bierchen zusammen trinken. Dann geht er von Board.

Sven sieht mich mit einem leichten Grinsen an, als wollte er sich vergewissern, dass ich noch fit bin. Davon kann allerdings keine Rede mehr sein. Ich verspüre das dringende Verlangen, mich für ein Stündchen in mein Zelt zurückzuziehen. Vorher will ich aber noch Kerstin anrufen. Keine gute Idee. Beim Einschalten des Handys fällt mir der PIN-Code nicht ein. Nach drei Fehlversuchen verweigert das Handy seinen Dienst. Das muss ich morgen versuchen zu regeln, ist mein letzter Gedanke bevor ich schlagartig in einen tiefen Schlaf falle.

Gegen 22 Uhr weckt mich Sven Erik. Er will mit mir noch auf einen Sprung bei Hans vorbeischauen. Eigentlich verspüre ich keinerlei Lust, will Sven Erik aber auch nicht enttäuschen und lasse mich überreden mitzukommen.

Heute kein Alkohol mehr, bete ich mir wie ein Mantra lautlos vor. Hans und sein Sohn sind an ihren Gitarren bereits zu Hochform aufgelaufen. Gerade beenden die beiden einen Song, als Hans uns entdeckt. Sofort steuert er auf uns zu, um sich nach unseren Trinkwünschen zu erkundigen. Meine Bitte um ein Glas Wasser quittiert er mit einem fragenden Gesichtsausdruck. „Crazy German Viking", murmelt er kopfschüttelnd und reicht mir mein Glas.

Ungewohnt lange, bis neun Uhr, schlafe ich am nächsten Morgen. Sven Erik macht mir unaufgefordert einen Kaffee, nachdem ich ihn etwas verkatert begrüße und er sich nach meinem Befinden erkundigt hat. Von der Hafen-Telefonzelle rufe ich bei Kerstin an. Sie lacht, nachdem ich ihr die Geschichte mit Hans und Sven Erik erzähle und dann gibt mir meine liebe Frau die Super-PIN, mit der ich mein Handy reaktiviere. Überrascht ist sie wegen meines schnellen Vorankommens und mahnt zu etwas mehr Gelassenheit beim Paddeln.

„Warum machst Du Dir selbst solchen Stress?" Wie Recht sie nur hat, auch wenn ich die Reise, so wie ich sie mache, genieße.

Sven Erik gibt mir noch einige Tipps, bevor wir uns die Hände schütteln. Das erste Mal während meiner Tour winkt mir ein Hafenmeister hinterher. Gäbe es ein Ranking der freundlichsten Hafenmeister, Sven Erik würde ganz oben stehen auf meiner Liste. Vorbei an der kleinen Leuchtturminsel Garpens Fyr, geht es tiefer in den Kalmarsund hinein. Ein Abstecher auf die Insel Öland muss einfach sein. Neben einer außergewöhnlichen Pflanzen-, Vogel- und Insektenwelt begegnet man auf der Insel Grabfeldern, Runensteinen, frühgotischen Wehrkirchen und vielen wunderschönen Badestränden. Außerdem ist Öland für seine ganz aus Holz gebauten alten Windmühlen bekannt.

Drei Tage nach meinem Abschied von Sven Erik habe ich den nördlichen Teil des Kalmarsunds erreicht. Nun halte ich auf Blå Jungfrun zu. Die nur einen dreiviertel Quadratkilometer große unbewohnte Insel ist seit 1926 Nationalpark. Um die Perle des Kalmarsunds spinnt sich ein dichtes Sagennetz. Wie bei uns zur Walpurgisnacht haben Hexen in Schweden zur Osterzeit Hochkonjunktur.

Der weltbekannte Botaniker Carl von Linné schrieb 1741 nach einem Besuch der Insel: „Gibt es einen wirklich Grauen erregenden Ort in dieser Welt, so ist dies einer der furchtbarsten." Kein Wunder, dass Seefahrer den Platz für lange Zeit mieden. Vom schwedischen Blocksberg, dem blauen Hügel Blåkulla, einem 86 Meter hohen Granitblock, genieße ich, nicht ganz verstehend was Linné wohl gemeint haben könnte, den Blick über den Kalmarsund Richtung Süden und nach Norden auf die Schärenküste bei Västervik. Im Osten ist Schwedens größte Insel Gotland auszumachen. Von hier oben wirkt die Ostsee, wie ein riesiges Meer, obwohl es, was Größe und Tiefe angeht, verglichen mit den Ozeanen eher eine Pfütze ist. Aus der Kajak-Perspektive unterscheidet sich die Ostsee kaum von einem Ozean. Solange sich Himmel und Wasser am Horizont treffen scheint jedes Meer grenzenlos und bietet genug Potential für Neugierde und Abenteuerlust. Über den Seeweg haben europäische Expeditionen neue Länder und Erdteile entdeckt. Die Meere verbinden die großen Landmassen auf unserer Erde. Die Ostsee bildet das im Kleinen ab. Sie ist das geographische Bindeglied zwischen Skandinavien, Ost- und Mitteleuropa.

Ich bin ganz zufrieden mit diesem vergleichsweise kleinen Abenteuerspielplatz, der dem Kajakreisenden unendlich scheinende Möglichkeiten bietet. Ich schaue mir noch das schon von Carl von Linné erwähnte Labyrinth in Form einer Steinsetzung an, dessen Bedeutung allerdings nicht bekannt ist und besichtige die riesenhaften Gletschertöpfe, bevor ich weiter zum schwedischen Festland paddle.

Nach einigen Paddeltagen ohne Duschmöglichkeit ist es mehr der Körpergeruch, als die erfrischende Wassertemperatur, der mich zum Schwimmen ins kühle Ostseewasser treibt. In einer Zickzack-Linie geht es dann zwischen den Schären hindurch weiter nach Norden. Kurzweiliger kann Paddeln nicht sein. Ab und zu fliegen die von Fischern nicht gern gesehenen Gänsesäger vor mir auf. Entlang einer Schäreninsel zu meiner Linken schwimmen fünf Kanadagänse hintereinander, wie auf eine Schnur gefädelt, die Uferlinie entlang. Die kleinen Wellen die sich dabei bilden, verzerren ihr Spiegelbild auf der ruhig daliegenden Wasseroberfläche. Ich bin unterwegs im Misterhult Skärgård, einem Schärengebiet, das mit seinen tausenden kleinen Inseln und den über mir kreisenden Seeadlern Natur pur bietet.

Auf der Westseite der Insel Vinö, der größten Insel im Misterhult Skärgård, liegt ein kleines Fischerdorf und in der Bucht nördlich davon raste ich an einem herrlichen Sandstrand, so schön, dass ich an ihm nicht einfach so vorbeipaddeln wollte.

Im Hafen von Klintemåla lerne ich ein älteres holländisches Paar kennen, das mit einem großen Zweimast-Segelschiff, der Eva Kristina, unterwegs ist. Ich habe das Stahlschiff schon zweimal unterwegs gesehen. Das Paar wohnt das ganze Jahr über auf dem Schiff. Ab und an nehmen sie Gäste mit, jetzt sind sie jedoch alleine an Bord. Die zwei sind schon bei der Rumregatta in Flensburg mitgesegelt und wollen auch im kommenden Jahr wieder mit dabei sein. Beim Abschied bekomme ich eine Einladung an Bord in Flensburg mit auf den Weg.

So ist es oft, wenn man Nomaden auf Zeit trifft. Sie laden dich in ihr Zuhause ein, das manchmal weit weg liegt und manchmal gleich um die Ecke. Es ist einfach, Menschen kennenzulernen, wenn man alleine unterwegs ist. Die Reisebekanntschaften werden zu angenehmen fast regelmäßigen Treffen, die meine Reise bereichern. Immer gibt es viel zu erzählen, da Reisende in der Regel mehr erleben als Daheimgebliebene. Manche Menschen treibt ein außergewöhnliches Lebensmodell an, andere sind einfach nur auf der Suche nach Neuland, nach Herausforderungen, nach Abwechslung oder nach etwas anderem, das sie im besten Falle glücklich macht.

Ich würde mich als Horizonte-Sucher bezeichnen. Der Horizont als Berührungslinie von Wasser und Himmel steht für das Unbekannte, dem ich näherkommen will. Dabei sind meine Horizonte nicht nur geografischer Natur, auch mentale Horizonte schlummern in meiner Seele. Dass ich mich auf meinem Weg entlang der Ostseeküste Herausforderungen stellen muss, liegt auf der Hand. Ohne ein Minimum an Mut und ein gesundes Maß an Selbstvertrauen fällt es schwer, die Komfortzone des Alltags zu verlassen. Wer es aber schafft, sich selbst in den Hintern zu treten und diesen Weg zu gehen, darf mit kleinen und großen nichtmateriellen Schätzen rechnen.

Bei Västervik treffe ich den sportlich wirkenden Schweden Ulf auf dem Wasser. Er ist etwas älter als ich und arbeitet als Bibliothekar. Jetzt hat er sich zwei Tage Urlaub genommen, um in Västervik sein neues Kajak abzuholen und auszuprobieren. Wir paddeln ein Stück zusammen und beschließen, gemeinsam auf einer Schäre zu zelten. Es wird ein langer Abend mit erfrischenden Gesprächen über die verschiedensten Reisen, über die Vor- und Nachteile unserer Kajaks und über unsere Lebenspläne. Nach dem morgendlichen Frühstück trennen sich unsere Wege wieder.

Langsam muss ich mich wieder nach einer Waschmöglichkeit umsehen. Auch habe ich kaum noch saubere Sachen. Eine Waschmaschine muss her. In Arkösund finde ich alles, was ich brauche. Der Yachthafen bietet sämtlichen Komfort. Die Eva Kristina mit den Holländern liegt nicht weit von mir ebenfalls im Hafen. Chartergäste sind gerade von Bord gegangen. Reint und Geja, die Eigner des Schiffes, laden mich, wie könnte es anders sein, zum Kaffee ein. So überbrücke ich den Waschmaschinendurchlauf mit unterhaltsamen Gesprächen bei Kaffee und

Keksen. Mit trockener sauberer Wäsche und eingekauften Lebensmitteln fühle ich mich fast so, als ob eine neue Tour beginnt. Tatsächlich liegen jetzt 1.000 Kilometer hinter mir. Paddeln wird zur Normalität, fast wie ein Arbeitstag. Das Zufriedenheitsgefühl beim Paddeln ist allerdings nicht mit diesem zu vergleichen. Obwohl mir mein Job auf der Werft Spaß macht und mir soziale Kontakte verschafft, dient er trotzdem hauptsächlich dem Broterwerb und damit der materiellen Absicherung unseres Familienlebens – und natürlich meines kleinen Abenteurerlebens auf Zeit. Dafür brauche ich sie, die Festanstellung. Ich könnte mir allerdings gut vorstellen, den Job irgendwann einmal zu reduzieren, um noch mehr Zeit selbstbestimmt zu verbringen. Wenn Hannes eines Tages auf eigenen Füßen steht, werden sich vielleicht neue Wege aufzeigen, in die wir unser Leben lenken können.

Ein strammer Südwind treibt mich mehrere Tage durch die Schären. Über 50 Tageskilometer stehen am 12. Juni in meinem Tagebuch. Der Wind ist mein Freund. Ich habe Lövhagen südlich von Nynäshamn erreicht. Meine Tante Marianne und mein Onkel Frank werden mich hier besuchen. Sie sind auf dem Weg zu ihrem schwedischen Ferienhaus, in dem sie den Sommerurlaub verbringen möchten. In der hiesigen Herberge habe ich für den heutigen Tag ein Zimmer für die beiden reserviert. Kerstin hat Frank ein Paket für mich mitgegeben mit einem neuen Zehnerpack Filme und anderen Kleinigkeiten. Ich freue mich auf das Treffen und auf Kerstins Paket.

Schon eine Viertelstunde nach meiner Ankunft tauchen Marianne und Frank in der Eingangstür auf und blicken sich suchend um. Unsere Blicke treffen sich. Wir fallen uns in die Arme und sind glücklich, dass unser Treffen so gut geklappt hat. Das liebevoll gepackte Paket von Kerstin rührt mich an und das Auspacken gestaltet sich spannend. Wie ein kleines Kind an Weihnachten komme ich mir vor. Neben den geordneten Filmen entdecke ich kleine Geschenke, die mein Herz erfreuen. Kerstin kennt mich zu gut. Wir sind immerhin schon 16 Jahre zusammen. Sie weiß genau, womit sie mir eine Freude machen kann. Eine Flasche guten Rotweins, Flensburger Bier und meine Lieblings-Schokoriegel sind einige der Extras, die ich im Paket finde. Ein Brief ist auch dabei. Zwischen den Zeilen lese ich, dass Kerstin sich, trotz all meiner Versprechen vorsichtig zu sein, Sorgen macht. Neun Wochen ohne mich sind nicht so schön für sie und schaffen nicht gerade Hochstimmung daheim.

So lasse ich sie telefonisch an meiner Freude über ihre lieben Gaben teilhaben und versuche ihre Bedenken und Sorgen zu relativieren. Ich versichere, in einigen Wochen wieder gesund in Flensburg zu sein.

Mit Marianne und Frank verbringe ich einen kurzweiligen Abend in bester Stimmung. Kaum eine Minute vergeht, in der wir uns nichts zu erzählen haben. Dabei klebt mir Frank fast an den Lippen. Er wäre ein Kandidat den ich mitnehmen würde auf meine Reisen. Einer von wenigen, die in Frage kämen. Da Marianne Solo-Reisen des Partners nicht so wohlwollend gegenübersteht wie Kerstin, wird Frank wohl leider darauf verzichten müssen, mich bei größeren Projekten zu begleiten. Kleinere gemeinsame Reisen haben wir schon mehrmals unternommen und werden dies auch in Zukunft tun. Immerhin war es das Faltboot von Marianne und Frank, in dem ich mit 13 Jahren meine erste Runde im Kajak gedreht habe. Dass daraus mal eine Paddelleidenschaft wird, hat damals niemand geahnt.

Um den Stockholmer Schärengarten bin ich auf der Außenseite herumgepaddelt. Nun liegt eine Schlüsseletappe vor mir, von der ich noch nicht genau weiß, wie ich sie bewältigen soll. Erfahrungen mit längeren Strecken über offenes Wasser fehlen mir. Ich bin im Hafen von Grisslehamn. Von hier aus will ich weiter zur westlichsten der Åland-Inseln. Das sind immerhin 29 Kilometer Luftlinie. Die längste Strecke über offenes Wasser, die ich je gepaddelt bin, liegt bei 15 Kilometern. Die Vorstellung, zweimal 15 Kilometer paddeln zu müssen, gefällt mir nicht. Andererseits dürfte es, wenn das Wetter stimmt, nicht wirklich problematisch sein. In vier Stunden müsste das zu schaffen sein, wenn einem der Wind nicht gerade voll ins Gesicht weht. Auf eigenem Kiel zu den Ålands zu paddeln soll aber vorerst ein Plan B bleiben. Zuerst will ich versuchen eine Segelbootbesatzung zu finden, die mich mit rübernimmt zu den Ålands.

Kein einziges Segelboot ist im Hafen zu sehen. Nur einige Fischkutter liegen einsam an ihren Festmachern vertäut. Die Betriebsamkeit wird von Touristen bestimmt, die durch den Hafen schlendern. Viele warten auf die nächste Fähre, die sie zu den Åland-Inseln bringen sollen. Am Fähranleger bildet sich eine Auto-Schlange. Ich mache mein Kajak am Steg fest und peile die Lage. Mein Plan A schien mir bis eben noch ganz vielversprechend. Ich habe unterwegs so viele freundliche Segelboot-Besatzungen getroffen. Ich hätte mein Gepäck an Bord holen und mein leeres Boot an Deck verstauen können. Das Kajak einfach an einer Leine in Schlepptau zu nehmen wäre auch möglich. Ohne Segel- oder Motorboot würde der Plan allerdings nicht realisierbar sein. Genau danach sieht es jetzt aus. Vielleicht finde ich einen Fischer, der mich mitnimmt? Ich trinke in einer der kleinen Hafenbuden einen Kaffee und beobachte das Treiben. Ein Einheimischer spricht mich an. Er hat mich beobachtet, als ich mein Kajak am Steg vertäut habe.

„Wo soll es denn hingehen?", fragt mich der gemütliche Schwede, der in dunkelblauer Latzhose und ausgewaschenem T-Shirt daherkommt. Ich stelle mich als Norddeutscher vor und erzähle ihm von meinem Reiseziel. Jacob ist vielleicht fünf Jahre älter als ich, in der Nähe geboren und kennt sich bestens aus in der Gegend.

„Ist heute noch damit zu rechnen, dass eine Yacht im Hafen festmacht", will ich von Jacob wissen.

Der winkt ab und dämpft meine Hoffnungen auf einen Anhalter-Lift: „Die meisten Boote kommen erst im Juli."

Ich sehe ihn fragend an und erkundige mich nach Alternativen: „Gibt es vielleicht Fischer, die mit ihren Kuttern Richtung Eckerö fahren?"

„Keine Ahnung! Selbst wenn, die nehmen Dich nicht umsonst mit und shippern nur bis zur Grenze zwischen Schweden und Finnland."

Die Åland-Inseln sind zwar autonomes Verwaltungsgebiet, man spricht dort schwedisch, aber die Inseln gehören politisch zu Finnland. Die Grenzlinie zwischen Schweden und Finnland liegt etwa auf halber Distanz meiner geplanten Querung. Ein Fischer, den ich womöglich auch noch teuer bezahlen müsste, scheint mir keine echte Alternative zu sein.

Ich schaue ernst Richtung Osten und fange an zu grübeln: „Vielleicht sollte ich es doch mit Plan B versuchen?" Ich erkundige mich bei Jacob über das Seegebiet und eventuelle Gefahren wie z.B. Strömungen. Jetzt wird Jacobs Gesicht ernster. Seine Stirn liegt in Falten und sein Mund verzieht sich nachdenklich.

„Wenn das Wetter stimmt, ist es machbar. Wenn der Wind auf Ost dreht, hast Du ein Problem." Damit bestätigt Jacob, was mir gerade durch den Kopf geht. Ich vertraue auf die Ausdauer, die ich mir im Laufe der letzten Wochen antrainiert habe und beschließe, die nächste Nacht auf einer kleinen Insel vor Grisslehamn zu verbringen. Von dort werde ich morgen früh die Nase in den Wind stecken und entscheiden, ob ich die Querung wage. Wenn nicht, bleibt immer noch die Fährpassage als Plan C. Morgen früh weiß ich mehr. Ich reiche Jacob die Hand und bedanke mich für seine mutmachenden Auskünfte. Jacob sieht nicht zuerst die Gefahr, sondern einen möglichen Weg ihr aus dem Weg zu gehen. Er wohnt am Meer, kennt die Küste gut und macht den Eindruck, als wüsste er sehr genau wovon er spricht.

„Viel Glück", wünscht mir der Schwede mit strahlendem Gesicht, als ich zurück zum Steg schlendere. Ich verlasse den Hafen. Nur zwei Kilometer weiter baue ich mein Zelt auf einer kleinen Insel auf. Per Wetter-SMS hole ich eine Windprognose für morgen ein. Es sieht so aus, als ob eine sichere Überfahrt gelingen könnte. Der Rauch meiner Zigarette weht Richtung dem åländischen Eckerö.

Die Sonne hat mich schon um sechs Uhr aus dem Zelt getrieben. Ich bin aufgeregt. Ein Fischkutter zieht, vom ruhigen Knattern seines Motors begleitet, an meiner Insel vorbei. Einige Möwen jagen über das Zelt hinweg. Ihre Schreie klingen heute anders. Ich höre ganz deutlich, was sie mir zurufen: „Heute ist Dein Tag. Du schaffst es!" Schon um acht Uhr ist alles gepackt. Das Kajak liegt startklar am Ufer. Mein GPS-Gerät erhält einen frischen Satz Batterien. Ich verdrücke noch eine ganze Tafel Schokolade, um ausreichend Energie zu tanken. Als Zielkoordinate habe ich eine Insel im Hellmanssundet eingegeben. 29,3 Kilometer Reststrecke stehen auf dem GPS-Display. Das Ziel selbst ist nicht zu sehen. Nach 15 Kilometern, gut zwei Stunden, werde ich einschätzen können, ob ich die Querung schaffen kann. Falls der Wind drehen sollte, könnte ich zurückpaddeln. Wenn alles gut läuft, könnte ich in vier bis fünf Stunden mein Ziel erreicht haben. Ich werde versuchen, in der Nähe der Fähr-Route zu bleiben, um im Notfall auf mich aufmerksam machen zu können.

Viertel vor neun steige ich ins Boot. Kopf und Körper sind nur aufs Paddeln und mein Ziel fokussiert. Erst nach einer halben Stunde spüre ich, wie sich ein lockerer Paddel-Rhythmus einstellt. Der Wind weht schwach von schräg hinten. Mein GPS zeigt 7,5 Kilometer pro Stunde Durchschnittsgeschwindigkeit an. Es läuft perfekt. Nach eineinhalb Stunden kann ich Land erkennen und weiter nach Sicht paddeln. Meine Augen müssen nun nicht mehr am GPS-Display kleben. Als ich die erste Hälfte der Strecke hinter mir habe, ist mir sofort klar, dass auch die zweite Hälfte problemlos machbar sein wird. Nur wenig mehr als vier Stunden sind vergangen, als der Bug meines Kajaks auf die kleine Schäreninsel Södra Västra Skär rutscht. Ich habe es geschafft! Die längste Nonstop-Etappe meiner Reise liegt hinter mir. Ich habe ein neues Limit ausgelotet und muss nun feststellen, dass es mehr ein Limit im Kopf war.

Ich rufe Kerstin an und berichte ihr total aufgeregt von der Überfahrt, dass ich ohne fremde Hilfe Finnland erreicht habe, dass ich mich bestens fühle und sie sich keine Sorgen mehr machen muss. Die Landschaft wirkt plötzlich noch schöner. Die Sonne hat den Fels auf dem ich sitze erwärmt und – die Spannung hat sich gelöst – ich schaue den kleinen Wölkchen hinterher, die nach Nordwesten über rot strahlende Felsinseln ziehen. Hier angekommen zu sein fühlt sich an, als hätte ich eine Prüfung bestanden, die mir neue Horizonte öffnet. Ich bin eingetaucht in eine Welt, die Naturerlebnisse im Überfluss für mich bereithält, die mein Herz höher schlagen lässt, die Körper und Kopf auf eine so angenehme Weise fordert, dass es purer Genuss ist, sich dem hinzugeben. Ohne jegliche Zweifel kann ich behaupten, hier und jetzt meinen Traum zu leben. „Mehr davon", schreie ich mit in den Himmel ausgestreckten Armen.

In Käringsund stelle ich mein Zelt auf. Aus Kerstins Paket habe ich mir die Flasche Flensburger Pilsener für diesen Tag aufgehoben. Neben meinem Zelt sitzend lasse ich den Bügelverschluss ploppen und stoße in Gedanken mit Kerstin an. Den großen Gefühlen nach meiner Ankunft auf den Ålands folgt ein Tag mit ernüchterndem Wetter – Starkwind und Regen zwingen mich zu einer Zwangspause. Im Campingplatz-Restaurant vertreibe ich mir die Zeit mit einem zweiten Frühstück und lege dann einen Besichtigungstag ein.

In der Nähe gibt es ein Jagd- und Fischerei-Museum. Dort erfahre ich, dass Jagd und Fischerei über lange Zeit die Haupterwerbszweige der Bewohner dieser Gegend waren. Erst viel später gewannen Schifffahrt und Tourismus an Bedeutung und stellen heute die Haupteinnahmequellen der autonomen Provinz Åland dar.

Per Anhalter fahre ich nach Mariehamn, der Provinz-Hauptstadt. Mein Stadtrundgang führt mich zum Hafen, zum Parlamentsgebäude und natürlich in die Innenstadt. Im Hafen liegt die „Pommern", einer der letzten sogenannten Flying P-Liner, die vor über 100 Jahren über die

Weltmeere segelten. Das Museumsschiff, die einzige Viermastbark die noch annähernd im Originalzustand erhalten ist, ermöglicht den Besuchern einen Blick in die Vergangenheit, der sehr anschaulich darstellt, wie anders früher das Leben eines Seemanns aussah. Harte Arbeit, viele Entbehrungen und eine stets präsente Gefahr Schiffbruch zu erleiden, waren ständige Begleiter der Seefahrer dieser Zeit. Mit einem Großsegler Kap Horn zu umrunden hieß, immer ein großes Risiko einzugehen, das nur schwer zu minimieren war. Aus heutiger Sicht betrachtet, waren alle Seeleute der traditionellen Großsegler-Epoche Abenteurer. Ein Gang über die Pommern, durch die Kammern und Decks, ein Blick in die Laderäume und auf die technische Ausrüstung veranschaulicht sehr gut, dass zwischen Seefahrt von damals und heute Welten liegen. Auch die Besatzungen kleinerer Boote gingen große Risiken ein. 1910 war Åland Teil des russischen Reiches und die Åland-Bauern wurden verpflichtet, Post und Passagiere zwischen dem Festland und den Åland-Inseln zu befördern. Mit diesem teils gefährlichen Service verdienten sie sich ein Zubrot zu ihrem Haupteinkommen aus der Landwirtschaft.

Um dieser Tradition zu gedenken wird heute die Postruderregatta veranstaltet, bei der jedes Jahr etwa 40 Teams aus je vier Mann Besatzung in sogenannten Bauernbooten an den Start gehen, um möglichst schnell die Strecke zwischen Schweden und den Åland-Inseln zu rudern. Immer im Wechsel starten die Crews ein Jahr von Schweden und das nächste Jahr von den Ålands.

Zwei kulinarische Spezialitäten sollte man auf den Åland-Inseln probiert haben. Das åländische Schwarzbrot und die Åland-Pfannkuchen. Die berühmten Pfannkuchen bestehen aus einem mit Grieß und Mehl und Kardamom gebackenem Teig, der mit Schlagsahne Pflaumenkompott und Konfitüre angerichtet wird. Sie sind Bestandteil meines heutigen Mittagessens. Als Dessert schlage ich mir damit den Bauch voll. Dem Schwarzbrot, das eine sehr feste Konsistenz hat, sagt man nach, dass es sehr lange haltbar sein soll. Genau das Richtige für mich. Ein runder Laib schwarzen Brotes wandert in meinen Reiseproviant.

❀

Ab jetzt steht nur noch Insel-Paddeln auf dem Programm. Tausende, genauer gesagt 6.500 Inseln, von denen nur 65 bewohnt sind und zusätzlich Tausende von Klippen, Schären und Felsen, liegen wie wahllos hingeworfene Felsklumpen zwischen mir und dem finnischen Festland. Somit ergeben sich schier endlose Paddelmöglichkeiten. Überdies sind die Inseln klimatisch begünstigt und weisen die meisten Sonnenstunden in dem im Sommer sowieso schon sonnigen Finnland auf. Die nächsten Tage sind für eine Rundreise durch diese faszinierende Inselwelt vorgesehen.

Sechzehn Gemeinden gehören zum autonomen Verwaltungsgebiet der Åland-Inseln. Geta liegt im Nordwesten. In diese Richtung setze ich meine Reise fort. Stundenlang paddle ich allein durch die Landschaft, ohne einen Menschen oder ein anderes Boot zu sehen. Bei Windstille ist kaum ein Laut zu hören. Nur das rhythmische Geräusch meiner Paddelschläge ist ständiger akustischer Begleiter. Wie ein Uhrwerk taucht das Paddel ins Wasser. Die Stunden scheinen endlos. Wenn ich nicht ab und zu nach Sonne, Kompass oder GPS-Gerät schauen würde, wüsste ich nach einer halben Stunde nicht mehr wo ich bin. Ich habe es aufgegeben zu versuchen, die einzelnen Inseln auf meiner Karte wiederzufinden. Nicht jede hat einen Namen und auf der Karte genau den Weg mitzuverfolgen hieße, mehr auf die Karte als in die Natur zu schauen. Ich leiste mir die Freiheit, einem intuitiven Kurs zu folgen.

Das Farbenspiel im wechselnden Sonnenlicht gleicht einem großartigen Natur-Schauspiel. Mal strahlt die Sonne mit voller Kraft wie ein Flutlicht-Scheinwerfer auf die flachen glatten Felsen und kurz darauf erreichen nur einige Strahlen zwischen den Wolken ein Stück Landschaft, das dann unwirklich illuminiert hervorgehoben wird. Felsen aus rötlichem Granit sind hier sehr typisch. In der Abendsonne scheinen diese zu glühen und werden von funkelndem Wasser umspült. Das Grün der Bäume und Büsche im Hintergrund umrahmt die flachen ins Wasser auslaufenden Felsen wie ein Passepartout. Die Eindrücke gleichen einer überdimensionalen Fotogalerie. Ich paddle zwischen deren Bildern hindurch. Schilfgürtel ziehen sich an einigen Stellen am Ufer entlang.

Zwischen den Inseln kommt es mir oft vor, als wäre ich auf einem Binnensee unterwegs. Der Salzgehalt der Ostsee im Bottnischen Meerbusen ist nur sehr gering. Man muss sich also nicht wundern, wenn man Fische entdeckt, die sonst nur in Binnengewässern zu erwarten wären.

Einige Barsche liegen zum Abendbrot in meiner Pfanne. In vier Tagen habe ich eine großzügige Runde um den zentralen Teil dieser einzigartigen Landschaft gedreht. Jetzt wechselt die Szenerie. Der Bootsverkehr nimmt zu. Mariehamn, die Hauptstadt der Ålandinseln, liegt nun vor mir. Ständig werde ich von den Besatzungen vorbeifahrender Segel- und Motorboote gegrüßt.

Direkt in Mariehamn liegt ein Campingplatz nah am Wasser. Dort will ich die Nacht verbringen, um mich für die nächsten Tage mit Proviant und Wasser auszurüsten. Dabei kommt mir eine Idee. Bei der Anmeldung in der Campingplatz-Rezeption kaufe ich mir eine Tageszeitung und schaue im Impressum nach der Telefonnummer. Erwartungsvoll rufe ich die Redaktion an und erzähle, wie ich hergekommen bin.

„Haben Sie nicht Lust auf ein Interview?".

Mein Hintergedanke ist, dass sich auf diesem Weg vielleicht einige Bekanntschaften mit Einheimischen ergeben könnten. Die Åland Tidningen ist auf jeden Fall interessiert und will gleich einen Reporter vorbeischicken. An der Rezeption des Campingplatzes soll ich auf ihn warten. Keine Viertelstunde später taucht er dann auch auf, schießt nach kurzer Begrüßung einige Fotos von mir und dem Kajak und erkundigt sich interessiert nach meinen Erlebnissen während der Überfahrt. Schon morgen, spätestens übermorgen, soll der Artikel in der Tageszeitung erscheinen. Ich bin gespannt.

Von Mariehamn paddle ich zunächst südlich um Lemland herum, ändere dann meinen Kurs Richtung Norden nach Lumparland und mache dort im Hafen von Rödhamn eine Pause. Der Hafen ist einmalig schön, nicht nur wegen der Hingucker, den Plumpsklos, die mit kleinen Bildern und Wildblumen dekoriert fast wohnlich wirken. Ich paddle noch ein Stück weiter nach Sandvikholmen und baue dort mein Zelt auf, ganz exklusiv auf einem ebenen Felsen mit bestem Rundumblick. Allein solcher Plätze wegen ist eine Paddeltour auf den Ålands die weite Reise wert. Nirgendwo in Deutschland kann man sein Zelt exklusiver aufbauen, als auf einer skandinavischen Schäreninsel. Das Jedermannsrecht macht es möglich.

In Svinö, eine Ortschaft der Gemeinde Lumparland, bekomme ich die aktuelle Ausgabe der Åland Tidningen mit dem Artikel über meine Reise. Ich staune nicht schlecht, als ich mich auf der Titelseite im Aufmacher sehe. Etwas weiter hinten wird der Artikel noch um eine weitere Viertelseite ergänzt. Jetzt bin ich nur noch gespannt, ob sich die Pressearbeit lohnen wird. Über Sandösund reite ich mit Rückenwind durch die Wellen auf Kumlinge zu, eine der östlichen Kommunen im Archipel.

Mit hoher Geschwindigkeit surfe ich im aufspritzenden Wasser begeistert durch die Wellentäler. Das Paddeln bekommt eine rasant-sportliche Note. Die Tagesdurchschnittsgeschwindigkeit liegt bei deutlich über acht Kilometern pro Stunde. Nach gut zwei Stunden Achterbahnfahrt über Wellenkämme und -täler habe ich eine Pause nötig. In Enklinge bietet sich ein windgeschützter Uferstreifen an, um an Land zu kommen.

Während ich mich diesem nähere scheint mir, nicht schneller als ich paddle, parallel am Ufer ein Fahrzeug zu folgen. Zwischen den Bäumen sehe ich das blaue Auto immer wieder auftauchen.

Groß ist die Überraschung, als ein alter blaue Saab direkt an meinem Anlandeplatz hält, ein älterer Herr dem Wagen entsteigt und mich mit einem „Herzlich willkommen in Enklinge" auf deutsch begrüßt. Ich ahne die Ursache dieser überraschenden Bekanntschaft schon.

„Ich heiße Torbjörn", stellt sich der weißhaarige, schlanke und bärtige Schwede vor, der in der Nähe ein Sommerhaus bewohnt.

„Woher kennst du mich?", frage ich Torbjörn, obwohl ich es mir denken kann. Torbjörn erklärt, dass er mich von seinem Haus aus gesehen hat, als ich in den Bärösund gepaddelt bin, gerade in dem Moment als er die Åland Tidningen mit meinem Interview gelesen hatte. Auf dem Zeitungsbild ist mein orangefarbenes Boot gut zu erkennen. Torbjörn war sofort klar, dass ich der Typ aus der Zeitung sein müsse. Er hat sich in seinen Wagen gesetzt und ist mir eine halbe Stunde am Ufer entlang gefolgt, um mich irgendwie abzupassen.

Torbjörns Frau ist Finnin. Ihr Name, Mary von Knorring, ist der Grund dafür, dass Torbjörn sich quasi an meine Fersen geheftet hat. Die Familie betreibt Ahnenforschung und Torbjörn hält es für möglich, dass sich über meinen Namen neue Erkenntnisse für das Ahnenbuch ergeben könnten. Er bietet sich an, mir die Insel und sein Haus zu zeigen. Schon bald chauffiert mich der schwedische Naturkunde-Professor, der an der Stockholmer Universität arbeitet, über die Insel. Nach einem Stopp am Lebensmittelladen fahren wir zu seinem Sommerhaus, einer alten Lotsenstation, die traumhaft gelegen auf einem exponierten Felsen steht. Ein kleiner privater Hafen und einige Nebengebäude vervollständigen das Ferienparadies.

Vor dem kleinen Gästehaus in der Sonne sitzend berichte ich dem Professor, dass mein Bruder ebenfalls recht aktiv in Sachen Ahnenforschung ist. Bei einem kalten Bier und einer aufgewärmten Mittagsmahlzeit muss ich Torbjörn versprechen ihn zu informieren, falls die Forschungsergebnisse meines Bruders mit unser beider Familie Berührungspunkte aufweisen sollten. Torbjörn entgeht mein Schmunzeln nicht und fragt, was mich so fröhlich macht. Ich erzähle ihm von meinen Hintergedanken, als ich der Zeitung das Interview anbot.

„Gute Idee. Ohne den Artikel hätten wir uns nicht kennengelernt", Torbjörn klopft mir auf die Schulter.

„Genau", bestätige ich mit halbvollem Mund. Dass die Sache mit der Zeitung so gut und so schnell funktioniert, hätte ich allerdings nicht gedacht. Ich muss ihm versprechen noch mal vorbeizukommen, wenn mein Zeitrahmen es zulässt.

„Meine Frau würde sich auf jeden Fall freuen und Platz haben wir genug. Du kannst im Gästehaus schlafen,", lädt mich Torbjörn ein. Lange winkt mir der herzliche Schwede hinterher, als ich mich von Enklinge entferne. Mir fällt dabei Forrest Gump ein, der im gleichnamigen Film schon festgestellt hat: „Das Leben ist wie eine Schachtel Pralinen – man weiß nie was man kriegt."

Der Abstand zum Alltag in Flensburg wird immer größer. Dies ist der längste Urlaub den ich jemals gemacht habe. Wie schwer wird es wohl werden, wieder in den normalen Alltag einzutauchen? Noch muss ich die Frage nicht beantworten. Ich will mich weiter von der Natur, den Menschen, die hier leben und von meiner Art zu reisen, inspirieren lassen. Wunschlos glücklich zu sein ist eine oft verwendete Phrase, wenn wir über das Leben nachdenken, wenn wir versuchen Wunschvorstellungen zu definieren oder an alternativen Lebensmodellen basteln. Gerade jetzt habe ich das Gefühl, dass ich mir das Leben nicht schönreden und mir nichts wünschen muss. Ich bin wunschlos glücklich. Ein gutes Gefühl, auch wenn ich nicht weiß, wie lange es anhalten wird.

Weiter geht es durch die åländische Inselwelt. Jahre könnte man hier paddeln, ohne alles gesehen zu haben. Wenn man ein Eiland in jeweils entgegengesetzte Richtung umrundet glaubt man, zwei verschiedene Inseln vor sich zu haben. Immer wieder entdecke ich neue Buchten und interessante Felsformationen. Hier muss ich unbedingt noch mal zusammen mit Kerstin paddeln, nehme ich mir fest vor. Die Namen der Inseln und Orte kann ich nur teilweise auf meiner Karte verfolgen. Hamnö, Brändö, Björnholma, Kalvholm, Bolmö, Rökil und viele andere, sind

Ein Kajak ist wie ein Schuh. Du ziehst ihn an und gehst los.

Stationen der nächsten Tage. Am Ufer einer ruhigen Bucht habe ich mich zum Übernachten niedergelassen. Es gelingt mir, einen größeren Barsch zu fangen, der zehn Minuten später in heißem Fett brutzelt.

Am frühen Morgen hoppelt ein Hase an meinem Zelt vorbei. Nur eine Minute später folgt ein Rotfuchs dem gleichen Weg. Ob die beiden eine Verabredung haben? Nach dem Frühstückskaffee packe ich und räume das Feld. Nichts bleibt zurück, außer einige Fußabdrücke.

In Lappo schaue ich mir ein Museum an, das traditionelles Bootsbauhandwerk präsentiert. In einem Nachbargebäude ist eine alte Schmiede untergebracht. Der Schmied freut sich, als ich ihm meine Hilfe anbiete. Ich betätige den Blasebalg, der Luft ins Schmiedefeuer bläst. Als Souvenir erstehe ich ein geschmiedetes Messer. Ähnliche Messer wurden früher zum Bearbeiten von Tierfellen verwendet. Der Schmied bedankt sich für den Kauf und meine Mitarbeit.

Langsam muss ich die letzte Etappe bis Hanko planen, um von dort wieder nach Hause zu kommen. Eine Woche Zeit habe ich noch und einen versprochenen Termin, den ich nicht versäumen möchte.

Ich schicke Torbjörn eine SMS und frage, ob es morgen in Enklinge noch mal passen würde. Die Antwort kommt prompt. Ich werde erwartet. Am nächsten Nachmittag lerne ich Torbjörns Frau Mary kennen.

Ich bekomme ein Bett im Gästehaus, darf Wäsche waschen, duschen und werde zu einem fürstlichen Abendbrot eingeladen. Als Geschenk habe ich den beiden eine selbst geschnitzte Möwe mitgebracht, die Mary gleich in einem Fenster aufhängt. Wir freuen uns gemeinsam, dass das Treffen geklappt hat. Der Abend wird lang. Nach der letzten Flasche Rotwein ist es bereits nach Mitternacht. Zeit für die Koje.

Gleich nach dem Frühstück fahren Tibbi, so nennt Mary ihren Mann, und ich mit einem alten Holzboot hinaus. Torbjörn weist mich in die Kunst der traditionellen Netzfischerei ein. Der Fischer scheint ganz zufrieden mit seiner neuen Hilfskraft zu sein. Sein nach oben gereckter Daumen signalisiert, dass ich meinen Job gut mache.

Später gibt Torbjörn mir noch einen Tipp. Ich soll auf einer Insel in der Nähe vorbeischauen. Dort hat Wolfgang aus Bayern ein Ferienhaus. Wolfgang ist mit einer Finnin verheiratet. Die ganze Familie mit drei Kindern inklusive Schwiegermutter ist gerade auf der Insel. Mary und Tibbi sind mit der deutsch-finnischen Familie befreundet und Torbjörn hat mich dort schon telefonisch zum Mittagessen angemeldet. Mary drückt mich zum Abschied und Tibbi schenkt mir einen festen Händedruck, der genauso viel Herzlichkeit ausdrückt.

Pünktlich zur Mittagszeit stehe ich bei Wolfgangs Familie auf der Matte. Ein großes Hallo hallt über die Insel. Alle sind erfreut über den Besuch aus Deutschland. Ein Teller steht auch schon für mich auf dem Tisch. Ich werde mit Fisch, Salat, frisch gebackenem Brot, Wurst und Bier verwöhnt. Natürlich muss ich von meinen Erlebnissen erzählen und erfahre im Gegenzug wie ein Bayer es schafft, in Finnland heimisch zu werden. Es war wie so oft. Wolfgang hat seine Frau bei der Arbeit kennengelernt. Dann hat es nicht mehr lange gedauert und er wurde überzeugt, mit nach Finnland zu kommen. Falls ihm das schwergefallen sein sollte, ist heute nichts mehr davon zu spüren.

Der nun schon mehrere Tage anhaltende starke Südwind macht es mir schwer meinen anfänglich eingeschlagenen Kurs zu halten. Ich taste mich, immer auf Winddeckung bedacht, zwischen den Inseln hindurch weiter nach Südosten. Auf Långskär baue ich das Zelt auf. Von Hannes kommt eine SMS. Er hat sein Zeugnis bekommen. Alles Zweien, Geographie und Geschichte sogar eine eins. Sein Vater freut sich gerade ein Loch in den Bauch. Wenn Hannes einige Jahre älter ist hat er vielleicht Lust, mal eine längere Reise mit seinem Vater zu unternehmen.

Vater und Sohn auf langer Tour, das wäre doch was!

Endlich lässt der Wind etwas nach. Ich bin auf dem Weg nach Sottunga. Über mir kreist ein Seeadler. Seine breiten Schwingen bewegen sich kaum. In großen Kreisen schraubt sich der gewaltige Vogel in die Höhe. Gern würde ich für einige Minuten mit ihm tauschen, um mir die Landschaft aus seiner Perspektive anzusehen. Es muss faszinierend sein, die Insel- und Schärenwelt von oben zu bewundern.

Im nächsten Hafen stehen zwei Fahrräder unter einem Schild, das Gastlieger ausdrücklich auffordert, sich der Räder zu bedienen, um zum Beispiel für einen Einkauf ins nahegelegene Dorf zu fahren. Eine geschickte Aktion um Besucher in den örtlichen Lebensmittelladen zu locken. Ich schnappe mir eins der Fahrräder und radle die zwei Kilometer dorthin. Neben vielen lokalen Leckereien landen für den Nachmittag auch zwei Stück Kuchen in meinem Korb.

Zurück im Hafen fällt mir ein ungewöhnlicher Segel-Katamaran auf, der nach Marke Eigenbau aussieht. Viel Platz scheint es auf ihm nicht zu geben. Auf dem Steg davor liegt ein Mann im Schlafsack, der gerade wach zu werden scheint.

„Where do you come from?"

„Germany" antwortet der Bootsbesitzer noch ziemlich verschlafen.

Dann stellt sich heraus, dass Christian, wie er sich vorstellt, ebenfalls aus Norddeutschland stammt. Er ist ein Jahr zuvor mit seinem Katamaran von Kiel nach Schweden gesegelt und ist dieses Jahr nun auf dem Rückweg nach Deutschland. Als Christian realisiert, dass ich mit dem Kajak von Flensburg hierher gepaddelt bin, staunt er nicht schlecht. Ich packe meinen Kuchen aus und lade Christian zum Frühstück ein. Der macht uns einen Kaffee auf seinem Camping-Kocher und zeigt mir sein Boot. Viel Platz ist tatsächlich nicht in den beiden Rümpfen. Christian hat das Boot, das an einen Sperrholz-Bausatz erinnert, für wenig Geld gebraucht gekauft und ist, wie ich, auf low-budget-level unterwegs.

Immer wieder schüttelt er den Kopf, als er auf mein noch kleineres Boot schaut und tritt den sich selbst zugedachten Heldentitel für seine gewagte Fahrt an mich ab. Sein Zweirumpf-Boot kommt ihm jetzt deutlich größer vor, gesteht er.

Ansonsten scheint Christian tiefenentspannt unterwegs zu sein. Von Eile oder Hektik ist nichts zu spüren. Er hat keinen Zeitdruck und genießt den Müßiggang, obwohl er einen kleinen Schaden an seinem Katamaran

Auge in Auge

reparieren muss, der von einer unfreiwilligen Grundberührung herrührt. Kommt Zeit, kommt Rat, scheint die Philosophie des Kielers.

Gut gelaunt winkt Christian mir nach, als ich die Spritzdecke um mein Cockpit ziehe. Algersö und Kökar sind meine letzten Destinationen auf den Åland-Inseln. Etwa 400 Kilometer bin ich durch das Inselmeer gepaddelt. Aberhunderte Inseln lagen dabei in meinem Kielwasser. Und selbst bis Hanko erstreckt sich ein Schärengarten aus weiteren Hunderten oder gar Tausenden Inseln und Inselchen. Nur noch 107 Kilometer Luftlinie sind es bis zum Fährhafen. Selbst wenn bislang kein wirkliches Heimweh aufgekommen ist, die Vorfreude auf mein Zuhause und meine Familie ist schwer zu unterdrücken. Auch während der letzten Tage mache ich weitere Bekanntschaften mit freundlichen Inselbewohnern, die mich nicht nur einmal zum Kaffee einladen.

Kurz vor Hanko sitze ich ein letztes Mal auf einer unbewohnten finnischen Insel vor meinem Zelt. Wenn alles klappt, fahre ich morgen nach Hause. Bei aller Vorfreude kommt auch etwas Wehmut auf.

„Du kommst wieder", sage ich zu mir selbst, als ich mich für die letzte Nacht in den Schlafsack lege und die Augen schließe.

Ich sitze im „Mad Dog", trinke ein finnisches Bier der Marke Lapin Kulta, was soviel wie „Das Gold Lapplands" bedeutet, und wische mir mit dem Handrücken den Schaum von der Oberlippe. Es war letztendlich nur ein Katzensprung ins 10.000-Einwohner zählende Hanko, Finnlands südlichste Stadt. Das Ticket für die Fähre am Abend habe ich bereits in der Tasche. Interessanterweise wurde dieses Mal mein Kajak als Fahrrad deklariert.

Bis zur Fähre ist es vom Hafen knapp einen Kilometer zu laufen. Ein letztes Mal versuche ich die heimische Presse für meine Zwecke einzuspannen. Ich kontaktiere die Hangötidningen, wie die hiesige Tageszeitung heißt, und biete abermals ein Interview an. Vielleicht kann der Reporter ja helfen, mein Boot zur Fähre zu transportieren.

Noch am Vormittag erscheint Filipa, eine kleine zierliche junge Frau, die sich als Reporterin vorstellt. Nach dem Interview frage ich sie, ob sie mir für heute Abend Hilfe organisieren kann, um mein Gepäck und das Kajak zum Fährterminal zu bringen. Ein Auto mit Dachträger wäre hilfreich. Filipa überlegt kurz und sagt mir schließlich zu, gegen 18 Uhr mit einem Freund und dessen Auto wieder hier zu sein.

Zum Abend sind Filipa und ihr Freund, der sich als ebenso zierliche Freundin herausstellt, wieder im Hafen. Sie sind mit dem Auto da, das allerdings keinen Dachträger hat. Zuerst fahren wir meinen schweren Rucksack zum Fährhafen. Das Kajak tragen wir zu dritt hinterher. Ich stecke eine Paddelhälfte durch die Trageschlaufe am Bug des Bootes und reiche je ein Ende meinen finnischen Helferinnen, während ich mir das Bootsheck schnappe. So zuckeln wir langsam zu Fuß, unterbrochen von drei oder vier Pausen, nochmals zum Anleger.

Die Mädels waren mir eine große Hilfe, dankbar nehme ich zum Abschied beide in die Arme und reihe mich dann in die Fahrspur der wartenden Fahrzeuge ein. Ein Einweiser wird auf mich aufmerksam, nimmt mich aus der Schlange und hilft mir, das Boot an Bord zu bringen. Dann dürfen die vielen Passagiere an Bord gehen. Mir wird klar, dass ich mich an solche Menschenmengen erst wieder gewöhnen muss. Überall wimmelt es. Passagiere sind auf der Suche nach ihren Kabinen, nach freien Sitzplätzen an Deck, nach einem kühlen Drink an der Theke oder nach einem schönen Platz auf dem Sonnendeck.

Ich stehe etwas abseits mit einem kalten Bier in der Hand an der Reling und schaue auf die vielen Inseln, die nun langsam im Kielwasser der Fähre verschwinden. Wie unterschiedlich die Dimension von Zeit doch sein kann.

Gut acht Wochen habe ich gebraucht, um hierherzupaddeln. Um die 2.000 Kilometer habe ich dabei zurückgelegt. Das waren mehr als eine Million Paddelschläge. Und jetzt? In 20 Stunden werde ich wieder zu Hause sein!

Diese Reise hat mir deutlich gezeigt, dass Abenteuer viel mehr sein kann als der freie Fall nach einem Bungee-Sprung, die Besteigung eines Achttausenders oder die Durchquerung einer Wüste. Die Überfahrt von Grisslehamn zu den Åland-Inseln sehe ich im Nachhinein als den mental anstrengendsten Teil meiner Reise. Vor dieser langen Passage habe ich in mich hineingehört, habe mir eigene Erfahrungen ins Bewusstsein geholt, habe versucht Pros und Kontras gegeneinander abzuwägen und bin letztlich zu einer Entscheidung gekommen, die mir gezeigt hat, dass persönliche Grenzen verschoben werden können. Man sollte dabei nicht zu weit gehen, sich nicht überschätzen und immer darauf bedacht sein, kein unnötiges Risiko einzugehen. Wenn der Kopf nein sagt, sollte man den Körper nicht herausfordern. Ist man nach gründlicher Überlegung aber mental mit sich im Reinen und bereit, eine Herausforderung anzunehmen, wird man sich unter Umständen wundern, wozu der Körper in der Lage ist.

Allein dieser Prozess ist ein Abenteuer. Konzentration auf eine Aufgabe und Euphorie für eine Sache können enorme Kraftquellen sein. In der Summe der letzten acht Wochen war es genau das, was mich angetrieben hat, ohne nur ein einziges Mal daran zu zweifeln, mein Ziel auch zu erreichen. Was nach derartigen Unternehmungen – egal ob wir sie Abenteuer oder Reise nennen – im Kopf hängen bleibt, ist durch nichts zu ersetzen.

Wie definieren denn gestandene Abenteurer den Begriff Abenteuer? Rüdiger Nehberg alias „Sir Vival" kann nicht nur auf ein mit Abenteuern ausgefülltes Leben zurückblicken, sondern hat auch viele Bücher zum Thema geschrieben. Nehberg feierte im Mai 2018 seinen 82. Geburtstag. Ich habe ihn nach seiner Definition von Abenteuer gefragt.

Nehberg dazu:

„Abenteuer ist für mich die bewusst eingegangene Konfrontation mit riskanten Situationen, die man aufgrund seiner Erfahrungen oder vorheriger Analysen und Vorbereitungen zu meistern glaubt, mit der Bereitschaft, auch einem allgegenwärtigen, lebensbedrohenden Restrisiko eine ehrliche Überlebenschance zu gönnen."

Was als lebensbedrohendes Restrisiko eingestuft werden kann, ist allgemeingültig kaum definierbar. Es ist eine Frage der Sichtweise. Selbst unser Alltag hält aus der Perspektive eines Straßenverkehrsteilnehmers lebensbedrohliche Risiken bereit. Erfahrungen und Erlebnisse, welcher Art auch immer, schärfen unsere Sinne und helfen Fähigkeiten zu entwickeln, mit denen wir uns neuen Abenteuern stellen können.

Das Abenteuer kann schon vor der Haustür stattfinden. Oft bin ich an der heimischen Ostseeküste mit Zelt und Schlafsack im Gepäck in mein Kajak gestiegen und einfach losgepaddelt. Die Grundrichtung war klar, wo ich mein Zelt für die nächste Nacht aufschlagen würde nicht. Orte die ich mit dem Kajak erreiche, werden bestimmt durch Wetterbedingungen, den Sonnenuntergang oder die Anziehungskraft, die manche Flecken Erde oder deren Bewohner auf mich ausüben.

Wenn es irgendwie machbar ist, versuche ich Campingplätze zu meiden. Zelten in freier Natur ist zwar nicht überall erlaubt, aber auch nicht immer ausdrücklich verboten. Es bleibt ein aus meiner Sicht vertretbares Restrisiko erwischt und vertrieben zu werden. Risiken dieser Art gehe ich gern ein. Vielleicht auch, weil ich das Kind im Mann noch nicht fortgeschickt habe. Vieles was verboten ist, übt immer noch eine besondere Anziehungskraft auf mich aus. Aufs Zelten in der freien Natur würde ich nie verzichten wollen.

Natur zu erleben funktioniert am besten abseits der Zivilisation ohne Wohnmobilisten als Nachbarn, denen der Fernsehempfang oft wichtiger zu sein scheint, als ein spektakulärer Sonnenuntergang.

Nach dieser Reise habe ich endgültig begriffen, dass Zeit wichtiger ist als Besitzstandsmaximierung. Ich war noch nie darauf aus, mein Angestellten-Gehalt durch Überstunden aufzubessern. Für die Mehrheit meiner Kollegen ist das jedoch die Normalität. Überstunden lassen sich in meinem Job nur schwer vermeiden, wenn Termine eingehalten werden müssen. Statt mir diese Stunden auszahlen zu lassen bevorzuge ich es, mein Zeitkonto zu füllen und es anschließend zeitnah abzubummeln.

Wer nie oder nur selten die Erfahrung macht, wie viele und tiefgehende glückliche Momente selbstbestimmt verbrachte Zeit hervorbringen kann, mag vielleicht mit materiellen Dingen kurzzeitig so etwas wie Zufriedenheit erfahren, aber allzu oft ruft diese vermeintliche Zufriedenheit schon bald ein Gefühl tiefer Leere hervor.

Fit for Fun oder eher umgekehrt?

Immer wieder werde ich nach Vorträgen gefragt, wie ich mich auf meine langen Paddelreisen vorbereite, wie mein Trainingspensum aussieht und wie ich mich grundsätzlich fit halte. Meine Antworten sorgen anschließend oft für etwas Ratlosigkeit bei den Fragestellern. Ich folge weder einem strukturierten Trainingsprogramm, noch betreibe ich eine anders geartete gezielte physische Vorbereitung. Ich habe einfach Spaß an dem was ich mache. Das ist das ganze Geheimnis. Der Rest ergibt sich fast von selbst. Ich gehöre zwar nicht zu den übergewichtigen Nichtsportlern, gehe aber auch keinem regelmäßigen Training im Sportverein nach. Der Sportplatz Natur ist für mich Training genug.

Natürlich kann eine gewisse Grundfitness nicht schaden. Die sehe ich in meinem Fall durchaus als gegeben an. Ich bin 56 Jahre alt, 1,83 Meter groß und wiege knappe 80 Kilogramm. Vor meiner Oslo-Tour war ich allerdings schon nahe der 90-Kilogramm-Marke. Nach der Tour waren es 12 Kilogramm weniger. Wer also nach einer Alternative für Diäten zur Gewichtsoptimierung sucht, könnte sich aufs Langstreckenpaddeln verlegen. Dabei Spaß zu haben ist die halbe Miete. Täglich 20, 30 oder 40 Kilometer über vier Wochen oder länger zu paddeln ist ein relativ sicherer Weg, Gewicht zu verlieren. Aber darum ging es mir nie.

Früher habe ich regelmäßig im Verein Sport getrieben, spielte Volleyball und boxte viele Jahre. Später war ich auf Inline-Skates unterwegs, spielte Squash oder ging ab und an zum Badminton. Diese Zeit liegt schon länger zurück. Heute jogge ich und halte mich mit Übungen wie Liegestütz, Sit-up, Klimmzug und dergleichen fit. Nicht exzessiv, aber mehr oder weniger regelmäßig. Das ist alles. Paddeln gehe ich das ganze Jahr über, auch wenn die Tage kalt und kurz werden. Worum es geht ist tatsächlich Lust und Freude am Paddeln zu haben. Mein Tipp lautet daher: Einfach lospaddeln und in sich hineinhören. Der Körper macht viel mit, wenn der Kopf Spaß hat. Die Physis folgt der Psyche. Es ist erstaunlich, wie man an sich selbst dabei eine Entwicklung beobachten kann.

Ich kann mich an eine Tagestour erinnern, bei der ich vom Ferienhaus in Dänemark voller Begeisterung mit Rückenwind bei fünf Windstärken über sechs Kilometer in eine Richtung durch die Wellen gesurft bin. Mit neun bis fünfzehn Kilometern pro Stunde. Irgendwann musste ich allerdings zurück. Als der Wind nun von vorne blies, fing ich ernsthaft an zu zweifeln, ob es mir gelingen würde, wieder zurück zum Ferienhaus zu gelangen. Meine Geschwindigkeit betrug dann nur noch drei bis vier Kilometer pro Stunde und der Gegenwind lies keine Pausen zu. Ich konzentrierte mich nur noch aufs Vorwärtskommen. Trotzdem hatte ich starke Bedenken, wie lange ich diese Schinderei durchhalten würde. Total ausgepowert erreichte ich schließlich wieder das Ferienhaus.

Das war eine wichtige Erfahrung. Sie hat mir gezeigt, wie schnell man an seine Grenzen kommen kann. Sie hat mir aber auch gezeigt, dass die eigenen Grenzen erst mal erkundet werden müssen. Wenn notwendig, kann unser Körper mehr leisten als wir denken. Diese Grenzen einmal auszuloten kann nicht schaden. Man sollte es allerdings nicht auf die Spitze treiben, sonst wird aus einer Grenzerfahrung womöglich schnell ein Fiasko.

Wenn wir unsere persönlichen Limits ansatzweise kennen, können wir damit einen Rahmen setzen, in dem wir uns sicher fühlen. Dann bleibt auch der Spaß nicht auf der Strecke. Bei mir steht die Lust am Reisen im Vordergrund. Das Kajak ist mein Vehikel mit dem ich unterwegs bin. Ich betrachte das Paddeln so wie ich es betreibe, mehr als eine alternative Fortbewegungsart und erst dann als Sport. Die sportliche Komponente ist mir, wenn auch nicht vordergründig, trotzdem wichtig, weil ich mich gern physischen Herausforderungen stelle. Die größte Herausforderung dabei ist, über die notwendige Ausdauer zu verfügen. Die ist entweder vorhanden oder, ich kann es gar nicht oft genug sagen, sie entwickelt sich parallel zum Spaß an der Sache selbst. Ich bin absoluter Autodidakt, habe nie einen Paddelkurs belegt oder geführte Touren mitgemacht.

Nur ein einziges Mal wollte ich mich einer Gruppe Paddler bei einem vereinsorganisierten Tagestrip anschließen.

Es sollte meine erste Nordsee-Tour werden. Allein das Wort Nordsee flößte mir damals Respekt ein. Ebbe, Flut, Strömungen und Seenebel waren Begriffe, die mich skeptisch machten und zumindest leichte Zweifel aufkommen ließen, ob ich dem gewachsen bin. Ich wollte unbedingt einen Törn nach Langeness in Nordfriesland machen und hatte mich bei einem Verein nach einer organisierten Tagestour erkundigt.

Wider Erwarten war eine Gruppe nordseeerfahrener Paddler bereit, mich mitzunehmen. Meine Vorfreude war riesig. Eine Woche vor der Tour unternahm ich mit meiner Familie eine Schiffstour von Schlüttsiel nach Langeness um mir das Revier schon mal aus einer sicheren Perspektive anzuschauen. Zwei Tage später sagten meine Nordsee-Guides, warum auch immer, die Vereinstour ab. Ich war enttäuscht.

Der vorbereitende Ausflug mit dem Schiff hatte mir gezeigt, dass die Nordsee, zumindest bei gutem Wetter, recht zahm sein konnte. Kurzerhand besorgte ich mir einen Gezeitenkalender und eine geeignete Karte, beobachtete die folgenden Tage den Wetterbericht und zog dann mein Nordsee-Abenteuer alleine durch.

Alles lief wie am Schnürchen. Die Hochwasserzeiten passten, Wind und Wellen meinten es gut mit mir und Langeness, so schien es, wartete auf einen Seekajak-Novizen wie mich. Mit Kompass und Karte fand ich meinen Kurs bis zur Hallig Langeness bei ablaufendem Wasser und stand am frühen Samstagabend wieder am Fähranleger. Ohne Probleme.

Das hört sich sehr einfach an, was es auch war, weil ich ideale Bedingungen hatte. Das Wichtigste an diesem Törn war, dass ich meinen Respekt vor der Nordsee relativieren konnte. Ich hatte jetzt eine konkrete Erfahrung, auch wenn mir nach wie vor klar ist, dass man gerade auf der Nordsee mit deutlich schwierigeren Bedingungen rechnen muss.

Es dauerte nicht lange bis zur zweiten und dritten Tour zu den Nordfriesischen Inseln und den Halligen. So habe ich schließlich auch Sylt meinen ersten Besuch abgestattet, ohne öffentliche Verkehrsmittel in Anspruch zu nehmen.

Irgendwann entschloss ich mich, die gesamte deutsche Nordseeküste an einem Stück zu paddeln. Von Havneby auf Rømø in Dänemark bin ich in zwei Wochen bis nach Borkum gepaddelt. Bei dieser Reise habe ich typische Gezeitenströmungen und ungemütliche Wellen kennengelernt. Ab und zu kam mir das Wasser abhanden, wenn ich bei Ebbe zu lange Pausen machte. Zwischen den Ostfriesischen Inseln wurde es nicht nur einmal ungemütlich. Dort schieben sich nach den Gezeitenwechseln gewaltige Wassermassen durch die Seegatten. Hohe, steile Wellen bilden

Paddelleidenschaft wird manchmal zur Schwerstarbeit

sich dabei. Durch dieses aufgewühlte Wasser zu paddeln ist eine besondere Erfahrung. Das waren Erlebnisse, die mich immer erfahrener und
selbstsicherer machten, auch wenn mal etwas nicht so lief, wie es sollte.
Gerade das ist wichtig.

Die kleinen Abenteuer stellten sich unterwegs ein, ohne dass ich damit rechnete. Wenn man es geschafft hat, für eine Pause durch die schäu-
mende Brandung sicher an Land zu kommen, sucht man spätestens nach
einem Blick über die Schulter die Antwort auf die nächste Frage: Wie
komme ich wieder durch die Brandung zurück, um weiterzupaddeln?
Im besten Falle weiß man eine Stunde später, wie es funktioniert.

Nun möge mich bitte niemand falsch verstehen. Geeignete Seekaja-
jak-Kurse zu belegen, um sicherer unterwegs zu sein, macht durchaus
Sinn. Was ich sagen will ist lediglich, dass solche Kurse nicht für jeden
zwingend notwendig sind. Sich nicht aufs Wasser zu trauen, nur weil
man glaubt, noch nicht alle Kurse belegt zu haben, hieße, sich selbst
des Abenteuers zu berauben. Jeder muss seinen Weg finden, egal über
welche Stationen er führt.

Ob man fit ist für ein Kajak-Abenteuer bekommt man unterwegs am
besten heraus. Dabei spielt es keine Rolle, ob man einige Stunden, Tage
oder Wochen unterwegs ist, Hauptsache man ist unterwegs. Der Spaß
sollte dabei nie auf der Strecke bleiben. Wenn doch, dann hat man etwas
falsch gemacht, ist vielleicht zu schnell oder zu lange gepaddelt oder man
war mit den falschen Leuten unterwegs.

Allein und doch nicht einsam

„Hast Du Lust mitzukommen?" Diese Frage habe ich schon einigen Leuten gestellt, wenn sich eine neue Tour anbahnte. Es gibt nicht viele Menschen, die bei langen Reisen für mich als Paddelpartner infrage kommen. Die Chemie muss stimmen. Auf viele Dinge kann man sich einstellen und man kann Kompromisse schließen.

Ganz wichtig ist es, mit Leidenschaft ein gemeinsames Ziel zu verfolgen. Dieses Ziel zu erreichen setzt eine gewisse Grundphysis voraus, die ich aber, wie schon beschrieben, als zweitrangig ansehe. Die Leidenschaft scheint mir das Wichtigste zu sein. Ohne eine Passion fürs Paddeln, das Landschaftserlebnis, das einfache Leben im Zelt und eine gewisse Portion Entdeckerlust kann ich mir meine Unternehmungen kaum vorstellen. Schlechtes Wetter oder andere schwierige Situationen können schneller als gedacht an den Nerven zehren. Das muss man aushalten können. Mentale Schwächen eines Reisepartners führen unter Umständen zu Spannungen. Im schlimmsten Fall können sich daraus Streitsituationen ergeben die sich hochschaukeln. Derart kann eine Reise zum Fiasko werden und daran sind auch schon Freundschaften zerbrochen.

Ich habe solche Situationen zwar noch nicht erlebt, kann mir aber gut vorstellen wie genervt ich wäre, wenn mir so etwas widerfahren würde. Gerne gebe ich zu, dass ich selbst die Ursache für Streitigkeiten sein könnte. Ich kann nicht von jedem erwarten, dass er sich meinen Gewohnheiten unterordnet.

Für viele mag es schon ein No-Go sein, morgens gegen acht Uhr im Boot zu sitzen. Eine längere Querung über offenes Wasser ist auch nicht jedermanns Sache. Vier bis acht Wochen von der Familie getrennt zu sein schon gar nicht. Diese Zeit überhaupt zur Verfügung zu haben, ist alles andere als selbstverständlich.

Später habe ich recht schnell aufgegeben für lange Touren nach Mitstreitern zu suchen und bin ganz nüchtern zu der Erkenntnis gelangt, dass alleine reisen ein einfacher und unkomplizierter Weg ist.

Anfangs war es nur ein Experiment. Die Reise nach Oslo hat mir dann allerdings gezeigt, dass ich ganz gut mit mir klarkomme. Mehr noch – die Vorteile sind enorm, denn auch unter vielen Menschen lernt man als Alleinreisender viel schneller Gleichgesinnte kennen, als in der Gruppe oder als Paar, wo die Möglichkeit der Kommunikation jederzeit gegeben ist und darüber hinausgehender Kontakt-Bedarf geringer ist.

Gastfreundschaft, Herzlichkeit und Hilfsbereitschaft erfährt man als Alleinreisender eh am intensivsten. Nicht selten kommt es zu äußerst unkomplizierten und spontanen Begegnungen mit vielen Informationen über die Region, die oft auf eine Einladung zum Kaffee oder sogar eine Übernachtung hinauslaufen.

Einsamkeit in Form menschlicher Isolation – was sich übrigens, bis auf die gelegentlichen und sich im Kreise drehenden Selbstgespräche, für mich gar nicht schlecht anfühlte – habe ich bisher nur tageweise erlebt, denn auch in der Wildnis ist man selten länger als ein paar Tage alleine.

Die Mischung aus Tagen des Alleinseins und der intensiven Begegnung mit Menschen sind zum großen Teil auch Ziel meiner Reisen. Die Erfahrungen, die ich dabei mache, sind neben dem Naturerlebnis und der körperlichen Betätigung ein wichtiger Faktor, der mir zu einem hohen Maß an Selbsterkenntnis verhilft.

Die Weite schafft Platz im Kopf für neue Gedanken

Das Familien-Abenteuer

Eine Familie zu gründen ist ein Abenteuer. Vielleicht eines der größten überhaupt. Nur – wir nehmen das erst rückblickend wahr, weil es ja im Moment des Erlebens Teil unseres Alltags geworden ist. Nachdem mich die passende Frau gefunden hatte, dauerte es auch nicht lange bis wir zu dritt waren. Unser Sohn Hannes wurde 1988 geboren und ich war 26 Jahre jung. Jung aus heutiger Sicht, denn wir haben das damals nicht so empfunden. Plötzlich standen unzählige Fragen im Raum: Wie wird sich der Nachwuchs entwickeln? Wo und wie will man wohnen? Wie geht die berufliche Entwicklung weiter? Wie will man leben? Was braucht man zum Leben?

Für uns waren Reisen immer Höhepunkte des Jahres. Manchmal ging es nur für ein Wochenende mit dem Faltboot auf die Warnow, manchmal aber auch für vier Wochen ohne Boot nach Nordamerika. Als im Osten Geborene hatten wir nach der Wende in Bezug auf Reisen extremen Nachholbedarf. So jedenfalls hatten wir es empfunden.

Schon zu DDR-Zeiten habe ich gerne in Bildbänden über Skandinavien oder Kanada geblättert. Die Wahrscheinlichkeit, dass wir jemals in solche Länder reisen würden, tendierte damals gegen null.

Alles änderte sich schlagartig mit der deutschen Wiedervereinigung. 1991 zogen wir nach Flensburg, weil sich dort neue berufliche Perspektiven boten. Schon sechs Wochen nachdem ich in der neuen Firma angefangen hatte, musste ich drei Wochen Urlaub nehmen. Es war so üblich, dass im Sommer ein möglichst großer Teil der Belegschaft in die Ferien ging. Blockurlaub, nannte man das. Uns war es recht, auch wenn wir kaum noch Geld auf der hohen Kante hatten. Wir hatten gerade ein gebrauchtes Auto gekauft, das unseren Trabi ablösen sollte. Die 1.000 Mark, die wir für unseren Trabant erhielten, brauchten wir dringend, um das neue Auto bezahlen zu können. Der Urlaub durfte also nicht viel kosten. Das Urlaubsziel, Schweden und Norwegen, war schnell gefunden. Wir wollten eine Faltboottour machen und weiter durch Skandinavien reisen. Außer der Fährpassage hatten wir nichts gebucht. Mit Zelt und Faltboot war das nicht nötig.

Die Landschaft, die uns empfing, verschlug uns tatsächlich den Atem. Ich hatte meine Foto-Kamera und zusätzlich eine Video-Kamera bei mir. An manchen Tagen kamen wir kaum vorwärts, weil ich ständig fotografieren und filmen musste. Was wir sahen, hatte eine neue Dimension.

Wir paddelten mit unserem Faltboot von Ed im schwedischen Västra Götland auf dem Stora Le bis an die norwegische Grenze. Die wilde Natur, die Einsamkeit und die Unkompliziertheit des Reisens in einer für uns neuen Welt begeisterte uns nachhaltig. Für Hannes schien alles selbstverständlich und normal. Kerstin und ich sahen oft in die großartige Landschaft und schauten uns anschließend an, ohne etwas zu sagen.

Wir dachten wohl dasselbe: Warum durften wir hier so lange nicht hin? Dann schauten wir in Hannes Augen und freuten uns, dass er alles als ganz normal empfand. Hannes liebte es, mit uns im Zelt unterwegs zu sein. Abends ein Lagerfeuer in dem er herumkokeln konnte, wurde genauso zur Normalität, wie ein selbst gefangener Fisch, der über dem Feuer gegart wurde. Auch wir liebten es so unterwegs zu sein.

Oft musste ich mir für Hannes Geschichten ausdenken, mit denen ich ihn abends in den Schlaf schickte. Das wurde zur Tradition und setzte sich einige Jahre fort. Ich staunte manches Mal über mich selbst. Meine Phantasie hatte mehr Potential, als ich dachte. Oft waren es Hannes' wache und staunende Augen und seine vielsagende Mimik, die mich antrieben und mich neuen Erzählstoff kreieren ließ. Hannes war ein unkompliziertes und pflegeleichtes Kind, das unserem Familienleben zu einer neuen Qualität verhalf. Er wohnte immerhin fast 19 Jahre mit uns zusammen.

Kerstin hatte nach unserem Urlaub ebenfalls in Flensburg einen neuen Job gefunden. Wir hatten zwei Einkommen, versuchten aber, unseren Lebensstandard auf einem moderaten Level zu halten. Eine Sache war es uns allerdings wert, auch größere Beträge zu investieren – Reisen in die Ferne. Es gab so viele Sehnsuchtsländer mit Landschaften, die wir nur aus Bildbänden und TV-Reportagen kannten. Das wollten wir uns ansehen. Die Flüge dorthin und ein Mietwagen waren die wesentlichen

Schweden wird immer Ziel unserer Sehnsucht bleiben

Kostenfaktoren. Wir wollten auf eigene Faust unterwegs sein. Es lag also nah, einfach die Campingausrüstung einzupacken und auf Hotel und Pauschalprogramm zu pfeifen.

1995 haben wir uns das erste Mal nach Kanada, dem Land meiner großen Reisesehnsucht, aufgemacht. Mit meinen damals noch etwas limitierten Englischkenntnissen kam ich dort irgendwie ganz gut klar. Hannes war beeindruckt, dass sein Vater in einer fremden Sprache sich sogar am Telefon verständlich machen konnte. Er wollte auch endlich Englisch lernen. Einige Wörter, für die er hier und da auch Verwendung fand, brachte ich im bei.

Was wir in diesem unserem ersten Nordamerika-Urlaub erlebten, verschlug uns mehrfach die Sprache. Wir reisten von Seattle nach Vancouver, setzten über nach Vancouver Island, cruisten zum Nordende der Pazifikinsel und stiegen in Port Hardy auf das Schiff, um der Inside Passage folgend Prince Rupert zu erreichen. Von dort fuhren wir nach Osten Richtung Rocky Mountains. Über Jasper und Banff ging es nach Süden weiter bis nach Montana in den USA und zurück nach Westen zum Ausgangspunkt unseres ersten Nordamerika-Trips. Vancouver Island, der Blick von den Gipfeln der Rockys, das Columbia Icefield, Lake Louise, die Athabasca Falls und die Going-to-the-Sun Road in Montana hinterließen starke Eindrücke, die sich in unser Hirn einbrannten und bis heute abrufbar sind. Die Reise war noch nicht zu Ende, als uns klar wurde, dass wir so weitermachen würden. Die Reiselust trieb uns an. Die Welt ist groß. Wir wollten viel davon sehen, natürlich zu dritt.

Dann kam Kerstin 1997 mit der Idee, eine Eigentumswohnung zu kaufen. Ich war etwas überrascht und sah keine Notwendigkeit für eine derartige Investition. Während ich immer nur dabei war, neue Reiseziele anzupeilen, dachte Kerstin schon zukunftsorientierter und war etwas mehr als ich auf materielle Sicherheit bedacht. Kerstins Argumenten hatte ich nicht viel entgegenzusetzen. Ich hatte allerdings Bedenken, was unsere zukünftigen Reiseaktivitäten betraf und wollte in diesem Bereich keine Abstriche machen.

Es dauerte nicht lange bis wir wichtige Rahmenbedingungen abgesteckt hatten. Erstens: Die Preisobergrenze für eine Wohnung gaben wir uns mit 200.000 Mark vor. Zweitens: Es sollten keine Einschränkungen in Sachen Urlaub gemacht werden und drittens: Eine vollständige Schuldentilgung nach zehn Jahren war ein wichtiges Ziel – vorausgesetzt wir würden beide unseren Job behalten. Ich hatte schon vorher einige Wochen mit Excel-Tabellen herumhantiert, in denen ich alle Einflussfaktoren und Eventualitäten berücksichtigte.

Im März 1998 kauften wir eine Dreizimmer-Wohnung und bezogen glücklich unser neues Heim, das immerhin 20 Quadratmeter größer war als die letzte Bleibe. Wir fühlten uns wohl. Es dauerte nicht lange, bis ich einsah, dass Kerstins Idee, in eigenen Wohnraum zu investieren, nicht die Schlechteste war. Unsere drei Zimmer empfanden wir als vollkommen ausreichend und neue Bedürfnisse, die vielleicht auf ein eigenes Haus abzielen könnten, waren weder bei Kerstin noch auf meiner Seite zu beobachten. Unsere Jobs schienen halbwegs sicher und die Abzahlung der Hypothek bereitete keine Probleme.

Schon im Jahr des Wohnungskaufs flogen wir das zweite Mal nach Nordamerika. Hannes war zehn Jahre alt. Wir waren wieder mit Mietwagen und Zelt unterwegs, reisten durch Kalifornien, Nevada, Utah und Arizona. Die großen Nationalparks des Südwestens der USA berauschten uns geradezu. Die gewaltigen Landschaften des Joshua Tree-, Grand Canyon-, Brice Canyon-, Arches-, Zion- oder Yosemite-Nationalparks erzeugten immer wieder ungläubiges Staunen über das, was dieser Erdteil an Schönheit zu bieten hatte.

Nach Reisen in Skandinavien, Frankreich und auf die Kanarischen Inseln lenkte ich unseren Fokus wieder Richtung Kanada. 2003 flogen wir nach Montreal und tourten durch New Brunswick, Nova Scotia, Québec und Ontario. Hannes sprach nach fünf Jahren Englisch-Unterricht schon ein deutlich besseres Englisch als ich und übernahm oft das Organisatorische, wenn wir in einem Campground eincheckten oder eine Bestellung aufgaben.

Außerdem fanden wir in Kanada bestes Lesefutter für ihn. Der vierte Teil von Harry Potter war gerade auf dem Markt erschienen. Noch nicht in Deutschland, aber in Kanada. Hannes war verrückt danach und wollte die neuen Harry Potter Abenteuer lesen. Wir kauften ihm das Buch. Was anschließend geschah, war sehr gewöhnungsbedürftig. Hannes war im Auto kaum noch ansprechbar. Still saß er während der Fahrten von einem zum nächsten Tagesziel auf der Rückbank in sein Buch vertieft. Ganze vier Tage ging das so. Erst dann konnten wir wieder normal mit unserem Sohn kommunizieren. Hannes hatte sein erstes englisches Buch gelesen. Ich bin mir heute gar nicht sicher, ob er sich dessen richtig

Fast jedes Jahr zusammen im Boot unterwegs

bewusst war. Der Inhalt hatte ihn gefesselt. Das eine oder andere Wort nicht sofort zu verstehen schien dabei kein Problem gewesen zu sein. Aus dem Zusammenhang heraus kam die Geschichte Harry Potters bei ihm an, auch wenn sich die Bedeutung einiger Wörter erst kurz vor Schluss offenbarte. Schließlich hatte er ja schon die ersten drei Teile auf Deutsch gelesen. Wir hingegen waren voller Begeisterung über die Fähigkeiten unseres Sohnes.

„Der muss ins Ausland", sagte ich damals zu Kerstin.

Dass ein Austauschjahr in den USA oder Kanada nicht schaden würde, darüber waren wir uns einig. Wir hatten auch mit Hannes schon einige Male über dieses Projekt gesprochen. Hannes fand den Gedanken interessant. Jetzt, wo ein mögliches Zeitfenster näher rückte, war es an der Zeit, Nägel mit Köpfen zu machen.

„Willst Du oder willst Du nicht?", fragten wir ihn schließlich einige Wochen nach dem Urlaub.

Hannes wollte. Der Weg dorthin gestaltete sich dann sehr spannend für uns alle. Wir fanden einen vertrauenswürdigen Anbieter, der alles organisieren würde. Hannes hatte den Eignungstest bestanden. Aus dem Plan wurde Realität. Es sollte für elf Monate in die USA gehen. Wir bekamen eine Menge Info-Material. Hannes wurde zu einem Vorbereitungstreffen eingeladen und auch wir wurden im Rahmen eines Eltern-Treffens mehr oder weniger detailliert in Kenntnis darüber gesetzt, was Hannes und uns erwarten könnte. Es wurde immer spannender. Wir warteten auf den Bescheid, wo Hannes fast das ganze nächste Jahr verbringen sollte. Der Abreisetermin rückte immer näher, ohne dass wir eine Ahnung davon bekamen, wo Hannes' neues Zuhause auf Zeit sein sollte. Man hatte noch keine Gastfamilie für ihn gefunden. Die Vertreter der Organisation versicherten uns aber, dass man dieses Problem leicht vor Ort lösen würde. Hannes USA-Schuljahr fing an, abenteuerliche Züge anzunehmen. Das machte nicht nur uns, sondern auch Hannes etwas unruhig. Wie auch immer. Es kam Tag X, an dem wir uns am Hamburger Flughafen von unserem Sohn verabschiedeten ohne zu wissen, wo er letztlich landen würde.

Was in den kommenden Wochen ablief, trug weder auf Hannes' noch auf unserer Seite dazu bei, sich beruhigt zurückzulehnen. Im Kurzdurchlauf: Zuerst kam er für kurze Zeit bei einer sogenannten Welcome Family in Portland (Oregon) unter. Dann wohnte unser Sohn einige Tage übergangsweise bei einer Austauschprogramm-Koordinatorin und landete anschließend bei einer Familie in Vancouver (Washington). Hier verbrachte Hannes etwa fünf Wochen, dann führten innerfamiliäre Probleme auf Seiten der Gastfamilie dazu, dass das Zimmer des deutschen Gastschülers dringend für die heimgekehrte Tochter benötigt wurde. Nicht nur wir waren sauer und sorgten uns, wie sich die Situation weiterentwickeln würde. Auch Hannes fing an, über einen Abbruch des Austauschjahres nachzudenken. Davon erfuhren wir allerdings erst ein Jahr später.

Trotz aller Schwierigkeiten biss Hannes die Zähne zusammen und hoffte, dass sich doch noch eine nette Familie finden würde, bei der er nicht nur unterkommen, sondern sich im besten Fall auch wohlfühlen wollte. Es waren harte Wochen, in denen unser 17-jähriger Sohn uns gezeigt hat, dass er nicht so schnell aufgibt.

Er gestand uns später einmal, dass er während der schwierigen Tage nicht nur über seinen Problemen in der Fremde gebrütet, sondern auch an unsere Erwartungen gedacht hat. Er wusste, welchen Betrag wir in sein Austauschjahr investiert hatten, er konnte sich auch vorstellen, dass das Leben nicht immer in rosaroten Bahnen verlaufen würde, hoffte aber trotzdem, dass alles irgendwie doch noch positiv enden würde.

Eines Abends bekamen wir einen Anruf von Hannes. Schon der Ton seines ersten Satzes sorgte für Glücksgefühle bei uns. Wir erkannten sofort enorme Begeisterung und Lebensfreude in der Stimme unseres Sohnes. Hannes war endlich angekommen. Angekommen in einer Familie, die ihn herzlich empfing und die ihn zu einem Teil ihrer selbst machte. Letztendlich schien in dieser Familie die Betonung des in den letzten Wochen so oft gehörten Wortes Gasteltern tatsächlich auf Eltern zu liegen. Was folgte, war ein für Hannes überaus erlebnisreiches Jahr in einem sich anfangs fremd anfühlenden Land. Hannes Gastfamilie hatte es verstanden, für Hannes aus der Fremde ein Zuhause auf Zeit zu machen. Vielleicht waren diese elf Monate das bis dahin größte Abenteuer, das wir als Familie aus zwei ganz verschiedenen Perspektiven erlebt haben.

Vielleicht irre ich mich, aber ich wage zu behaupten, dass die Erlebnisse dieses Schuljahres für Hannes ein enorm wertvoller Erfahrungsschatz waren und immer noch sind. Hannes hatte Schwierigkeiten ausgehalten und es verstanden, sich mit unangenehmen Situationen zu arrangieren ohne gleich nach Hilfe zu rufen und er hatte erfahren, dass es sich lohnt durchzuhalten. Ein selbstbewusster junger Mann, der sich weit weg von zu Hause in einem fremden Umfeld behauptet hat, kam nach elf Monaten in den USA wieder zurück nach Hause.

Drei Jahre später hatte Hannes sein Abi in der Tasche. Anschließend ging er für neun Monate zum Goethe-Institut nach Hamburg, um dort seinen Zivildienst zu leisten. Danach stand ein BWL-Studium in Berlin auf dem Plan. Zwischen Zivildienst und Studienbeginn lagen noch einige Monate. Das vielleicht letzte Zeitfenster, das Hannes mehr oder weniger zu Hause verbringen sollte. Ich hatte in dieser Zeit eine größere Paddeltour an Kanadas Nordwestküste geplant und dachte mir, dass ich Hannes ja fragen könnte, ob er Lust hätte, zusammen mit seinem Vater ein Paddelabenteuer zu wagen. Dazu mehr in einem späteren Kapitel.

Nach dem Sommer 2009 zog Hannes endgültig zu Hause aus. Sein neues Zuhause war nun eine WG in Berlin. Für uns begann damit ebenfalls ein neuer Teil unseres Familienlebens. Es wurde ungewohnt ruhig im Haus. Nicht nur Hannes war weg, sondern mit ihm auch ein nicht unerheblicher Teil unseres gewohnten Drei-Personen-Alltags. Tägliche Gespräche über Schule, Sport, Freunde, Ideen, Zukunftspläne, gemeinsame Unternehmungen und Urlaube, sich kümmern um organisatorische Dinge und allerlei Erledigungen, die sich in unserem familiären Umfeld mit Hannes ergaben, gab es mit einem Mal nicht mehr.

Hannes Zimmer wurde zu meinem Arbeitszimmer und ich fing an, intensiver meinem reisejournalistischen Nebenjob nachzugehen. Ohne Hannes fühlte es sich an, als hätten wir eine Abschnittsgrenze in unserem Familien-Abenteuer erreicht. Unser Sohn war auf dem Weg, den letzten Bildungsabschnitt vor seiner eigenen Unabhängigkeit in Angriff zu nehmen und wir standen vor der neuen Herausforderung, unser eigenes Leben weiter zu gestalten. Wir waren uns sicher, dass Hannes seinen Weg gehen würde, auch wenn wir mit der Bestätigung dessen erst in einigen Jahren rechnen konnten.

Unsere Wohnung war seit einem Jahr abbezahlt. Wir hatten uns in unseren Jobs etabliert und es gab keine Zeichen die darauf hindeuteten, dass es in den nächsten Jahren berufliche Schwierigkeiten geben könnte. Wir fühlten uns sicher und komfortabel in unserem Leben aufgehoben.

Ich fing das erste Mal an darüber nachzudenken, ob es erstrebenswert sei, bis zur Rente zu arbeiten. Ich hatte zu dieser Zeit schon mehr Ideen für Paddeltouren in meinem Kopf, als ich glaubte realisieren zu können. Da diese Touren zumindest eine gewisse Grundfitness erfordern, wäre es doch ganz vorteilhaft, sich schon vor der Rente großzügigere Freiräume zu schaffen, die die Umsetzung meiner Paddel-Projekte einfacher ermöglichen würden. Kreuz und quer schossen Gedanken durch mein Hirn, die abwechselnd mit Euphorie gewürzt und dann wieder von Bedenken torpediert wurden. Irgendwie musste ich System in dieses Wirrwarr bringen.

Eine Voraussetzung war natürlich, Kerstin für meine Idee zu begeistern oder zumindest eine Art Verständnis auf ihrer Seite zu generieren.

Zwei statt drei – so sollte es zukünftig weitergehen

Wichtig war auch, die materielle Seite meiner Ideen zu bewerten und zu kalkulieren, was wann unter welchen Voraussetzungen umsetzbar sein könnte. Dafür schien mir der Zeitpunkt schließlich doch noch zu früh. Ich beließ es dabei Kerstin bei passenden Gelegenheiten an meinen, zugegeben etwas egoistischen, Zukunftsgedanken teilhaben zu lassen und verschob die konkretere Planung auf später nach dem Motto „kommt Zeit, kommt Rat!"

Meine ersten Versuche Kerstin für mein vorgezogenes Ruhestandsmodell zu begeistern, tat meine liebe Frau mit einem knappen „hör auf zu spinnen" ab. Das konnte ich so nicht hinnehmen. Trotz allem glaubte ich zu beobachten, wie Kerstin langsam aber stetig begriff, dass es mir ernst war. Irgendwann einigten wir uns darauf, das Thema erst wieder in zwei oder drei Jahren zu diskutieren, wenn wir halbwegs sicher sein konnten, dass nicht mit Überraschungen in Zusammenhang mit Hannes Studium zu rechnen wäre. Wir hatten Hannes eine monatliche finanzielle Unterstützung zugesagt, auf die er sich verlassen können sollte. So ließen wir das Thema vorerst zwischen uns ruhen und gaben uns unserem familiär reduzierten Alltag hin. In meinem Kopf war die Idee vom frühen Ausstieg permanent präsent. Ich versuchte zwar immer wieder, die Gedanken an einen Jobausstieg beiseite zu schieben, aber es funktionierte nicht.

Neue Kajakreiseprojekte halfen mich abzulenken. Immer wenn ein neues Paddel-Fernziel gefunden war, das im Folgesommer bereist werden sollte, klebten meine letzten Gedanken abends vor dem Einschlafen und die ersten morgens beim Aufstehen an diesem Ziel. Das Abenteuer setzte sich in meinem Kopf fest, schon Monate bevor es losging. Für mich fühlte sich das gut an. Ich war stets so stark auf das neue Paddelziel fixiert, dass ich mir nicht erlaubte Pläne zu verschieben. Einige mögen dabei egoistische Züge vermuten. Vielleicht zu Recht, vielleicht aber auch nicht. Ist Egoismus per se etwas Negatives?

Zurück zum Thema des vorzeitigen Berufsausstiegs. Ich grübelte darüber nach was es uns bringen würde, ob es Kerstin zumutbar wäre den materiellen Verzicht, zu dem ich bereit war, mitzutragen. Darf ich so egoistisch sein? Darf ich für meinen Tatendrang Verständnis und Unterstützung erwarten? Solche Fragen ließen mich tatsächlich ab und zu zweifeln. Der Zuwachs an Lebensqualität, der sich durch einen größeren Anteil selbstbestimmten Lebens ergeben würde, schien es mir letztlich wert, meinen Plan intensiv weiterzuverfolgen.

Die große Insel-Runde
Rund um Vancouver Island

Wie aus dem Nichts taucht eine Welle von rechts auf, die sich steil aufbaut und direkt auf mich zurollt. Ich schaffe es nicht mehr, den Bug in die Welle zu steuern. Alles geht rasend schnell.

Die Welle, ein sogenannter Boomer, kippt mein Kajak nach Backbord. Ich versuche mit dem Paddel gegenzustützen. Erfolglos. Kieloben steige ich aus und schwimme neben meinem Boot her. Vielleicht sollte ich doch irgendwann einmal die Eskimorolle lernen? Ein geschützter Strand in der Nähe wäre jetzt auch nicht schlecht. Das Land ist zwar nur einige hundert Meter entfernt, aber überall ist nur wenig einladendes felsiges Ufer zu erkennen. Ich entscheide mich trotzdem für einen Notlandgang und schwimme, eine Hand am Bug meines Kajaks, mit auflandigem Wind Richtung Ufer.

Als ich steinigen Grund unter den Füßen spüre, klemme ich unsicher barfuß balancierend mein Kajak zwischen die Beine und drehe den vollgelaufenen bleischweren Kahn um die Längsachse, um das Cockpit zu entleeren. Die Wellen arbeiten gegen mich. Immer wieder stolpere ich zur Seite weil ich keinen sicheren Halt finde. Das Wasser muss aus dem Boot und ich muss möglichst schnell wieder hier weg. Alles läuft in beklemmender Hektik ab. Ich schaffe es immerhin wieder einzusteigen und Abstand vom Ufer zu gewinnen. Erst nach einer halben Stunde finde ich meine innere Ruhe wieder. Das hätte schiefgehen können. „Ist es aber nicht", resümiere ich nüchtern.

Sofort muss ich an Rob denken, den ich in Victoria, der Hauptstadt von British Columbia, besuchte und der mich mit Vancouver Island-Karten versorgte. Und an sein Briefing mit nützlichen Tipps für Übernachtungsplätze und Hinweise auf Gefahrenstellen, um die ich einen großen Bogen machen sollte.

„Zur falschen Zeit am falschen Ort zu sein kann unangenehm werden", bläute mir Rob ein. „An manchen Gezeitenströmungen rauscht das Wasser mit einer enormen Geschwindigkeit durch. Da kommst Du nicht gegen an wenn Dein Timing nicht stimmt. Keine Chance. Außerdem gibt es Küstenabschnitte, wo der auflandige Wind Dich unerbittlich gegen die Felsen drückt", machte Rob mir mit ernstem Gesicht klar und wies mich auf einige Passagen hin, durch die im Rhythmus von Ebbe und Flut gewaltige Wassermengen gedrückt würden.

Auch zeigte er mir die kritischsten Küstenabschnitte an denen es wegen der steilen Felsen kaum eine Anlandemöglichkeit geben würde.

„Pass auf, was Du tust. Dann schaffst Du es", munterte mich Rob schließlich auf und drückt mir seinen Kartenstapel mit einem „Good luck" in die Hand. „Wäre schön, Dich in einigen Wochen wiederzusehen."

Einmal komplett um Vancouver Island paddeln. Mit dieser Idee erntete ich bei Kerstin anfangs natürlich keine Begeisterungsstürme, aber dann bekam ich sie relativ schnell auf meine Seite, da ich ihr eine Reise nach Vancouver Island schmackhaft machte, bei der auch sie auf ihre Kosten kommen sollte. Hannes war für ein Austausch-Schuljahr in den USA und wir würden somit das erste Mal nach Hannes' Geburt nur zu zweit unterwegs sein. Zuerst drei Wochen Urlaub mit Zelt und Mietwagen gemeinsam auf Vancouver Island und anschließend meine Paddeltour allein um die größte nordamerikanische Pazifikinsel.

Da es sehr aufwändig gewesen wäre, mein Boot aus Deutschland mitzunehmen, wollte ich versuchen, mir vor Ort ein geeignetes Kajak zu besorgen und dieses nach der Tour zu verkaufen. Ich recherchierte im Internet einige Kajakverleiher, war in verschiedenen Foren unterwegs und sammelte Informationen die mir bei meiner Reise nützlich sein könnten. So lernte ich auch einige Leute aus der kanadischen Seekajakszene kennen. Da ich vor Ort einen Kontaktmann haben wollte, der mir gegebenenfalls bei logistischen Dingen hilft, postete ich eine Kurzbeschreibung meines Vorhabens und erkundigte mich nach interessierten „Austausch-Paddlern", die Lust hätten, mit mir eine Runde auf deutschen Gewässern zu paddeln und mir im Gegenzug Unterstützung in Kanada angedeihen lassen könnten.

Das klappte besser als gedacht. Edwin, ein Anfang 60-jähriger Witwer aus Vancouver, meldete sich. Ich lud Edwin nach Deutschland ein. Am Flughafen in Hamburg sahen wir uns das erste Mal. Gleich am nächsten Tag machten wir einen Kennenlernen-Kurztrip auf der Flensburger Förde und am Folgetag starteten wir eine Zehn-Tage-Tour über die Mecklenburgischen Seen. Wir hatten bestes September-Wetter und ich freute mich, dass Edwin ganz offensichtlich viel Spaß am Paddeln über die deutschen Binnengewässer hatte. Als ich ihn verabschiedete versprach er seine Unterstützung und versicherte mir, dass ich auf ihn zählen konnte.

„See you next year in Vancouver. You are always welcome in my house." Mit diesen Worten verabschiedete sich Edwin.

„We'll be there", versprach ich und sah mich schon an der Küste von Vancouver Island. Die konkrete Planung konnte beginnen.

Edwin hatte mir zwar zugesagt, dass ich zur Not bei ihm ein Boot leihen könnte, aber in seiner Flotte waren nur Glasfaser-Kajaks zu haben. Ich wollte ein PE-Kajak, da Plastik-Boote härter im Nehmen sind. GFK-Boote sind empfindlicher. Bei einer geschätzten Gesamtdistanz von etwa 1.500 Kilometern entlang einer teilweise rauen Küste solo mit schwer beladenem Boot wollte ich das Bruchrisiko minimieren.

Eines Tages fand ich in meinem E-Mail-Postfach eine sehr vielversprechende Mail von einem mir unbekannten Absender, der offensichtlich meine gepostete Bootssuche im „Westcoastpaddler-Forum" gelesen hatte. Ein Dan teilte mir mit, dass er ein Posting von einem Typen gesehen hatte, der ein Necky-Kajak loswerden wollte. Der Glückliche hatte das Kajak bei einem Preisausschreiben gewonnen. Da er mit Paddeln nichts am Hut hatte, hatte er es im Forum zu einem sehr moderaten Preis inseriert. Ein Necky „Eskia" stand zum Verkauf. Das Kajak passte perfekt zu meinem Plan. Ich musste schnell reagieren. Über den beigefügten Link kontaktierte ich den Verkäufer und versicherte ihm, dass er in mir einen zuverlässigen Käufer gefunden hatte. Dann mailte ich Edwin an und bat ihn, den Kauf für mich abzuwickeln und das Kajak einzulagern. Den Kaufpreis würde ich im kommenden Sommer begleichen.

Auf Edwin war Verlass. Eine Woche später lag mein Kajak bei ihm im Haus und wartete auf mich. Ich hatte nun ein nagelneues Kajak zum Preis eines gebrauchten Bootes. Schon träumte ich mehrfach von meinem neuen Abenteuer und musste mich tagsüber zurückhalten, um Kerstin nicht zu oft mit meiner Vorfreude zu nerven.

Jetzt musste nur noch der Urlaub organisiert werden, was in diesem Fall ein besonders gewagter Schritt war. 25 Tage waren für unsere gemeinsame Mietwagentour und weitere acht Wochen für meinen Kajak-Trip kalkuliert. Fast 12 Wochen würden auf meinem Urlaubsantrag stehen. Das war eine Hausnummer, die ich nicht ohne Erklärung meinen Vorgesetzten präsentieren konnte. Der tarifliche Urlaubsanspruch von sechs Wochen und mein gut gefülltes Überstundenkonto gaben das Zeitfenster für den langen Kanada-Sommer allemal her. Fast drei Monate Urlaub zu bekommen war auch für mich nicht selbstverständlich, auch wenn der Arbeitgeber schon einiges von mir gewohnt war. Ich zog es noch immer vor, mir geleistete Überstunden auf meinem Zeitkonto gutschreiben, statt mir diese auszahlen zu lassen. Insofern war mein Ansinnen nur eine logische Konsequenz.

Während ich mir meine Gesprächsstrategie zurechtlegte, wurde mir immer mehr bewusst, wie wichtig das Paddeln über die Jahre für mich geworden war. Mit meinem Vancouver Island-Plan hatte dieses Verlangen eine neue Qualität erreicht. In meine Gedanken über die bevorstehende Reise vertieft stellte ich schließlich fest, dass ein Verzicht für mich nicht mehr akzeptabel erschien. Ich würde einfach kündigen, wenn die Firma nicht mitspielt, hoffte aber trotzdem, dass es so weit nicht kommen würde. Kerstin war optimistisch, dass eine Kündigung nicht notwendig sein würde. Als ultimatives Restrisiko müsste ich mir eben einen neuen Job suchen. Im Extremfall war meine liebe Frau sogar bereit, selbst diese Konsequenz mitzutragen.

Derart vorbereitet setzte ich mich mit Helmut, meinem Gruppenleiter, zusammen. Helmut kannte meine exzessive Paddel-Leidenschaft und hatte schon einige längere Urlaube befürwortet. Als ich ihm mein Vorhaben und den Zeitrahmen skizzierte, um den es dieses Mal ging, sah ich in ein erstauntes Gesicht. Mit einer ehrlich gemeinten Erklärung, die ich nicht als Drohung verstanden wissen wollte, machte ich Helmut dann klar, dass meine Tage in der Firma gezählt wären, wenn der Urlaubsantrag abgelehnt werden würde.

Er verstand, worum es mir ging und er verstand auch, dass es mir nicht leicht fallen würde, den Job hinzuschmeißen. Außerdem versicherte mir mein Chef, dass es ihm wichtig sei, mich in seiner Truppe zu halten. Er schätzte meine Arbeit. Helmut wiegte den Kopf hin und her, als ob er nach einer Erklärung suchen würde, wie er seinem Boss die absurden

Bedürfnisse seines Mitarbeiters verklickern könnte. Zehn Tage nach dem Gespräch mit meinem Chef hielt ich meinen genehmigten Urlaubsantrag in der Hand. Helmut hatte sich sogar beim Geschäftsführer rechtfertigen müssen, warum er es für richtig hielt, meinen Antrag zu befürworten.

„Ich brauche den Mann", war Helmuts Begründung. „Wenn der den Urlaub nicht bekommt, sucht er sich was anderes." Das war die simple und wahrheitsgetreue Erklärung meines Chefs, die die letzte Tür Richtung Vancouver Island öffnete. Nun konnten die Flüge gebucht werden.

Edwin, mit dem ich regelmäßig in Kontakt stand, fragte nach, ob ich etwas dagegen hätte, wenn er mein Kajak ausprobieren würde. Natürlich hatte ich nichts einzuwenden, zumal das Kajak genau genommen noch ihm gehörte.

Einige Tage später erhielt ich eine weitere Mail: „Gestern war ich mit Deinem Boot unterwegs. Das Kajak läuft richtig gut! Hättest Du ein Problem damit, wenn ich es behalten würde? Ich würde es Dir im Sommer für einen Dollar leihen."

Es hatte den Anschein, als würden sich jetzt schon alle Restprobleme in Luft auflösen. Auch wenn ich an den geplanten Verkauf des Kajaks nach meiner Tour noch nicht allzu viele Gedanken verschwendet hatte, konnte ich diesen Punkt nun auf der „To do-Liste" streichen. Parallel stand ich mit Rob und Andreas in Kontakt. Beide wohnten in Victoria, der Hauptstadt British Columbias.

Rob war vor wenigen Jahren ebenfalls um Vancouver Island gepaddelt und bot mir einen kompletten Satz laminierter Seekarten an, die er mir für meine Tour überlassen wollte. Andreas, ein ausgewanderter Deutscher, war ebenfalls begeisterter Paddler und lud mich ein, bei ihm vorbeizuschauen, um mir bei Bedarf noch einige Tipps abzuholen. Ich hatte ein perfektes Berater-Team um mich geschart und war froh auf diesem Wege möglichst viele Informationen zu erhalten.

„Wo ein Wille ist, ist auch ein Weg", lautet ein Sprichwort. Mein Weg schien sich gerade in perfekter Weise zu ebnen.

Am 17. Juni landeten Kerstin und ich in Vancouver. Edwin stand am Flughafen bereit, um uns abzuholen. Nach zwei Tagen in Edwins Haus und kleinen Vancouver-Erkundungen holten wir unseren Mietwagen und setzten uns dann nach Vancouver Island ab. Wir wanderten durch

Ohne Rob hätte ich ein hübsches Sümmchen
in Seekarten investieren müssen

Regenwälder und an wilden Küstenabschnitten entlang. Dabei fanden
wir viele schöne Plätze, die wir von unserer ersten Tour über die Insel
vor elf Jahren noch nicht kannten. Vancouver Island kann man viele
Jahre bereisen, ohne sich ernsthaft Sorgen machen zu müssen, dass es
langweilig werden könnte.

Zum Ende unserer gemeinsamen Reise kamen wir noch für zwei Tage
nach Victoria und wurden bei Andreas ebenso herzlich aufgenommen,
wie zuvor in Robs Familie. Mit Carol, Andreas Freundin, und Mark,
einem Paddel-Freund von Andreas, aßen wir zusammen in einem Bur-
ger-Laden. Mit den Dreien machte ich ein loses Treffen ab. Sie wollten
mich unterwegs an einem Küstenabschnitt nicht weit weg von Victoria besuchen. Details würden wir später besprechen, wenn ich mich auf
meinem Weg um die Insel Victoria näherte. Außerdem bot Andreas sich
als Kontakt und Nachrichtenüberbringer an. Ich könnte ihn jederzeit
anrufen oder Nachrichten senden, die er per E-Mail an Kerstin weiter-
leiten würde. Und wenn erforderlich, würde er im Falle eines, warum
auch immer, notwendigen Reiseabbruchs auch als Rückholservice zur
Verfügung stehen.

Jetzt war ich mit einem Nachrichten- und Notservice-Paket ausgestattet, das für meine Verhältnisse einem „All inclusive"-Paket ähnelte.

Edwin hatte mir schon im Vorfeld sein UKW-Funkgerät versprochen, dass er mir für die Tour überlassen wollte.

Ich war bestens vorbereitet. Es konnte losgehen.

Kerstin brachten wir zum Flughafen. Ich sollte erst acht Wochen später folgen. So lange wird unsere Konversation auf gelegentliche Telefonate und regelmäßige E-Mails beschränkt bleiben. Noch am gleichen Tag packten Edwin und ich die Ausrüstung in den alten Ford und luden die Kajaks auf den Dachträger. In Horseshoe Bay, einem Boots- und Fährhafen, legten wir ab. Edwin begleitete mich noch ein kleines Stück und paddelte nach der ersten Übernachtung zurück.

Mich überkam ein Glücksgefühl, das grenzenlos schien. Was würde mich erwarten? Was sollte ich in den nächsten Wochen erleben? Was hat der Pazifik mit mir vor? Wo werde ich gewollt oder ungewollt stranden? Welche Menschen würde ich treffen? Antworten auf diese Fragen lagen vor mir.

Jetzt, nach meinem unfreiwilligen Abgang ins Wasser am Anfang der Tour, noch an der kanadischen Festlandsküste, frage ich mich, was mir auf der Westseite von Vancouver Island blühen konnte. Bald zieht das blaue Necky-Boot aber wieder durch die Wellen, als würde es von einer unsichtbaren Schnur gezogen. Mächtige Tannen säumen das Ufer. Die Luft schmeckt salzig. An den felsigen Uferkanten sehe ich bei Ebbe handtellergroße Seesterne. Der „Eskia" trägt all mein Gepäck. Nur meine Schlafmatte und ein Packsack mit Wechselkleidung habe ich auf dem Boot verzurrt. Der Rest ist in den Luken vor und hinter meinem Cockpit verstaut.

Bis ich tatsächlich ans Ufer von Vancouver Island komme, wird noch einige Zeit vergehen. Ich will erst der Festlandküste und den vorgelagerten Inseln in nordwestlicher Richtung folgen und später über die Johnstone Strait nach Vancouver Island paddeln. Wie ein guter Freund zieht mich die Strömung entlang der Küste. Acht Stundenkilometer Durchschnittsgeschwindigkeit zeigt das GPS-Gerät, als ich nach über 40 Tageskilometern den Paddeltag beende. Auf die Gezeiten-Unterstützung werde ich mich nicht immer verlassen können. Schnell kann aus dem guten Freund Ebbe ein gnadenloser Herausforderer Flut werden, der sich dir entgegenstellt und dir zuruft: „Na komm schon, oder traust Du Dich nicht." Man muss nicht jede Herausforderung annehmen, aber um die eine oder andere werde ich schwer herumkommen. Alles zu seiner

Zeit. Jetzt bin ich erst mal ganz zufrieden, dass mein Packsystem stimmt, denn es dauert meist zwei Tage, bis alles an seinem Platz ist und, noch wichtiger, bis man sicher weiß, was man wo verstaut hat.

Robben werden regelmäßig zu meinen Begleitern und Beobachtern. Manchmal liegt eine faul auf einem Felsen am Ufer und hebt nur den Kopf um mir hinterherzuschauen. Ein schrill klingender Laut dringt vom Ufer zu mir. Ich schaue hoch und entdecke einen Weißkopfseeadler. Einen Moment später erhebt sich der Vogel mit wenigen kraftvollen Flügelschlägen und gleitet zur nächsten Insel. Aus der Adlerperspektive muss der Blick auf die kanadische Westküste grandios sein.

Täglich zum Abend, so ist es abgemacht, versuche ich eine SMS mit meiner Position und einem kurzen „Alles OK" an Andreas zu senden, der dann meine Info als E-Mail an Kerstin weiterleitet. Ob das kanadische Mobilfunknetz das immer möglich machen wird, ist noch unklar.

Hinter Powel River habe ich einen kleinen Campground gefunden. Bald kommt Pascal Pimentas, mein Zeltnachbar, vorbei. Er stellt sich als gebürtiger Franzose vor und fragt, ob ich schon wüsste, dass ich heute zum Abendbrot eingeladen sei. Pascal ist Mitte 30, wohnt mit seiner Familie ganz in der Nähe und hat ein kleines Camp hier unten am Strand. Ich schaue etwas irritiert in das ernste Gesicht des schlanken kurzhaarigen Mannes. Dann schleicht sich ein freundliches Lächeln in sein Gesicht. Wir reichen uns die Hand und ich versichere ihm, der unmissverständlichen Einladung Folge zu leisten. Pascal streicht sich übers Kinn, hebt den Daumen, gibt mir noch 15 Minuten und verschwindet. Eine halbe Stunde später sitzen zehn Leuten um einen großen Tisch. Es gibt Hamburger, Hotdogs, Salat, Garnelenschwänze, leckeres Brot und noch einige andere Köstlichkeiten mehr. Dazu französischen Rotwein. Pascals Familie und einige Freunde sind um den Tisch versammelt. Alle sind gebürtige Franzosen. Nur Ben, Pascals Sohn, ist in Kanada geboren. Der Kleine fragt mir ein Loch in den Bauch. Später fahren Pascal, Ben und ich noch mit dem Boot hinaus, um einige Garnelen-Fallen abzusetzen.

Nach unserem Bootsausflug kreisen unsere Gespräche in großer Runde am Lagerfeuer um die Feststellung, dass dieses Stück Kanada wie geschaffen ist für Menschen, die nicht nur ihr Leben mit Zeit, sondern ihre Zeit mit Leben füllen wollen. Die ungezwungene Atmosphäre macht diesen Abend mit wildfremden aber sehr liebenswerten Menschen zu etwas Besonderem. Vielleicht hat das auf dem Wasser Unterwegssein, das

Leben an der Küste mit seinen weiten Horizonten etwas damit zu tun? Dort wo der Blick weit reicht, tun dies auch die Gedanken.

An Dent Island vorbei, erreiche ich nördlich von East Thurlow Island ein auf Pontons erbautes kleines Resort. Es wird von den beiden Deutschen Reinhard und Doris betrieben, die schon lange die kanadische Staatsbürgerschaft angenommen haben. Hier möchte ich das morgige Hochwasser abwarten, um mit der Strömung weiterzupaddeln. Ich darf mein Zelt auf einem der Pontons aufstellen. Mein auf dem Kocher zubereitetes Abendessen dampft schon, als Klaus aufkreuzt. Der Berliner Rentner will sich nach dem Typ mit dem Kajak erkundigen. Klaus verbringt drei Monate hier. Gegen Essen und Unterkunft hilft er den Betreibern des Resorts und wird darüber hinaus mit dem belohnt, weswegen es auch mich hierher getrieben hat.

„Ein einfaches Leben auf Zeit in wilder Landschaft mit interessanten Typen wie Dir." So beschreibt Klaus warum er hier ist.

Die meisten der Besucher kommen zum Lachsfischen hierher. Einige Zimmer stehen Gästen zur Verfügung, die länger bleiben wollen. Abends brummt der Restaurantbetrieb. Neben den Übernachtungsgästen kommen auch viele Besatzungsmitglieder der Yachten und Boote, um sich ein feines Dinner zu gönnen. Sie wissen das gute Essen zu schätzen, das sie mitten in der Wildnis serviert bekommen. Das Geschäft wirft für die Betreiber genug ab, um vom Einkommen der Sommermonate leben zu können, erfahre ich von Klaus.

Mit dem einsetzenden Ebbstrom verlasse ich in aller Frühe mein schwimmendes Camp. Der Wind steht gegen den Strom. Aus dem erhofften zügigen Törn im ablaufenden Wasser wird wohl nichts, denn der Gegenwind erzeugt ruppige kurze Wellen, die meine Fahrt bremsen. Ich muss mich tüchtig ins Zeug legen und jeden Windschutz den die Küste bietet nutzen, um voranzukommen.

Die Johnstone Strait ist erreicht. Die 110 Kilometer lange Meerenge an der Nordostküste von Vancouver Island ist einer der Hauptschifffahrtswege Nordamerikas. In zwei Tagen, so hoffe ich, werde ich in Telegraph Cove den nächsten Einkauf erledigen können. Während der letzte Tage hatte ich keinen Netzempfang. Ich hoffe, dass Kerstin und meine kanadischen Freunde sich keine ernsthaften Sorgen machen. Über

UKW-Funk wurde eine Windwarnung herausgegeben. Eine schnelle Querung rüber nach Vancouver Island ans andere Ufer der Johnstone Strait ist damit noch ungewiss. Im Schutz der Küste hangele ich mich von Bucht zu Bucht. Noch komme ich einigermaßen voran, auch wenn das Paddeln seit einigen Stunden zur Schinderei wird. Am Folgetag hat sich der Wind zum Glück wieder etwas gelegt. Beim Queren der Einfahrt in eine der schmalen, länglichen Buchten höre ich Pfiffe. Ich schaue mich in alle Richtungen um, kann aber außer einer Motoryacht in etwa 300 Metern Entfernung nichts erkennen. Erst beim zweiten Blick sehe ich an Bord der Yacht eine wild gestikulierende Gestalt. „Der kann nur Dich meinen", schlussfolgere ich, da sonst kein Fahrzeug auf dem Wasser zu erkennen ist. Als ich die Motoryacht erreiche, begrüßt mich der Skipper höflich aber sachlich.

„Are you German?", erkundigt er sich und fragt anschließend nach meinem Namen und ob alles OK wäre.

„Yes, I'm German, my name is Jörg, I'm fine", antworte ich erstaunt und blicke fragend auf mein Gegenüber, der sein Funkgerät in der Hand hält.

„Just a moment", entschuldigt sich der Skipper und spricht in sein UKW-Gerät. Wie sich herausstellt hat Andreas, der schon seit Tagen nichts mehr von mir gehört hatte, Edwin kontaktiert und sich nach mir erkundigt. Die beiden beschrieben dann der Coast Guard wo ich mich aufhalten könnte und baten um einen UKW-Rundruf. Die Suchmeldung wurde im Anschluss an den täglichen Wetterbericht über den Äther geschickt und hat ihr Ziel offensichtlich nicht verfehlt. Dem freundlichen Coast Guard Mann am anderen Ende der Funkleitung muss ich versprechen, mich regelmäßig über Kanal 16 zu melden und meine Position durchzugeben.

„Have a safe journey and good luck", ruft mir der Skipper zu, als ich wieder auf Kurs gehe.

Sich auf sein Handy zu verlassen, kann auch ein Nachteil sein, wenn Leute auf Nachrichten warten und verständlicherweise unruhig werden, wenn diese ausbleiben. Ich muss zusehen, dass ich zeitnah wieder ein Netz erreiche, um einige erklärende Telefonate zu führen.

Carcroft Island und Hanson Island habe ich hinter mir gelassen. Im Boot sitzend beobachte ich an Land eine Schwarzbärenmutter mit zwei Jungen. Ich habe keine Ahnung wie schnell Schwarzbären schwimmen können, fühle mich im Boot aber trotzdem ganz sicher. Die Bären wirken entspannt. Vielleicht bin ich ihnen auf dem Wasser auch lieber als an Land?

Dann liegt endlich der Hafen von Telegraph Cove vor mir. Erst jetzt habe ich das Ufer von Vancouver Island erreicht. Ab sofort werde ich der Küste der großen Pazifikinsel folgen. Zuerst müssen die überfälligen Telefonate mit Andreas und Edwin erledigt werden. Beide freuen sich über meinen Anruf und sind erleichtert, von mir persönlich zu hören, dass alles bestens ist. Den Anruf bei Kerstin muss ich auf den nächsten Morgen verschieben, da ich sie jetzt aus dem Tiefschlaf holen würde.

Im Hafen spricht mich ein Skipper an, der mich schon vor zwei Tagen gesehen hat und staunt jetzt, wie schnell ich unterwegs bin. Tatsächlich bin ich schon fast 400 Kilometer gepaddelt. Auf zehn Tage gerechnet ist das kein schlechter Schnitt. Zeit, dass ich mir eine Belohnung genehmige. Unweit vom Hafen gönne ich mir in einem Restaurant ein großes Steak und ein Bier. Und weil es so schön war, sitze ich morgens schon wieder im selben Restaurant, um mit einem zweiten Frühstück für eine extra Portion Paddelpower zu sorgen. Erstaunlich, was ein Bagel mit Schinken und Ei als Abwechslung zum täglichen Müsli-Frühstück bewirken kann – meine Geschmacksknospen vollführen Freudensprünge!

In Port McNeill mache ich einen Einkaufsstopp und melde mich persönlich bei der Coast Guard Station, um die Officers leibhaftig von meinem Wohlbefinden zu überzeugen. Den Jungs bin ich nicht unbekannt. Offenbar hat man mich bei allen Coast Guard Stationen auf dem Radar. Der Besuch hat fast etwas Freundschaftliches. Natürlich bleibt auch der wiederholte ernste Rat nicht aus, mich möglichst täglich zu melden.

Später, auf dem Weg durch die Queen Charlotte Strait sehe ich das erste Mal einen Buckelwal, der beim Abtauchen seine Schwanzflosse in Zeitlupe präsentiert, als wüsste er, was er mir damit für ein Geschenk macht. Mir bleibt die Spucke weg. Minuten später schallt ein Knall wie ein Kanonenschlag über das Wasser. Aus dem Augenwinkel sehe ich noch die aufschießende Wasserfontäne und den nach einem Sprung aus dem Wasser zurückfallenden massigen Walkörper. „Kann ein Kajaktrip spannender sein, als an dieser Küste?", frage ich mich mit aufgerissenen Augen und heruntergeklapptem Unterkiefer. Reglos starre ich in die Richtung, wo der Meeressäuger gerade seinen gewaltigen Sprung getan hat. Nichts. Ruhe. Der Buckelwal lässt sich nicht wieder blicken.

Eine Gruppe von Inseln am Eingang zur Queen Charlotte Strait, darunter Hurst, Bell, Boyle, Crane Islands und zahlreiche kleinere Inseln, bilden den God's Pocket Marine Provincial Park nördlich von Port Hardy. Neben seinen phantastischen Möglichkeiten zum Tauchen – schon der verstorbene Unterwasserforscher Jacques Cousteau hat die Gewässer eines der besten Kaltwasser-Tauchziele der Welt genannt – bietet der Park Möglichkeiten zum Angeln, Bootfahren und zur Beobachtung der Tierwelt. Weißkopfseeadler und Wale sind häufige Sehenswürdigkeiten im Park, der eine Seevogelkolonie und den Lebensraum des Weißkopf- seeadlers schützt. Hier treffe ich vier Paddler: drei Amerikaner und einen Engländer. Sie geben mir den Tipp mein Zelt in ihrem Camp aufzustel- len, das etwas weiter westlich liegt und schon vom Wasser aus erkennbar sein würde.

Ohne einen Finger krumm machen zu müssen, steht am Abend ein gefüllter Teller vor mir. Die Vorräte meiner Camp-Kollegen sind so großzügig bemessen, dass es ihnen eine Freude ist, den Deutschen zu bekochen. Lange sitzen wir anschließend am Lagerfeuer, erzählen von unseren Paddel-Touren und essen Popcorn, das uns Tim, der Engländer, über dem Feuer macht. Mit einer ausgegebenen Runde Whiskey wür- dige ich den Abend der internationalen Völkerverständigung, die selbst vor Kanadas wilder Westküste durch einen bunt gewürfelten Haufen von Paddlern lebhaft praktiziert wird.

Hinter mir wird es laut. Ich bin auf dem Weg zu den Leuchtturmwär- tern von Scarlet Point auf der Nachbarinsel Balaklava Island um sie zu bitten der Coast Guard einen Gruß von mir auszurichten. Jetzt, in der Dünung des offenen Pazifiks, macht sich eine Gruppe Seelöwen unüber- hörbar bemerkbar. Die massigen Körper der Tiere schrauben sich nur 20 Meter hinter meinem Heck aus dem Wasser und brüllen mich an, als wäre ich ihr Todfeind. Mir wird mulmig. Es ist mehr als ein ungutes Ge- fühl, die großen Tiere im Nacken zu haben. Aus der Nähe und auf mich fixiert wirken sie furchteinflößend. Ich beschleunige rasch und hoffe, der unangenehmen Situation so schnell wie möglich zu entkommen. Die Verfolger lassen mich ziehen.

✢

Als ich die Klippen von Cape Scott hinter mir weiß, bin ich glücklich „The Graveyard of the Pacific" – den Friedhof des Pazifiks – passiert zu

Nicht jeder scheint es gut mit mir zu meinen

haben. Die über 115 Kilometer lange raue und zerklüftete Küste zwischen Nissen Bay im Norden und San Josef Bay im Süden ist geprägt von traumhaften Sandstränden, aber auch schroffen Landzungen und felsigem Ufer, dessen Klippen im Laufe der Jahrhunderte vielen Schiffen und ihrer Besatzung zum Verhängnis wurden. Mehr als 2.000 Schiffswracks liegen hier. Mehr als 700 Menschen verloren ihr Leben in oft unvorhersehbarem und schwerem Wetter an der felsigen Küste. Schon während meiner Reiserecherche habe ich mir vorgenommen, die erfolgreiche Passage von Cape Scott zu feiern. Ich hielt diesen Teil der Küste für einen der schwierigsten. So problematisch wie gedacht war die Passage allerdings nicht, da ich das optimale Zeitfenster zwischen Ebbe und Flut glücklicherweise richtig kalkuliert hatte.

Feiern will ich trotzdem. Zu meinem letzten Geburtstag hat mir Hannes eine kubanische Zigarre geschenkt. Ich wusste sofort wann ich sie rauchen würde. Um die Zeremonie würdig abzurunden, liegt seit zwei Wochen auch eine kleine Flasche Canadian Club im Boot. Nach einem üppigen Abendbrot entzünde ich am Strand ein kleines Feuer, schenke mir einen Schluck Whiskey ein und befreie die Cohiba aus ihrer Verpackung. An einem Baumstamm gelehnt und die Füße im Sand blase ich den Rauch in die salzige pazifische Seeluft. Im Hinterland erstreckt sich der unwegsame und wegen seines rauen und regenreichen Klimas bekannte Cape Scott Provincial Park. In dem teilweise noch als Urwald erhaltenen Wildnisgebiet, das 1973 unter Schutz gestellt wurde, leben

Biber, Maultierhirsche, Wapitis, Schwarzbären, Pumas und auch Wölfe. Jetzt paddle ich schon 600 Kilometer entlang der nordamerikanischen Küste. Die Begegnungen mit anderen Reisenden, Einheimischen, Skippern oder Leuchtturmwärtern waren genug Abwechslung um zwischendurch auch das Alleinsein oder wie andere sagen, die Einsamkeit, als wohltuend zu empfinden. Mir fällt eine Passage aus dem Buch „Die Erfahrung der Welt" von Nicolas Bouvier ein. Er schrieb während einer Reise durch den Balkan, die Türkei, Iran und Afghanistan:

„Abends ging ich meiner eigenen Wege, um mir die Augenblicke der Einsamkeit zu verschaffen, die wir alle so nötig haben."

Entlang der Außenseite Vancouver Islands geht es nach Südwesten. In einer kleinen Bucht finde ich Schutz vor der Brandung und sitze mit einem Becher heißen Tees neben meinem Zelt als das Abendkino beginnt. Die Sonne wird gleich hinter dem Horizont abtauchen. Wirklich schön, aber schon so oft gesehen, dass dies Schauspiel fast zur Routine wird wie für andere die Tagesschau.

Doch heute läuft eine Sondersendung, denn eine Gruppe Orcas zieht in vielleicht 100 Metern Entfernung durch meine Bucht. Ihre langen Rückenflossen durchpflügen die ruhige Wasseroberfläche. Deutliches Prusten ist zu hören, begleitet von der sogenannten „Blas", Sprühnebel-Fontänen, die einem Springbrunnen gleich in die Höhe schießen. Vier diese Geschöpfe machen ihre Runde durch die Bucht, als hätten sie sich zum Abschluss des Tages noch auf einen gemütlichen Spaziergang verabredet. Völlig gefesselt verfolge ich die faszinierenden Tiere, bis sie die Bucht wieder verlassen.

Von hinten nehme ich leises Brummen wahr. Ich schaue mich um und sehe in 30 Metern Entfernung einen Schwarzbär, der sich offensichtlich gerade entschlossen hat den Strand zu verlassen, um sich in den angrenzenden Wald zurückzuziehen. Keine Ahnung, wie lange der schwarze Kumpel schon um mich herumgeschlichen ist, denn die Orcas haben meine ganze Aufmerksamkeit auf sich gezogen. Ich deute die stressfreie Begegnung positiv und verschwende keinen Gedanken daran, meinen Strand zu verlassen. Meister Petz sollte gespürt haben, dass ich ein umgänglicher Typ bin mit dem man gut auskommt, wenn man ihn in Ruhe lässt.

Auch auf Kains Island besuche ich die Leuchtturmwärter. Die Suchmeldung von Andreas und Edwin und meine regelmäßigen Funksprüche haben mir zu einem gewissen Bekanntheitsgrad unter den hiesigen UKW-Funk-Teilnehmern verholfen. Gleich werde ich auf einen frisch gebrühten Kaffee eingeladen und muss mich bei den Keepern nicht mal mehr vorstellen. Da ich heute noch weiter nach Winter Harbour will war von mir nur ein kurzer Besuch geplant. Die Rechnung habe ich nicht mit Lucinda, der Frau des Chef-Keepers, gemacht. Sie bäckt gerade Brot und ich darf nicht eher verschwinden, als bis ich einen der duftenden Laibe frisch aus dem Ofen in meinem Kajak verstaut habe. Was für ein Geschenk! Ein warmer Brotlaib hier draußen im Nowhere ist wie ein Schatz. Schon der Geruch des frisch gebackenen Brotes betört meine Sinne. Sofort könnte ich ein Stück abreißen und mir zwischen die Zähne schieben. Ich verspreche, nach meinem Winter Harbour-Besuch nochmals vorbeizuschauen.

In Winter Harbour, einem Fischerdorf an der Mündung des Quatsino Sounds, das im 19. Jahrhundert wegen seiner geschützten Bucht gegründet wurde, miete ich mich für eine Nacht in „Dick's Last Resort" ein. Allein die Aussicht auf eine Dusche, die erste nach drei Wochen, ist den Abstecher wert. Außerdem kann ich Wäsche waschen und abends soll es ein üppiges Dinner geben. Einkaufsmöglichkeiten gibt es hier kaum. Hier kommen die Besucher zum Fischen her, nicht zum Einkaufen. Ich habe tatsächlich das letzte freie Zimmer bei Dick ergattert.

Die anderen Gäste, ein Vater mit seinen beiden Söhnen aus Sasketchewan und ein Mann aus Ontario, lerne ich kurz vor dem Dinner auf der Veranda kennen. Die Jungs aus Sasketchewan spendieren mir schon vor dem Essen kaltes Bier. Große Lachse und Heilbutt sind der Grund, warum die passionierten Angler nach Winter Harbour kommen. Würde man mich heute fragen, ob ein Besuch in Winter Harbour lohnt, wäre meine klare Antwort: „Ja" mit einer Einschränkung: „Wenn es Dick's Last Resort noch gibt." Der Grund dafür? Das erstklassige Dinner bestehend aus verschiedensten Fischen mit Salzkartoffeln, Kartoffelsalat, Blumenkohl, frischem Salat, kühlem Weißwein und zum Dessert Zucchinikuchen mit Eiscreme. Mein Bauch droht zu platzen, als wir zusammen auf Dicks Veranda mit einem Sundowner auf das Leben anstoßen.

War es die weiche Matratze oder mein voller Bauch, dass ich so schlecht geschlafen habe? Schon früh bin ich dabei, mein Kajak zu packen. Dick kocht uns einen Kaffee und gibt mir den Rest Kartoffelsalat von gestern mit. Dass ich nicht genug Bargeld bei mir habe, um meine Rechnung zu begleichen, ist kein Problem.

„Schick mir das Geld, sobald Du kannst", sagt Dick mit einer abwinkenden Handbewegung, als wäre es völlig normal hier anschreiben zu lassen.

Nun will ich mein Versprechen von gestern einlösen und nochmal bei Lucinda und Tony, den Leuchtturmwärtern von Kains Island, vorbeizuschauen, die erst vor drei Wochen ihren Job angetreten haben. Heute sollen ihre Möbel kommen. Das Coast Guard Schiff mit dem Hausrat der beiden liegt seit gestern vor der Insel und ein Helikopter wird im Laufe des Tages alles vom Schiff zum Leuchtturm transportieren. Somit werden sie heute genug zu tun haben. Für einen Kaffee mit dem Deutschen reicht ihre Zeit trotzdem.

Ich verlasse Kains Island, paddle weiter auf Kwaikiutl Point zu und nähere mich anschließend einer Flussmündung nordwestlich von Brooks. Brooks Peninsula liegt etwas exponierter. Der Wetterbericht für den Nachmittag sagt 15 bis 20 Knoten Wind voraus. Ich starte zeitig, um möglichst sicher um Brooks herumzukommen. Der Regenwald aus Rotzedern, Hemlocktannen und Sitka-Fichten reicht oft so nah an die Uferlinie, dass ich hin und wieder mein Zelt unter Bäumen aufbauen muss, um sicheren Abstand zur Hochwasserlinie zu halten.

Berge von Treibholz, riesige Stämme verblichener Baumriesen, findet man in Massen an den wilden Stränden der Westküste. Aber auch durch Wasser, Wind und Sand glatt polierte handliche Holzstücke von denen einige kleine Handschmeichler in meinem Souvenir-Beutel landen. Diese Sammlung für die nächsten

Freundliche Begleiter

Wochen kompakt und transportabel zu halten wird zu einer neuen Herausforderung. Nur die schönsten Stücke dürfen mit.

Auf dem Wasser habe ich seit einigen Tagen neugierige Begleiter. In den Seetang-Wäldern fühlen sich Seeotter wohl. Sie finden dort reichlich Seeigel, die sie, auf dem Rücken treibend, mundgerecht mit ihren Vorderbeinen und einem Stein als Werkzeug bearbeiten. Gruppen von zehn bis 20 Tieren leisten mir oft Gesellschaft und scheinen sich, neugierig in meine Richtung blickend, nicht sonderlich gestört zu fühlen.

Wenn ich abends in mein Zelt krieche ist an manchen Tagen der klagende weit schallende Ruf eines Loons zu hören. Bei uns als Eistaucher bekannt, ist er in den Küstenregionen regelmäßig in kleiner Zahl als Durchzügler und Wintergast zu beobachten und gilt als Kanadas Nationalvogel. Vancouver Island's Westküste bestätigt meine hochgesteckten Erwartungen an eine Traumdestination für Seekajaker. Zwei Kajak-Bücher gehören daher zu meiner Reiselektüre: „Vancouver Island – One oft the best Places to go Seakayaking" von Doug Alderson und „The Wild Coast" von John Kimantas.

Cattle Islets, Rugged Point, die Bunsby Islands, Kyuquot, Tatchu Rocks, Yellow Bluff, Harbour Island, Esperanza Inlet, Hecate Chanel, Thasis Narrows – so heißen markante Orte und Orientierungspunkte, die ich in meinem Tagebuch als Stationen der nächsten Tage notiere. Die Namen dieser Orte bergen etwas Exotisches in sich. Frühe Entdecker wie George Vancouver, James Cook, Juan de Fuca oder Gabriola haben zu ihrer Zeit nur schwer erreichbare Punkte an Nordamerikas Westküste entdeckt. Es wäre einfältig, heutige Reisen entlang der Küste mit den Entdeckungsfahrten dieser Pioniere zu vergleichen.

Manche Orte die so scheinen, als wäre noch nie ein Mensch dort gewesen, verführen trotzdem dazu, sich wie ein Entdecker zu fühlen. Schon lange bevor europäische Schiffsbesatzungen das erste Mal die kanadische Westküste sahen, lebten die First Nations hier. Auch sie gaben Orten Namen, die man noch heute auf aktuellen Landkarten findet. Die heutigen Nachfahren der First Nations gehören drei Hauptgruppen an: Den Nuu-cha-nulth, den Kwakwaka'wakw und den Salish.

In Friendly Cove im Nootka Sound steht mein nächster Leuchtturmwärter-Besuch auf dem Plan. Allerdings haben die Keeper nicht viel Zeit für mich, da gerade zwei Dachdecker mit dem Helikopter eingeflogen wurden, um notwendige Arbeiten zu verrichten. Yucout, so nennen die

Nuu-cha-nulth ihr Gebiet, ist schon vor über 4.300 Jahren durch die First Nations besiedelt gewesen. Eine kleine Kirche steht in der Nähe. Der schlicht gehaltene Innenraum des 1789 erbauten Bauwerks ist mit beeindruckenden Totem Poles ausgestattet. Zwei bunte Fenster sind ein Geschenk der spanischen Regierung, das zum zweihundertsten Jahrestag eines Treffens zwischen George Vancouver und Juan Francisco de la Bodega y Quadra offiziell übergeben wurde.

Hier, im Nootka Sound, trafen die Interessen spanischer und britischer Pelzhändler aufeinander. Bevor dieser Streit in eine kriegerische Auseinandersetzung eskalierte, fanden beide Nationen am Verhandlungstisch zusammen. Quadra und Vancouver gelang es als Vertreter ihrer Regierungen, die sogenannte Nootka Convention in drei Schritten auszuhandeln. 1795 wurde die dritte Nootka Convention unterzeichnet, in der beide Parteien ihren Gebietsanspruch aufgaben.

Nootka gehörte damit wieder unangefochten der Nuu-cha-nulth First Nation. Chief Marquinna war zu dieser Zeit Häuptling der Nuu-cha-nulth im Nootka Sound. Er spielte eine wichtige Rolle bei den Verhandlungen zwischen Spanien und Großbritannien, vermittelte zwischen den Parteien und beherbergte die Verhandlungsführer. Seinem diplomatischen Geschick und seiner Gastfreundschaft mag es zu verdanken sein, dass der Ort im Nootka Sound auch Friendly Cove genannt wird.

Am Strand von Friendly Cove weist ein Schild zum Master Carver Sanford Williams. Ich folge dem Weg und finde den Meister in seiner Werkstatt. Er arbeitet an einer Holzskulptur, die typische Elemente der First Nation-Kultur erkennen lässt. Unter einem freistehenden Dach neben der Werkstatt liegt ein fünf Meter langer angefangener Totem Pole. Auf meine Frage, wie lange er an dem Stück arbeiten wird, schaut Mr. Williams kurz auf:

„Bis November will ich den fertig haben."

Dann senkt er konzentriert seinen Kopf und ist schon wieder

bei der Arbeit. Ich lasse dem Künstler die Ruhe, die er offensichtlich besser erträgt, als die neugierigen Fragen eines Europäers.

Auf meiner Karte ist ein Creek eingezeichnet, den Rob als potentielle Trinkwasserquelle markiert hat. Mein Kajak ziehe ich mit einem sachten Knirschen auf den Strand, um mich auf die Suche nach dem Bachlauf zu begeben. Frische Bärenspuren im feuchten Sand lassen mich unwohl fühlen bei meiner Suche nach Trinkwasser. Vorsichtshalber erkunde ich den Waldrand laut singend und werde glücklicherweise auch bald fündig. Ein kleiner Wasserfall plätschert über einen Felsvorsprung. Fünf Liter klares Trinkwasser sammle ich ungefiltert in meinem Wassersack. Das sollte bis Tofino reichen.

Den Leuchtturm Eastvan Point lasse ich links liegen. Die Küste ist flach und felsig und in Ufernähe toben sich an den Riffen die Wellen aus, die der westliche Wind heranrollen lässt. Etwas weiter draußen ist die See ruhiger und berechenbarer. Über Flores Island erreiche ich Tofino, einen berühmten Surfspot der viele Touristen anzieht und über eine entsprechende Infrastruktur verfügt.

Um keinen Kulturschock zu erleiden, baue ich mein Zelt auf einer kleinen Insel auf, nur fünf Paddelminuten von Tofino entfernt. Mit leerem Boot geht es rüber in die City. Mein Stadtrundgang ist ernährungstechnisch schnell beschrieben: Pizza essen, Kaffee trinken, Kuchen essen, Einkauf im Supermarkt, Trinkwasser bunkern und zurück zum Boot. Trinkwasser muss ich tatsächlich kaufen, da der Grundwasserspiegel drastisch gesunken ist und die Wasserversorgung Tofinos vor dem Kollaps steht. Mehrere Fernsehteams, darunter auch ein Deutsches, sind in der Stadt unterwegs und berichten.

Die Vorfreude auf ein leckeres Frühstück mit Brot, Butter, Wurst und Käse lässt mich in einen tiefen Schlaf sinken. Einige Dinge muss ich am nächsten Tag in Tofino noch erledigen, bevor die Reise weitergeht. Zuerst melde ich mich bei der Coast Guard. Dort freut man sich über meinen Besuch und informiert die Leuchtturmwärter zwischen Tofino und Victoria. Dann telefoniere ich mit Kerstin, Andreas und Edwin. Andreas, Carol und Mark wollen mich in einigen Tagen bei Port Renfrew treffen.

Auf Lennard Island besuche ich Kathy und Ian, die Keeper des Leuchtturms. Dort werde ich mit offenen Armen empfangen. Während Ian mir die kleine Insel und den Leuchtturm zeigt, macht Kathy Kaffee und stellt einen großen Teller Kekse auf den Tisch. Was übrig bleibt, wandert in eine Tüte, die ich als Ergänzung meiner Marschverpflegung mitnehmen soll. Die kanadischen Leuchtturmwärter wachsen mir immer mehr ans Herz. Ob sich Ausländer wohl für diesen Job bewerben können? Einen Versuch wäre es Wert. Für ein Jahr oder zwei könnte ich mir gut vorstellen, als „Keeper of the Light" hier meinen Dienst zu tun. Ian zeigt mir in einem Buch einige Bilder der Insel im Winter und gibt mir den Tipp, genau zu überlegen, bevor ich mich bewerbe.

„Hier musst Du gut mit Dir selbst klarkommen, wenn Du den Winter überstehen willst", meint Ian, während Kathy nickt und mir fragend in die Augen schaut.

„Ich denk drüber nach", verspreche ich und bedanke mich für den herzlichen Empfang, die ehrliche Berufsberatung und die leckeren Kekse.

Benson Island erreiche ich nur mit Hilfe meines GPS-Gerätes. Dichter Seenebel macht Paddeln nach Sicht zwar nicht unmöglich aber sinnlos, wenn man ein konkretes Ziel erreichen will. Obwohl laut meiner Karte viele Inseln in der Umgebung liegen, kann ich nichts erkennen. Erst unmittelbar vor dem angepeilten Ufer taucht langsam die blasse Silhouette der Insel auf. Im Dunst des Nebels wirkt der Strand fast mystisch. Kein Laut, keine Bewegung, keine Spuren. Nur das dumpfe Knirschen des feuchten Sandes unter meinen Füßen ist zu hören. An der Ostseite der Insel baue ich mein Zelt auf, während der Nebel sich langsam auflöst.

Als ich von einem Inselrundgang zurück bin, steht ein weiteres Zelt am Strand. Das dazugehörende Pärchen ist ebenfalls mit dem Kajak hier. Myra, dunkle halblange Haare, mag um die 50 sein und stammt aus Costa Rica. Oskar ist etwas älter, hat einen grauen Schnauzbart, wirkt sportlich und lebt in Seattle. Oskar spricht auffallend gutes Deutsch. Er ist in Schleswig geboren und war 15, als seine Eltern mit ihm in die USA auswanderten.

Myra und Oskar sind seit zwei Jahren verheiratet und planen nach Oskars Pensionierung zusammenzuziehen und eine Ranch in Costa Rica zu bewirtschaften. Noch arbeitet Oskar bei Boeing. Aber ihren neuen Lebensplan würden Myra und Oskar am liebsten sofort in die Tat umsetzen. Gemeinsam verbringen wir einen langen Abend am Lagerfeuer. Ich muss von zu Hause erzählen, während Oskar und Myra von Costa

Bizarre Gebilde aus verwittertem Schwemmholz regen die Fantasie an

Rica schwärmen. Erst als es dunkel wird und die Sterne leuchten, verabreden wir uns zum gemeinsamen Frühstück und ziehen um in unsere Schlafsäcke. Das Frühstück fällt reichhaltig aus. Es gibt Pfannkuchen mit Cranberrys, Mandeln, Butter und Marmelade. Oskar und Myra werden nur noch zwei Tage unterwegs sein und hatten großzügig eingekauft. Zum Abschied überreichen sie mir sogar noch eine Tüte diverser Köstlichkeiten. Jedoch bedeuten mir die Gastfreundschaft und die Warmherzigkeit, mit der mir die Menschen begegnen, viel mehr als die kleinen Geschenke.

Ein Schlenker durch die Broken Group Islands muss einfach sein! Verstreut liegen über 100 kleiner Inseln und Inselchen in der geschützten Bucht des Barkley Sounds zwischen Uclulet und Bamfield im Pacific Rim National Park. Die Bucht ist eines der populärsten Seekajakgebiete an der Küste Vancouver Islands. Ohne lange Tagesetappen lässt sich dort an jedem Tag eine neue Insel entdecken. Manchmal mache ich einen kleinen Spaziergang, schaue ob ich Nachschub für meine hölzerne Souvenirsammlung finde oder ich liege am Strand auf dem Rücken und blinzle mit zusammengekniffenen Augen in den Himmel, um die unterschiedlichsten Phantasiegebilde in den Wolken zu erkennen. Mal ist es ein Eisbär, mal ein fliegender Riese oder ein Krokodil und manchmal fliegt sogar ein Wal über dem Meer, um sich irgendwo auf dem Weg zur nächsten Insel in zeitlupenartiger Metamorphose in ein anderes Wesen zu verwandeln oder sich einfach aufzulösen. Zeit und Muße regen die Phantasie an.

Einige Inseln sind Native Land. Dort sollte man besser nicht zelten oder wenigstens vorher eine Genehmigung einholen. Es gibt so viele kleine Eilande, dass es zumindest außerhalb der Hauptsaison schwer vorstellbar scheint, nicht seine „eigene" Insel zu finden. Ich schaue mir Turret Island, Gibraltar Island und die Inseln der Deer Group an.

Unterwegs treffe ich Paddler aus Kalifornien, British Columbia und Alberta. Jede Begegnung ist wie eine kleine Party mit alten Freunden, die sich viel zu erzählen haben. Cape Beal liegt vor dem Bug meines Kajaks. Mit Ivan, einem der Keeper des Leuchtturms, habe ich mich schon vor Monaten per E-Mail verabredet. Ian von Lennard Island hat Ivan per Funk unterrichtet, dass ich auf dem Weg zu ihm bin. Über UKW erkundige ich mich, wo ich am besten aus dem Wasser komme. Ivan freut sich, dass ich endlich vorbeikomme und lotst mich in eine Lagune zur unteren Station seiner kleinen Seilbahn, mit der er alles was per Boot geliefert wird, hoch zum Leuchtturm hievt. Auf der langen Treppe parallel zur Seilbahn kommt Ivan mir schon entgegen.

„Hello Jörg", begrüßt er mich.

Wir freuen uns wie kleine Jungs, die sich zum Spielen verabredet haben. Alles was ich brauche, zerre ich aus dem Kajak und lege es auf ein rundes Tuch, das zusammengeschnürt per Seilbahn nach oben verschwindet. Mein Boot bleibt am Anleger. Wir nehmen die Treppe. Norbert, der Chef-Keeper, ist leider in Urlaub. Norbert stammt aus Deutschland, lebt aber schon seit 30 Jahren in Kanada. Gerne hätte ich ihn kennengelernt. Sicher hätte er mich beraten können, wie ich meine Bewerbung als Leuchtturmwärter möglichst erfolgversprechend formuliere. Für Norbert springt die freundliche Debby ein. Sie ist einer der Springer, die den Job immer für einige Wochen erledigen, wenn irgendwo Ersatz gebraucht wird.

In einer Schubkarre bringe ich mein Gepäck bis zu einem kleinen Gewächshaus. Hier darf ich mein Zelt aufbauen. Dann folgt der obligatorische Rundgang, der oben auf dem Leuchtturm mit großartiger Aussicht beginnt und in Ivans Haus endet. Der Staat, erzählt mir Ivan, will die restlichen bemannten Leuchttürme automatisieren. Eine Community aus Leuchtturmwärtern, Leuchtturmfans und nicht zuletzt Skippern und Kapitänen ist dagegen und sieht Risiken in dieser Entwicklung. Sie vertreten die Meinung, dass Automaten den Menschen nicht ersetzen können. Das menschliche Auge vermag das aktuelle Wetter besser einzuschätzen als ein auf Messdaten basierendes Modell. Die Keeper geben nicht nur regelmäßig Messdaten und Beobachtungen weiter. Wenn es sein muss, helfen sie auch in Notfällen. Schon mancher hat sein Leben ihrer Unterstützung zu verdanken.

In Debbys Haus essen wir zusammen Abendbrot. Die letzten Stunden des Tages verbringen wir, wie könnte es anders sein, mit Leuchtturmwärter-Geschichten. Ivan hat genug davon parat. Nebenbei interessiert er sich für Fotografie und beobachtet mit zwei Teleskopen regelmäßig den nächtlichen Sternenhimmel. Zum Frühstück treffen wir uns in Ivans Küche. Als ich mein Kajak packe meint er:

„Ich sag den Keepern von Pachena- und Caramanah Point Bescheid, dass Du vorbeikommst. Grüß sie von mir."

Dankbar drücke ich seine Hand und steige in mein Kajak.

Jede Begegnung ist wie eine kleine Party mit Freunden

Die nächsten Leuchttürme liegen direkt am West Coast Trail, einem der weltweit bekanntesten Wanderwege. Der Zugang zum Trail wird streng kontrolliert. Ein Permit muss weit im Voraus gebucht werden. In der Hauptsaison zwischen dem 15. Juni und dem 15. September dürfen sich nur 75 Wanderer pro Tag auf den Weg machen. Ursprünglich wurde der Trail angelegt, um Schiffsbrüchige zu retten. Vielen Schiffen wurden die felsigen Riffs der hiesigen Küste zum Verhängnis. 1906 lief das US-amerikanische Passagier- und Frachtschiff Valencia vor der Küste Vancouver Islands auf ein Riff. 136 Menschen starben bei dem Unglück. Nur ein Jahr später begann man mit dem Bau des West Coast Trails. So verbesserte man die Chancen, Schiffsbrüchige von Land aus retten zu können oder ihnen wenigstens einen Zugang zurück zur Zivilisation zu ermöglichen. In der Mitte des 20. Jahrhunderts verlor der Rettungsweg an Bedeutung, da moderne Navigationstechniken die Schifffahrt immer sicherer machten. Heute ist der West Coast Trail Teil des Pacific Rim National Parks und zieht Wanderer aus aller Welt an. Der Trail wird seit mehreren Jahren in einer Partnerschaft der First Nations und Parks Canada unterhalten.

Auf meiner Karte ist der Nitinat Lake zu erkennen, der durch eine enge Passage mit dem Meer verbunden ist. Der See erstreckt sich über

20 Kilometer in nordöstliche Richtung und wird vom gleichnamigen Fluss gespeist. Als ich die Verbindung des Sees zum Pazifik entdecke, steuere ich auf die Einfahrt zu. Mein Timing stimmt. Die Flut drückt das Wasser in den See. Nach einer kurzen etwas aufregenden 50-Meter-Wildwasserpassage treibe ich ruhig in den See. Von rechts sind Stimmen zu hören. Ich sehe ein Floß mit Tischen und Stühlen und einer grob gezimmerten Hütte darauf, vor der sich Menschen angeregt unterhalten.

Nur einen Moment später ist mein Kajak am Floß befestigt und ich sitze an einem der Tische zwischen einer Gruppe West Coast Trail Hiker, zwei älteren kanadischen Damen und einem holländischen Pärchen. Als Kajaker bin ich hier ein Exot.

„Crabs or Salmon", bietet mir ein First Nation Mann an, der den Imbiss am Laufen hält und ergänzt: „Cold beer?".

Was für ein Luxus! Ich bestelle Lachs und Bier. Diesen Service habe ich hier ganz bestimmt nicht erwartet. Die Freude der West Coast Trail Hiker muss noch viel größer sein. Sie sind im Schnitt eine Woche unterwegs, müssen alles tragen und sind gezwungen ihre Nahrungs- und Wasservorräte auf ein Minimalgewicht zu reduzieren. Da habe ich es deutlich besser. Bei mir ist es kaum spürbar, ob zehn Kilogramm mehr oder weniger im Boot verstaut sind. Mein Bootsgepäck dürfte zwischen 50 und 60 Kilogramm auf die Wage bringen. Jedem das Seine, resümiere ich für mich.

„Den West Coast Trail muss man gelaufen sein", versichert mir eine der grauhaarigen Ladies. Sie ist 71 und läuft den Trail schon zum vierten Mal. Diese Mal mit ihrer jüngeren Schwester (69). Ich ziehe meine Mütze und deute eine Verbeugung an. Der Lachs und das kalte Bier sind ein Fest für meine Geschmacksknospen. Ich koste den Moment höchst befriedigenden Energietankens aus, bevor ich bezahle, mein Boot losbinde und den Hikern ein „Good Luck" mit auf den Weg gebe.

Der Weg zurück auf den Pazifik könnte etwas schwieriger werden, als das Einlaufen in den Nitinat Lake. Noch steigt das Wasser. Um an die Küste zu kommen, schleiche ich mit voller Kraft, nur langsam Raum gewinnend, gegen die Strömung durch die enge Seeeinfahrt. So schaffe ich es auch ohne Motorbootunterstützung, die mir der freundliche Native angeboten hat. Zwei dicht von Seelöwen bevölkerte Felsen tauchen vor mir auf. Dahinter liegt Carmanah Point, der nächste bemannte Leuchtturm. Ich melde mich über Funk an und frage nach einem geeigneten Platz wo ich mit dem Kajak an Land komme.

„Gleich hinter dem Leuchtturmfelsen links", spricht eine weibliche Stimme von schnarrenden Nebengeräuschen begleitet durch mein Funkgerät. Ich finde den kleinen Kieselstrand hinter dem Leuchtturm, ziehe mein Boot über die glatten Steine hinter den Spülsaum der Hochwasserlinie, schlüpfe in trockene Sachen und versuche, den kürzesten Weg hoch zum Leuchtturm zu finden. Jerry Etzkorn, ein freundlicher vollbärtiger Endfünfziger, wartet schon auf mich. Bei einem Glas Zitronenwasser zeigt er mir sein Anwesen. Die Stimme am Funkgerät, verrät mir Jerry, war seine Frau.

Unmittelbar neben dem Leuchtturm hat Jerry die Skelettteile eines Wals zusammengelegt. Der Kadaver wurde vor einigen Jahren dort angespült, wo jetzt mein Kajak liegt. Jerry hat die Knochenreste in den Wald gezerrt, das saubere Abnagen des Skeletts ein Jahr lang den Kleintieren und Insekten überlassen und anschließend alles hoch zum Leuchtturm geschleppt. Oft kommen West Coast Trail Hiker hier vorbei, um sich den Leuchtturm anzusehen und ihren Trinkwasservorrat aufzufrischen.

Als ich zum Zeltaufbauen wieder verschwinden will, meint Jerry: „See you six thirty for dinner."

Das war eine unmissverständliche Einladung. Typisch für die Kanadier: Kurze Ansage ohne überflüssiges Rumschwafeln. Als ich pünktlich wieder auf der Matte stehe, sind wir zu fünft: Das Leuchtturmwärterpärchen, ein junger schlanker großgewachsener Leuchtturmwärter-Auszubildender, ein Native, der als West Coast Trail-Ranger unterwegs ist und als Freund des Hauses oft vorbeischaut und der deutsche Paddler. Großes Händeschütteln, köstliches Dinner und ein langer Abend in bester Gesellschaft mit liebenswerten Menschen, so lassen sich die folgenden fünf Stunden kurz zusammenfassen. Die unvoreingenommene Herzlichkeit mit der mir die Locals begegnen, rührt mich an.

Ein Treffen folgt auf das nächste. Mein heutiges Tagesziel heißt China Beach bei Port Renfrew.

Dort erwarten mich Andreas, Carol und Mark. Das Wetter passt. Wenig Wind, eine kaum zu spürende Strömung und wohldosierte Sonnenstrahlen unterstützen mich beim Paddeln, als würde mich ein gewaltiges Publikum anfeuern. Pausen müssen trotzdem sein.

Zweimal treffe ich dabei West Coast Trail Wanderer. Sie kommen aus Israel, Polen und Deutschland. Dem Israeli helfe ich mit zwei Litern Trinkwasser aus. Der Pole freut sich über einen Müsliriegel und ich mich über seine Dankbarkeit, die mein kleines Geschenk bewirkt. Mit den Deutschen aus Dresden und Dortmund macht es Spaß, sich flüssig in unserer Muttersprache zu unterhalten. Sie sind die ersten Deutschen, die ich seit Vancouver treffe. Ich komme mir vor wie ein Plappermaul und hätte nie gedacht, dass deutsch sprechen so erholsam sein kann, auch wenn ich mich in den letzten Wochen schon dabei ertappt habe, englische Selbstgespräche zu führen.

Kurz vor Port Renfrew sind weit vor meinem Bug die Rückenflossen von Orcas zu erkennen. In welche Richtung sie unterwegs sind, kann ich nicht sicher ausmachen. Mein Blick klebt geradezu auf der Wasseroberfläche. Da! Da sind sie wieder! Jetzt ist klar, dass drei erwachsene Tiere in meine Richtung tauchen. Ich lasse mein Paddel auf dem Boot liegen, halte die Kamera bereit und warte ab, was passiert.

„Ruhig bleiben, keine überflüssigen Bewegungen, keine Angst", rede ich auf mich ein und spüre, wie mein Adrenalinspiegel steigt. Dann wird mir doch etwas mulmig. Das Wal-Trio hält direkt auf mich zu, als würde mich ihr Anführer aufs Korn nehmen. „Ruhig bleiben, ruhig bleiben, ruhig bleiben", flüstere ich mir hektisch zu. Die Situation überfordert mich etwas. „Was passiert jetzt?", schießt es durch meinen Kopf, als eine zwei Meter lange schwarz glänzende Flosse keine fünf Meter von meinem Bug entfernt die Wasseroberfläche durchschneidet. Direkt neben meinem Boot taucht der Orca ab. Ich kann seinen bulligen, vor Kraft strotzenden Körper unter meinem Boot sehen. Als ich mich umdrehe, durchpflügen drei Rückenfinnen mein Kielwasser. Der Rest des Dreierteams muss mich an der anderen Seite passiert haben.

Ich sitze aufrecht im Boot, sehe die Orcas hinter mir verschwinden und stoße einen lauten Jubelschrei aus, der weit übers Wasser schallt. Das Adrenalin klopft noch an meine Schädeldecke. Noch ein Schrei und noch einer müssen raus. In der Johnstone Strait, einem angesagten Whale Watching Spot, hatte ich damit gerechnet und gehofft, dass ich den Orcas so oder ähnlich nahekomme. Hier aber schon lange nicht mehr. Die fünf Sekunden die das ganze Schauspiel gedauert haben mag, taugen für die Rubrik „Mein schönstes Ferienerlebnis“. Nicht nur das. Ich glaube jetzt schon sagen zu können, dass mein Meeting mit den Schwertwalen einen Dauerplatz ganz oben im Ranking auf der Liste „Größte Momente im Leben“ einnehmen wird. Ich war fast auf Augenhöhe mit den Orcas.

Nur langsam stellt sich wieder ein gleichmäßiger Paddelrhythmus ein. Am China Beach sind drei Gestalten zu erkennen. Als ich näherkomme, strecken sie die Hände in die Höhe und rufen mir laut zu. Andreas, Carol und Mark empfangen mich wie einen alten Freund. Andreas hat einen Grill dabei, Carol verteilt Bier und Mark überreicht mir als vorgezogene Zielprämie statt einer Goldmedaille eine Tüte Haribo Goldbären, original aus Deutschland importiert. Nach unserem Barbecue bestehend aus Bratwurst mit Kartoffelsalat lade ich die drei in Victoria zum Essen ein. In drei oder vier Tagen werden wir uns schon wiedersehen.

Oje, wie nah wird das Wasser bei auflaufender Flut noch kommen?

Nach einem „See you on Sunday" breche ich auf. Die Küste wird belebter. Immer öfter sehe ich Sommerhäuser und Strände an denen sich Menschen tummeln.

Ich komme Victoria näher und fange leise an zu zweifeln, ob ich noch ein Stück unbebautes Ufer finden werden, das Platz für Zelt und Boot bietet. Steile Felsen reflektieren die kurzen steilen Wellen, die an meinem Boot nagen, als würden sie mit mir spielen wollen.

Ein schmaler Canyon bildet die Grenze zu einer kleinen unbewohnten Insel. An seinem Ende liegt ein winziger Kieselstrand. Die rundgeschliffenen Steine funkeln im warmen Licht der Abendsonne. Angesichts meiner verhaltenen Skepsis ist dieser Ort ein Geschenk. Mit einem Abendbrot, das zu nicht unerheblichen Teilen aus Gaben besteht, die mir unterwegs zugesteckt wurden, mache ich auch diesen Abend zu einem kulinarischen Höhepunkt: Nudeln und Wurst von Kit aus Kalifornien, Ein Früchtecocktail aus der Dose von Myra und eine Handvoll Goldbären von meinen Freunden aus Victoria. Auch wenn ich alleine bin fühlt es sich an, wie ein Essen mit Freunden.

Im Hafen von Victoria landet mein Boot für zwei Tage im Bootsschuppen von Ocean River Kayak, direkt hinter dem Steg. Der Chef gratuliert mir zu meiner „fast-Vancouver Island Umrundung". Zwei Nächte werde ich bei Carol und Andreas unterkommen. Am Abend sitzen wir, Carol, Andreas, Mark und Rob's Frau Lisa im Pluto's, essen Burger und feiern die 1.200 Kilometer, die ich bis hierher der Küste Vancouver Islands gefolgt bin. Kerstin und Edwin lasse ich telefonisch an unserer Party teilhaben.

Der nächste Tag, der 37. meiner Kajakreise, fühlt sich seltsam an. Ich schlendere allein durch Victoria, setze mich in ein Café, beobachte das ungewohnte Treiben und spüre eine Art Veränderung. Es ist der erste Tag seit Horseshoe Bay, an dem ich nicht paddle. Über einen Monat bin ich unterwegs, erfülle mir einen Traum und entferne mich dabei immer mehr von meinem Alltag, der mich bald schon wieder einholen wird. Ich fange an zu zweifeln, ob ich diesen Alltag, so wie ich ihn bisher gelebt habe, weiterleben will. Weiter bis zur Rente, weiter Montag bis Freitag in die Firma, weiter alle drei bis fünf Jahre vielleicht eine größere Tour mit dem Kajak, deren Realisierung vom Wohlwollen des Chefs, seines Chefs und der Geschäftsführung abhängig ist, weiter träumen und letztlich doch zu wenige der Träume leben.

Vielleicht steht zu viel auf der imaginären To-do-Liste? Mit Anfang 40 habe ich Kerstin vorgeschlagen, eine solche Liste zu schreiben. Meine liebe Frau hielt das für sinnlos. Ihre Begründung: „Immer wenn Du ein Ziel abhakst, kommen zwei oder drei neue hinzu."

Sie hat wohl Recht. Das Reisen mit dem Kajak entwickelt sich bei mir zu einer Art Sucht, einer Sucht die befriedigt werden will. Zeit mit Leben zu füllen scheint mir erstrebenswerter als Leben mit Zeit zu füllen. Wie könnte man seine Zeit intensiver nutzen, als mit Reisen? Ich weiß keine Antwort auf diese Frage, werde mir aber immer bewusster, dass Zeit begrenzt ist. Wie oft hört man den Satz: Ich habe keine Zeit. Genaugenommen müsste es heißen: Ich nehme mir keine Zeit. Jedem werden täglich 24 Stunden geschenkt. Wir selbst entscheiden, was mir damit anfangen. Genau darum geht es und es beschäftigt mich wie nie zuvor. Ich weiß noch nicht wie und ich weiß noch nicht wann, aber ich weiß, dass ich etwas ändern will.

In Richtung Nanaimo folge ich der Südostküste Vancouver Islands mit den vielen vorgelagerten Inseln, wie Saltspring Island, De Courcy Island und Maude Island. Von Maude Island an starte ich die Querung der Strait of Georgia. Der kürzeste Weg zurück nach Horsesoe Bay ist das zwar nicht, aber mein Zeitpolster erlaubt es mir den sichereren statt den kürzesten Weg zu paddeln. Das Abenteuer ist eh bald vorbei.

Warum also nicht noch einige Inseln mehr in die Wundertüte meiner Reise werfen? Von Texada Island aus rufe ich Edwin an, um meine Rückkehr in den nächsten Tagen anzukündigen. In zwei Tagen will ich in Plumper Cove sein.

Mein heutiger Übernachtungsspot ist alles andere als optimal. Es gibt nicht viel Platz am Strand um das Zelt aufzustellen und jetzt drückt der auffrischende Wind die Flut beängstigend nah an meine Behausung. Die Kämme der anrollenden Wellen greifen wie Bärenklauen über einen längs zum Ufer liegenden Stamm, um sich gleich darauf zu überschlagen. Der Wind reißt die spritzende Gischt mit sich und wirft sie auf mein Zelt, das nur drei Meter hinter dem mir noch Schutz bietenden Stamm steht. Bevor die Ebbe nicht einsetzt, wage ich nicht, auch nur ein Auge zuzumachen. Dann setzt auch noch Regen ein und noch immer lässt die Ebbe auf sich warten. Gegen elf Uhr leuchte ich mit der

Lampe ein letztes Mal zum Ufer. Endlich zieht sich das Wasser zurück. Die drohende Gefahr der Flut ist vorüber. Todmüde falle ich in einen tiefen Schlaf.

Mit neun, in Spitzen sogar 15 Stundenkilometern jage ich im auffrischenden Wind förmlich übers Wasser. Wenn alles gut läuft, werde ich heute Abend, wie mit Edwin abgemacht, im Plumper Cove Marine Park sein. Nach einer Pause im Hafen von Gibsons düse ich mit Rückenwind rüber nach Keats Island und verpasse im Geschwindigkeitsrausch den Campground um glatte drei Kilometer, die ich nun wieder zurückpaddeln muss; aber darauf kommt es jetzt auch nicht mehr an. Offensichtlich bin ich der Einzige, der in der zweiten Septemberhälfte noch das Bedürfnis hat, sein Zelt auf dem Campground aufzubauen.

Als ich mit Edwin vor 45 Tagen die erste Nacht hier verbrachte, war es so voll, dass wir auf einer Ausweichfläche zelten mussten. An einem Picknicktisch sitze ich nun in der Nachmittagssonne, schlürfe meinen Kaffee und verspeise nebenbei eine Tafel Marzipanschokolade. Ein perfekter Tag. Wenn das Wetter so bleibt, werde ich mir morgen viel Zeit lassen können. Plötzlich ist ein Klappern zu hören. Dazu ein leises Stöhnen. Ich schaue nach meinem Boot in Ufernähe und sehe einen Paddler sich aus seinem Kajak quälen. Es ist Edwin. Er hat es sich tatsächlich angetan, gegen den Wind nach Keats Island zu paddeln.

„We have an appointment", sagt Edwin ganz trocken und ernst, als er mein erstauntes Gesicht sieht und ergänzt: „Here I am."

Dann verziehen sich seine Gesichtszüge zu einem herzlichen Lachen, wir gehen aufeinander zu und umarmen uns. Um etwas Förmlichkeit bemüht tritt Edwin dann einen halben Schritt zurück, klopft mir kräftig auf die Schulter und sagt:

„You did it. Congratulations!"

Es kommt mir so vor, als würde man mir eine offizielle Auszeichnung überreichen.

Dann muss ich natürlich erzählen, was ich in den letzten sechs Wochen so erlebt habe. Edwin hört gespannt zu, nickt immer wieder und erkundigt sich zwischendurch nach Einzelheiten, besonders wenn ich von Camps in entlegenen Gegenden der Westküste berichte, die er selbst nicht kennt.

„Du hast eine Tour gemacht, die auch viele kanadische Paddler gern machen würden. Ich kenne eine Menge Paddler aus unserem Klub, die schon laut über eine Vancouver Island-Umrundung nachdachten. Wirklich losgepaddelt ist aber noch keiner von ihnen." Edwin überlegt einen Moment und fügt hinzu: „Ich glaube, man muss es einfach machen. Das ist das ganze Geheimnis."

Etwas Ähnliches habe ich auch schon von Mark aus Victoria gehört. Sie haben Recht. Einfach machen, auch wenn sich das leicht dahersagt. Man darf nicht aus dem Auge verlieren was einen antreibt, wo die wahren Ziele des Glücks liegen und wie der Weg dorthin zu finden ist. Zweimal standen mir während der Reise die Tränen in den Augen. Einmal habe ich tatsächlich beim Paddeln geweint, weil ich unendliches Glück gespürt habe. Es gibt Situationen die dich ganz fest packen, die irgend etwas in dir kitzeln oder streicheln. In solchen Momenten kann man das Glück wirklich spüren.

Derartige Gefühle zu beschreiben ist nicht einfach, aber dem Schweizer Schriftsteller, Reisefotograf und Journalist Nicolas Bouvier ist in seinem Buch „Die Erfahrung der Welt" eine aus meiner Sicht sehr zutreffende Beschreibung großer Glücksmomente gelungen:

„An den Abhang gelehnt erblickt man die Sterne, die undeutlichen Umrisse unserer Erde . . . und man beeilt sich, diesen einmaligen Augenblick wie einen leblosen Gegenstand tief ins Gedächtnis zu versenken, um ihn später einmal wieder hervorzuholen. Man streckt sich, macht ein paar federleichte Schritte, und das Wort Glück erscheint für das was einem zustößt ziemlich dürftig. Letztlich besteht das eigentliche Gerüst des Daseins weder aus der Familie noch der Karriere, noch aus dem, was andere Leute von einem denken oder sagen werden, sondern aus einigen Augenblicken dieser Art, in denen man durchdrungen wird von einem Gefühl, das noch gelassener ist als die Liebe. Das Leben teilt sie uns so sparsam zu, wie es der Schwäche unseres Herzen angemessen ist."

In der Nacht hat es angefangen zu regnen. Der Himmel zeigt sich in einem homogenen Grau, das sich ohne erkennbaren Übergang mit dem Meer zu einer alles aufsaugenden Masse vereint. Es sieht so aus, als hätte der Regen den ganzen Tag gebucht. Die leuchtenden Farben der Landschaft sind verblasst. Inseln sind nur noch als matschige Flecken zu erkennen. Ohne Kompass und GPS wäre es schwer den Heimweg zu finden. Ich bin nicht enttäuscht. Es ist erst mein vierter oder fünfter

Regentag in sechseinhalb Wochen. Arme und Schultern tun das, was sie seit Wochen tun – sie sind im Paddelmodus. Wir paddeln 20 Kilometer in strömendem Regen. Meine Hände sind vollkommen aufgeweicht. Schwielen und Hornhaut sind zu aufgequollenen weißen Hautfetzen geworden. Der Regen prasselt selbst dann weiter, als wir die Kajaks auf Edwins Auto laden. Egal. Es ist geschafft.

Edwin lässt den Motor an. Ich lehne mich in den weichen Autositz zurück und versuche meine Gedanken zu ordnen. Die Erlebnisse schießen mir kreuz und quer durch den Kopf, während vor mir der Scheibenwischer auf Hochtouren arbeitet. Edwin konzentriert sich ganz auf die Straße. Ich versuche in einem lautlosen Selbstgespräch vorsichtig so etwas wie eine Bilanz zu ziehen: „Du hast Dir einen Traum erfüllt, Du bist an Kanadas Westküste gepaddelt, Du hast große Momente genossen, hast dich manchmal geschunden, hast in sechs Wochen so viele liebe Menschen kennengelernt, wie Du zu Hause in fünf Jahren nicht triffst, hast eine grenzenlose Gastfreundschaft erlebt, eine gewaltige Landschaft gesehen und bist zum Schluss klitschnass, aber überglücklich."

Die Landschaft und diese Reise waren neuer Nährboden für einen Keimling, der sich in den letzten Wochen zu einem zarten Pflänzchen entwickelt hat. Ich kann noch nicht erkennen, ob ein Getreidehalm, ein kleiner Obstbaum oder eine mächtige Tanne daraus werden wird. Die Pflanze wird viel Freiraum und Licht beanspruchen. Sie wird langsam wachsen. Sie wird Zeit und Zuwendung benötigen. Wenn sie stark genug ist, wird es immer schwerer werden, ihr Wachstum zu bändigen. Sie wird mächtige Wurzeln durch den Boden treiben, durch die sie Kraft und Halt bekommt. Dann wird sie eine Eigendynamik entwickeln. Sie wird wahrscheinlich erhaben in der Landschaft stehen und über andere Pflanzen hinwegschauen. Ich glaube, es wird eine Tanne.

Als Edwin mich am Flughafen verabschiedet macht er ein ernstes Gesicht. Ich erwarte eine bedeutungsvolle Ansage. Dann drückt er mir eine Karte in die Hand und sagt ruhig aber nachdenklich:

„Maybe your next adventure!"

Ich schaue auf das Geschenk, eine Karte von Haida Gwaii. Die Inselgruppe liegt einige Hundert Kilometer nördlich von Vancouver Island nahe der südlichen Grenze von Alaska.

Das Vater- & Sohn-Abenteuer
Haida Gwaii (Westkanada)

Etwa ein Jahr bevor ich um Vancouver Island unterwegs war, hatte mein Arbeitgeber mit der kanadischen Reederei BC Ferries einen Vertrag über drei Schiffe unterzeichnet. BC Ferries hatte einige ihrer Leute nach Flensburg geschickt, um die Konstruktion der Neubauten zu begleiten und später die Bauaufsicht zu übernehmen. Mit Brian, Andy und Phil hatte ich 2006 viele Gespräche über Vancouver Island geführt. Die drei Kanadier fanden mein Paddel-Projekt hochinteressant.

Als ich von Vancouver Island wieder nach Flensburg kam, um zu meinem mir etwas fremd gewordenen Angestellten-Dasein zurückzukehren, hatten wir reichlich Gesprächsstoff. Ich konnte von Stränden berichten, die meine kanadischen Kollegen nicht kannten, von Kajak-Erlebnissen, die sie nie erlebt hatten und als Nichtpaddler wohl auch nie erleben würden und natürlich von einer wilden Küste, die ihnen wohlbekannt war. Seit meiner Tour um Vancouver Island nannten sie mich nur noch „the paddler".

„Du solltest die Charlottes sehen", sagte Andy zu mir, als wir nach einem Fachgespräch noch ein paar Worte privat wechselten und schaute mich dabei mit großen Augen an, als ob er einen begeisterten Kommentar erwarten würde.

„Eine Karte habe ich schon", erwiderte ich und erzählte von Edwins Abschiedsgeschenk.

„Die Charlottes – das ist richtige Wildnis. Auf Moresby Island leben kaum Menschen. Dort solltest Du mal paddeln!", versuchte Andy mich anzufixen.

Sein Versuch, mir Haida Gwaii schmackhaft zu machen, war vollkommen überflüssig. Als ich von Vancouver zurück nach Deutschland geflogen bin, hatte ich genug Zeit gehabt, mir die Haida Gwaii-Karte anzusehen. Zu Hause begann ich bereits eine kleine Internetrecherche. Ich wusste daher, dass Haida Gwaii durchaus Potential hatte Vancouver Island zu toppen. Die Südinsel, Moresby Island, ist tatsächlich fast unbewohnt. An den Stränden der Westküste würde man ebenfalls kaum auf Menschen treffen. Auch ohne Andy stand Haida Gwaii schon auf meiner Traumziel-Liste.

Edwin hatte mit einem Stück Papier ein neues Abenteuer-Flämmchen entfacht. Es hatte sich in einem Areal meines Gehirns eingebrannt, das unabhängig von allen Alltagsfragen nur für „Spezialinformationen" reserviert war. Auch ich vergesse so einiges, was mehr oder weniger wichtig ist, je nach Sichtweise. Dinge wie Mülleimer nicht runtergebracht, unvollständige Einkäufe oder andere nicht zufriedenstellend erledigte Aufgaben kommen immer mal wieder vor und führen nicht selten zu Missfallensbekundungen seitens Kerstin:

„Du merkst Dir nur, was Dir wichtig ist." Diesen Satz hatte ich mir oft von meiner lieben Frau anhören müssen. Stimmt! Mein Denkorgan wird nicht größer. Der Platz ist begrenzt. Was soll ich tun? Da kann es schon mal vorkommen, dass nicht alles hängen bleibt.

Aber zurück zu dem Areal, das nur besonderen Informationen vorbehalten ist. Diese Informationen müssen irgendetwas mit Paddeln, Reisen, wilder Landschaft und Unbekanntem zu tun haben, das es zu entdecken gilt. Passen diese Kriterien zur abzuspeichernden Information, finden die entsprechenden Fakten, komprimiert abgelegt und sofort abrufbar, ihren vorgesehenen Ort auf der organischen Festplatte. Im Herbst 2007 stand fest, wohin die nächste lange Kajakreise gehen wird: nach Haida Gwaii.

Tatsächlich bekamen wir Besuch von Myra und Oskar, die ich an Vancouver Islands Westküste kennengelernt hatte. Oskar wollte seine Heimatstadt Schleswig wiedersehen und Myra zeigen, wo er seine Kindheit verbracht hatte. Er brachte mir ein Buch von Neil Frazer mit: „Boat Camping Haida Gwaii". Der Untertitel des Buches war: „A Small Vessel Guide to the Queen Charlotte Islands".

Dieser Reiseführer schien exakt zu meinem Vorhaben zu passen, war damals jedoch nur noch antiquarisch verfügbar und ist inzwischen wieder in einer Neuauflage erschienen. Oskar hatte ihn in den USA bei ebay für mich aufgetrieben. Schon auf den ersten Buchseiten begann meine Reise bereits Fahrt aufzunehmen. Der Autor war teilweise zusammen mit seinem Sohn unterwegs, als er die Küste Haida Gwaiis erkundete. Nun kam mir ein Gedanke. Hannes würde 2009 seinen Zivildienst beenden und hätte noch einen Sommer Leerlauf, bevor sein Studium beginnen sollte. Vielleicht hätte er Lust, mit seinem Vater auf Tour zu gehen? Die Begeisterung seiner Freundin Saskia würde sich bestimmt in Grenzen halten. Kerstin dagegen hatte sich mit meiner neuen Paddel-Destination schon abgefunden.

„Frag ihn einfach", war ihre Antwort auf meine anfänglichen Bedenken bezüglich der Beziehung zwischen Hannes und seiner Freundin.

Ich war von meinem Plan, zusammen mit Hannes zu paddeln, so begeistert, dass ich es darauf ankommen ließ. Beide waren zu Besuch bei uns. Es war ein Sonntag im Dezember 2008. Wir saßen gemeinsam am Frühstückstisch. Um etwas Aufmerksamkeit bemüht, stellte ich meine Kaffeetasse ab und kündigte eine wichtige Frage an. Kerstin wusste sofort, was kommen würde, Hannes und Sassi guckten etwas irritiert. Ich begann mit einem einleitenden Satz zu meinem Haida Gwaii-Plan, wandte mich an Hannes und haute es einfach raus:

„Willst Du mit?"

In Hannes Augen glaubte ich an einem winzigen, vielleicht nur für den Vater erkennbaren, Lichtblitz die Antwort sofort erkannt zu haben. Hannes und Sassi sahen sich an. Ich hatte sie überrumpelt. Kurze Stille. Es folgten einige Beschreibungen wie ich mir die Tour vorstellte und was uns dort erwarten würde. Ich versuchte nichts schön zu färben. Im Gegenteil. Ich war bemüht, etwas schwarz oder zumindest dunkelgrau zu malen. Die See- und Wetterbedingungen beschrieb ich als äußerst anspruchsvoll:

„Der Sommer dort sieht anders aus, als in unseren Breiten. Viel Regen ist normal. Die Westseite der Inseln ist dem offenen Pazifik zugewandt. Das wird bestimmt kein Sonntagsausflug."

Dann schaute ich wieder in Hannes Augen und versuchte zu lesen, was in ihm vorging. Nach sieben Minuten – ich habe heimlich auf die Uhr geschaut – sagte Hannes:

„Jo, ich komm mit."

Seine Freundin schien einverstanden oder musste einverstanden sein. Ich bin mir bis heute nicht ganz sicher, denke aber auch nicht mehr darüber nach, weil sich die Beziehung später sowieso erledigt hatte. Nicht wegen mir übrigens.

Nun lag ein Abenteuer-Doppelpack vor uns. Zum ohnehin schon exotischen Paddeltrip, den ich mit sieben Wochen kalkuliert hatte, kam ein Experiment, das aus meiner Sicht nicht weniger Abenteuerliches bereithielt. Nicht dass es latente Vater-Sohn-Probleme gab, die wir noch vorher aus der Welt zu schaffen hätten. Hier bestand keinerlei Handlungsbedarf. Trotzdem machte ich mir Gedanken, wie es wohl werden würde, wenn wir 24 Stunden am Tag über fast zwei Monate zusammen sein würden. Ich sah kein ernst zu nehmendes Potential für Probleme und vertraute auf unsere Empathie-Fähigkeit und die aus meiner Sicht entspannte fast 21-jährige Vater-Sohn-Beziehung.

Jetzt stand fest, dass wir zwei Boote nach Kanada verschiffen mussten. Meine Idee unsere Boote mit einem der Schiffe die mein Arbeitgeber für BC-Ferries baute zu transportieren, stieß bei Brian und Andy auf offene Ohren.

„Kein Problem. Das bekommen wir hin", sagte Brian, als ich ihm meinen Plan offenbarte.

Brian war Chef der Bauaufsicht-Crew in Flensburg. Er versprach, dass das Okay seines Chefs in Kanada ein Kinderspiel wäre und schien sich schon mit mir zu freuen. Eine Woche später stand fest, dass unsere Kajaks an Bord der „Northern Expedition", dem letzten der Schiffe, das von Flensburg nach Kanada überführt werden sollte, auf den Weg geschickt würden. Wir durften von nun an fest damit rechnen, in Prince Rupert unsere Boote vorzufinden.

Am 21. Juni 2009 gehen wir in Prince Rupert an Bord der „Northern Adventure", um nach Haida Gwaii überzusetzen. Wir überqueren die Hecate Strait, die Haida Gwaii vom kanadischen Festland trennt. Im Laderaum sind seit mehreren Monaten unsere beiden Lettmann-Kajaks verstaut. Brian hatte Wort gehalten. Alles scheint optimal zu laufen. In Skidegate Landing rollern wir sieben Stunden später unsere Kajaks auf dem Bootswagen über die Laderampe des Schiffes an Land. Links und rechts des Anlegers ragen Felsen aus dem Wasser.

Einige wenige Häuser sind zu sehen. Um die 5.000 Menschen leben auf Haida Gwaii. Die Hälfte von ihnen zählt zur Haida First Nation. Die Bevölkerung verteilt sich bis auf wenige Ausnahmen auf die Hauptorte des abgelegenen Archipels. Die sind schnell aufgezählt. Queen Charlotte

Dieses Bild meines Sohnes rührt mich noch heute an

City, Skidegate, Tlell, Masset, Old Masset und Port Clements liegen auf der Nordinsel Graham Island. Auf der Südinsel, Moresby Island, gibt es neben der kleinen Siedlung Moresby Camp nur einen Ort: Sandspit. Südlich von Sandspit ist das Eiland quasi unbewohnt. Die südlichen zwei Drittel der Insel, Gwaii Haanas Nationalpark Reserve, sind Schutzgebiet und schwer zugänglich.

Der Nationalpark wurde 1988 gegründet, umfasst eine Fläche von 1.470 Quadratkilometern und wird seit 1993 von der kanadischen Nationalparkbehörde und der Haida Gwaii First Nation verwaltet. In der Nord-Süd-Ausdehnung misst der Park etwa 90 Kilometer. Der Skidegate Channel trennt Moresby- und Graham Island voneinander. Neben den beiden Hauptinseln gibt es etwa 200 weitere größere und kleinere Eilande, die zum Archipel gehören. Haida Gwaii bedeutet so viel wie „Inseln der Menschen".

Die Haida First Nation lebt schon Tausende Jahre hier und gab den Inseln den Namen Haida Gwaii, lange bevor der britische Kapitän George Dixon 1786 das Archipel entdeckte und nach seinem Schiff Queen Charlotte Islands nannte. Queen Charlotte von Mecklenburg-Strelitz war die Frau des damaligen Königs George III. von Großbritannien. Seit 2009 heißen die Inseln an der Nordwestküste Kanadas offiziell wieder Haida Gwaii.

Joe, ein BC Ferries-Angestellter, lacht uns an, als Hannes und ich unsere Bootswagen neben ihm absetzen, um zu schauen, wie wir am besten ins Wasser kommen.

„Welcome on Haida Gwaii", begrüßt er uns freundlich und will wissen was wir vorhaben.

Wir umreißen kurz was auf unserer Agenda steht und schauen dabei in ein Gesicht, das sich zunehmend mit Sorgenfalten füllt, während unsere Vorfreude kaum noch Grenzen kennt. Ich habe keine Ahnung wie oft Menschen auf die Idee kommen, mit dem Kajak Haida Gwaii zu umrunden. Viele scheinen es nicht zu sein. Joes Gesicht verrät, dass er in unserem Vorhaben viele unbekannte Variablen sieht. Hannes versichert Joe, dass sein Vater weiß, was er tut. Als ich meine Vancouver Island-Umrundung erwähne, schüttelt Joe zwar immer noch seinen Kopf, scheint jetzt aber zumindest zu erkennen, dass wir wissen worauf wir uns einlassen. Wir versichern Joe, dass er nicht mit muss und dass wir uns, wenn alles gut läuft, in sechs Wochen wiedersehen werden. Joe strahlt inzwischen wieder und klopft Hannes auf die Schulter.

„Passt gut auf Euch auf."

Mit diesen Worten lässt er uns ziehen. Wir packen unsere Boote und paddeln Richtung Queen Charlotte City zum Chateau Norm, wo wir für zwei Tage ein Zimmer gebucht haben, um in Ruhe die letzten Vorbereitungen zu treffen.

Voraussetzung für eine Tour in den Nationalpark Gwaii Haanas ist eine sogenannte Orientation, ein Briefing, das notwendig ist, um die Erlaubnis zu erhalten, sich im Naturreservat aufzuhalten. Das Briefing findet im Haida Heritage Center in Skidegate statt. Während des Briefings müssen alle Reisenden ihren Tourplan und die Aufenthaltsdauer skizzieren. Als wir unseren Reiseplan um Moresby Island zu Papier bringen, ernten wir großes Interesse vonseiten der vortragenden Dame. Sie versichert sich nochmals, auch alles richtig verstanden zu haben und macht sich Notizen, die unseren geplanten Rückkehrtermin betreffen. Alle Orientation-Teilnehmer – wir sind die einzigen Paddler – müssen sich nach ihrem Nationalpark-Aufenthalt im Heritage Center in Skidegate zurückmelden. In unserem Fall macht man uns dies nochmals mit besonderem Nachdruck klar. Wir registrieren die allgemeine Sorge um uns. Hannes fragt mich, ob irgendetwas auf uns zukommt, von dem er nichts wüsste. Ich kann ihm die Frage nicht beantworten, da ich sie mir gerade selbst stelle. Wenn es problematisch werden würde, so meine Vermutung, dann an der Westküste von Moresby Island. Dort gibt es nicht so viele sichere Anlandeplätze. Bei auflandigem Wind kann das zu langen Ritten durch die Wellen ohne planbare Pausen führen. Ich beruhige uns beide mit der Ansage, dass wir vor Ort entscheiden werden, was wir uns zutrauen. Wenn es nicht so laufen sollte, wie wir es uns vorstellen, dann wird neu entschieden und ein Plan B gefunden.

Nach der Orientation gehen wir in den Supermarkt von Queen Charlotte City und füllen dort den Einkaufswagen mit allem, was wir für drei Wochen an Verpflegung für notwendig erachten. Der tägliche Standard-Speiseplan wird folgendermaßen aussehen: Morgens Müsli, das nach persönlichen Vorlieben zusammengestellt werden kann. Zur Verfügung stehende Zutaten sind Hafer-, Schokoflocken, verschiedene Nüsse, Trockenobst, Kekssplitter, Smarties, Wasser und Kaffeeweißer-Pulver. Zwischen Frühstück und Abendbrot kalkulieren wir pro Mann und Tag drei Schoko- und zwei Müsli-Riegel. Zum Abendbrot werden als Basis Reis, Pasta und Kartoffelpüree zur Verfügung stehen. Bezüglich der Zutaten werden wir aus einem breiten Spektrum, das von Tütensuppen über Zwiebeln, Ölsardinen, Thunfisch, Salami, Tomatenmark, Senf bis zu einigen Dosen Stagg Chili con Carne reicht, bedienen können. Außerdem werden noch ein kleiner Beutel Kartoffeln, einige Tafeln Schokolade, Gummibärchen, Schokokekse, ein Stück Käse, eine kleine Flasche Speiseöl und eine begrenzte Auswahl an Outdoor-Fertiggerichten an Bord sein. Nicht zu vergessen ein Fläschchen Rum und ein Fläschchen Whiskey für Stimmungshochs oder -tiefs.

Wir haben uns bei der Nahrungsauswahl auf ein wesentliches Grundprinzip geeinigt: Geringes Gewicht, kompakt verstaubar, viel Energie. Im Zweifelsfall geht Energiemenge vor Geschmack. Falls sich Freiräume beim Verstauen unseres Biotreibstoffs ergeben würden, wäre jede Art von Nahrungsluxus erlaubt. Als unser Einkaufswagen gefüllt ist, kommt noch eine große Pizza obendrauf. Um die Ecke erstehen wir im Liquor Store noch einen Sixpack Molson Canadian Lager. Damit geht es zurück zu unserer Unterkunft. Das Probepacken unserer Lettmann-„Baikal"-Großraum-Kajaks wird von zwei zufriedenen Gesichtern gekrönt, bevor wir uns der

Pizza und dem Canadian widmen. Die Vokabeln Bier und Pizza werden wir in den nächsten drei Wochen vergessen können. Trotzdem, da bin ich mir mehr als sicher, werden sich viele Gespräche ums Essen drehen.

Es geht los! Nach zwei Tagen in Queen Charlotte City steigen wir bei Nieselregen und 12 Grad Lufttemperatur in die Kajaks und halten auf Sandspit zu. Im dortigen Supermarkt kaufen wir noch „Luxus-Lückenfüller" für den spärlichen freien Stauraum den wir noch in unseren Kajaks haben. Vier Packungen Bagels und etwas Aufschnitt sollen in den ersten Tagen unseren Körner- und Schokoriegel-Vorrat schonen. Als wir am Eingang zur Copper Bay unser Zelt aufschlagen, dreht ein Seeotter seine Runde entlang des Ufers. Er interessiert sich nicht für uns und wir sind zufrieden, dass nur ein Seeotter und nicht gleich ein Schwarzbär am ersten Tag auftaucht.

Der 24. Juni hält zwei Überraschungen bereit. Eine für Hannes, der heute Geburtstag hat. Da für große Geschenke kein Platz ist, darf Hannes sich über eine wasserdichte Schachtel, die zwei gute kubanische Zigarren enthält, und einen Edelflachmann mit bestem Whiskey freuen. Nicht ganz uneigennützig möchte ich es Hannes leicht machen, seine Freude mit seinem Vater zu teilen.

Die zweite Überraschung betrifft das Hochwasser, welches uns eine deutliche Lektion erteilt. In der Nacht fiel es etwas höher aus als normal. Noch voller Tatendrang hatte ich am Vorabend versäumt, die angesagten Hochwasserstände zu checken. Unsere Boote und die Ausrüstung lagen in einer flachen Senke oberhalb des Spülsaums, der die letzte Flutmarke anzeigte. Jetzt ist die Ausrüstung über fast 80 Meter am Strand verteilt. Die Flut hat förmlich nach unseren Booten und dem herumliegenden Equipment gegriffen. Wir suchen alles zusammen und sind erleichtert, dass nichts fehlt. Das hätte fatal enden können. Wäre das Wasser noch zehn Zentimeter höher gestiegen, hätten wir unsere Kajaks vielleicht nie wiedergesehen.

„Hätte, wäre, wenn – das Leben ist kein Konjunktiv", sagt Hannes trocken und grinst, als ich unsere weit verstreuten Kochutensilien zusammenklaube.

Beim Frühstücken beschließen wir, uns jeden Abend gegenseitig an den Gezeiten-Check zu erinnern.

Da der Ebbstrom unseren Strand erheblich verbreitert hat, entwickelt sich der Ausrüstungstransport zum Wasser zu einer schweißtreibenden Angelegenheit. Dafür treibt uns dann ein achterlicher Wind in die nächste Bucht. Es regnet den ganzen Tag. Die Pausen fallen nur kurz aus, da wir schnell anfangen zu frieren.

Nach 30 Kilometern reicht es uns. Wir wollen trocken und warm im Zelt liegen. Ansprüche reduzieren sich eben manchmal auf sehr wenige Dinge. Als das Zelt steht und wir, auf unseren Matten liegend, durch den geöffneten Eingang in die graue Landschaft blicken, wärmt uns das durch den Körper strömende Blut. Wie eine Massage von innen fühlt es sich an. Ich mache uns einen Tee. Einen Moment später klammern sich die Hände um die heißen Teebecher. Der Rauch einer halben Cohiba-Zigarre durchzieht das Vorzelt und verwandelt unsere Bleibe in eine gemütliche Location.

Hannes stellt seinen Becher ab und reicht mir den Flachmann: „Prost Vater, auf unsere Tour und auf besseres Wetter."

Ich freue mich, als wäre ich es, der gerade ein Geburtstagsgeschenk in Empfang nimmt.

„Prost Hannes, auf uns."

Das blasse Grau des Himmels wandelt sich. Erst sind nur vereinzelte blaue Lücken zu erkennen, aber einen Moment später quetschen sich die ersten Sonnenstrahlen wie Himmelsleitern zwischen den Wolken hervor. Der Wind weht auch an diesem Morgen wieder von achtern und treibt uns voran. In Skedans, einem alten Haida-Dorf, schauen wir uns Totem Poles an, die teilweise noch senkrecht stehen, zum größten Teil aber schon langsam im Boden verschwinden. Wegen des regnerischen Wetters fällt unser Besuch auf dem Hinweg nur kurz, zu kurz, aus. Aber wir kommen wieder. In Tanu besuchen wir das Grab von Bill Reid, einem Haida-Künstler, der 1998 im Alter

von 78 Jahren an Parkinson starb. Ein Teil seiner Asche wurde hier im Land seiner Vorfahren von seinen Leuten beigesetzt. Bill Reid hat sich um die Bewahrung der Haida-Kultur verdient gemacht. Er genoss und genießt großes Ansehen, nicht nur bei seinen Landsleuten. Eine Skulptur des Künstlers steht in Washington D.C. in der kanadischen Botschaft. Auf der kanadischen 20-Dollar-Note ist ebenfalls das Abbild eines Kunstwerks des Meisters zu finden. Fast unübersehbar für Besucher des Flughafengebäudes von Vancouver steht dort das Jade-Canoe, eine riesige Skulptur, die die Popularität Bill Reids unterstreicht.

Über die Richardson Passage kommen wir nach Lyell Island. Der Wind hat wieder aufgefrischt. Entgegen unseres ursprünglichen Plans halten wir uns hinter den vorgelagerten Inseln der Ostküste Moresby Islands. Schaumkronen und kurze steile Wellen machen das Paddeln nicht einfach. Ein geschützter Ort für unser nächstes Lager wäre mehr als willkommen. Ich spüre, dass es nicht mehr nur um meinen Reise-Horizont geht. Es ist die erste lange Paddelreise, die ich zusammen mit Hannes mache. Seine Grenzen des physisch und psychisch Zumutbaren kenne ich nicht wirklich. Dass er von der ruppigen See der letzten Kilometer beeindruckt ist, kann ich ihm ansehen. Das Wort Verantwortung wird jetzt plötzlich für mich greifbar, denn ich sehe meinen Sohn in einer Situation, die für ihn grenzwertig ist. Sein Gesicht spiegelt die körperliche und mentale Anspannung wider. Ich habe ein ungutes Gefühl, das ich am liebsten beiseiteschieben würde. Es klappt aber nicht.

Im Windschutz einer Bucht machen wir Pause und beraten, wie es weitergehen soll. Der Wind wird zu stark. Wir werden uns nach einem Lagerplatz umsehen müssen und geben den ursprünglichen Plan, nach Hotspring Island zu paddeln, vorerst auf. Zu viel Wind, zu gefährlich und nicht gut für eine harmonische Vater-Sohn-Beziehung.

Hannes' Tagebucheintrag vom 26.06.2009:
„Sind heute mehr als 30 Kilometer gepaddelt. War zwischendurch voll fertig. Gegen Ende ging's ziemlich gut, obwohl das Wetter echt Scheiße war. Es regnet immer noch. Habe heute das erste Mal gesagt, dass das Ganze hier nicht wirklich mein Ding ist. Er hat gut reagiert. Wir machen normal weiter. Anders geht's ja nicht."

Beim Passieren von Lyell Point am Ende der Richardson Passage eröffnet sich ein gewaltiges Panorama. Um uns herum nur Wald und sattes Grün an einer zerklüfteten Küste, die von kontrastreichem Licht in einen Wechsel aus Wolkenschatten und Sonnen-Flutlicht getaucht wird. Im Hintergrund der engen Durchfahrt sind Berge zu sehen, auf deren Gipfel noch Schneereste des letzten Winters liegen.

Manchmal sind es nur kurze Momente, die uns darin bestätigen, das Richtige zu tun. Man muss sie erlebt haben, um zu verstehen, wie sie unsere Seele streicheln, unsere Wahrnehmung schärfen und so etwas wie Glück fassbar machen. Den Wind von schräg vorn, paddeln wir dem Windschutz der Bischoff Islands entgegen.

An einem Kieselstrand finden wir dann einen windgeschützten Platz. Ohne nach Bärenspuren zu suchen, legen wir einstimmig fest, dass die Bischoff Islands bärenfrei sind. Das Bärenspray findet trotzdem seinen angestammten Platz zwischen den Kopfenden unserer Matratzen. Der weiter auffrischende Wind bestärkt uns darin die richtige Entscheidung getroffen zu haben hier zu lagern. Der UKW-Wetterbericht klingt bedenklich. Wir werden unseren ersten Pausentag einlegen.

Der paddelfreie Tag hat uns gutgetan. Unter blauem Himmel und strahlender Sonne paddeln wir mit neuem Elan über die Burnaby Strait und die Dolomite Narrows der Siedlung Rose Harbour entgegen. Der erste Wal, ein Grauwal, kreuzt in einiger Entfernung unseren Weg. Seine Atem-Fontaine ist gut zu sehen und zu hören.

„Gern mehr davon", ruft Hannes, als der graue Riese sich wieder in die Unterwasserwelt verabschiedet.

In Rose Harbour machen wir uns auf die Suche nach Götz Hanisch, einem Deutschen der sich 1983 hier niedergelassen hat und ein Gästehaus betreibt. Ich hatte bereits in „Boat Camping Haida Gwaii" von Götz gelesen und mir von einem Bekannten über ihn berichten lassen. Götz, ein grauhaariger, mittelgroßer Mann, Mitte 50 mit geflochtenem Bart, hat nicht viel Zeit. Er erwartet Gäste die morgen früh mit dem Wasserflugzeug einfliegen sollen. Er zeigt uns wo wir unser Zelt aufbauen können und wir verabreden uns für den Abend.

Vor dem Zelt prüfe ich unsere Nahrungsvorräte. Wenn es so weitergeht, wie bisher, werden wir ohne zu hungern über die Runden kommen. Der Abend oder besser die Nacht mit Götz wird zu einem beispiellosen Highlight unserer Reise. Götz scheint ohne Zweifel genau hier seinen Platz im Leben gefunden zu haben. Seine Talente aufzuzählen ist schwierig. Er hat sein Blockhaus selbst gebaut, einen Garten angelegt und sich komfortabel eingerichtet. Sogar eine satellitengestützte Internetverbindung hat Götz. Den Schein den man braucht, um diesen Anschluss installieren zu dürfen, hat Götz nebenbei gemacht. Der Strom kommt von einem Solar-Panel und wird in Akkus gespeichert. Für jedes Problem, egal ob gesundheitlicher oder rein praktischer Natur, scheint Götz eine Lösung parat zu haben. Der wohlschmeckende Wein den uns Götz in die Gläser gießt, ist – selbstverständlich – selbst gekeltert. Die musikalische Umrahmung des Abends kommt anfangs von zwei CD's, die Götz selbst eingespielt hat.

Im Laufe des Abends gibt er uns noch einige Live-Zugaben auf Gitarre und Keyboard. Mit der Geschichte der Haida Nation kennt sich der Einsiedler genauso gut aus wie mit juristischen Belangen. Das Land auf dem auch Götz' Anwesen liegt gehört einer Aktiengesellschaft, an der mehrere Leute Anteile halten. Seitens des Landes gibt es offenbar Bemühungen, das Land wieder in Staatseigentum zu überführen. Da scheint man die Rechnung ohne Götz gemacht zu haben, der auf Erfahrungen vor Gericht zurückblicken und sich juristischer Unterstützung sicher sein kann.

Götz erzählt uns von einem Prozess, in dessen Vorfeld man ihn kurzzeitig durch einen extra eingeflogenen Mountie, wie die Angehörigen der königlichen kanadischen berittenen Polizei im Volksmund auch genannt werden, verhaften ließ. Veranlasst hatte das Parks Canada, die kanadische Regierungsorganisation, die sich den Schutz von national bedeutsamem Kulturbesitz und Naturerbe zur Aufgabe gemacht hat. Grund war ein im Sturm losgerissenes Schlauchboot das Götz geborgen hatte, es aber ohne eine Entschädigung für seinen lebensgefährlichen Einsatz nicht wieder hergeben wollte. Die Regierung war nicht bereit ihm eine angemessene Entschädigung zu zahlen. Das Ganze endete in einem Prozess, den Götz gewann und 75.000 $ Entschädigung erhielt. Der Bekanntheitsgrad des Deutschen aus Rose Harbour stieg daraufhin enorm.

Heute ist Götz eine Institution in Rose Harbour. Er ist der einzige, der hier das ganze Jahr über lebt und schon mit einer Menge prominenter Leute an einem Tisch gesessen hat. Der Abend endet mit einem Gitarren- und Keyboard-Konzert, das uns noch lange in Erinnerung bleiben wird. Dieser bemerkenswerte Mensch hat sich seine kindliche

Neugier bewahrt und immer ein Projekt am Laufen. Sich von anderen bevormunden zu lassen ist nicht sein Ding. Neben Götz leben im Sommer noch Susan und Patrick in Rose Harbour. Susan, Götz' Nachbarin, bekocht die Sommergäste die sich mit Powerbooten oder per Wasserflugzeug hier absetzen lassen, während Patrick und Götz Touren in die nähere Umgebung anbieten.

Das vielleicht begehrteste Ziel für Besucher des südlichen Teils Moresby Islands ist die Insel Antony Island. Namentlich das zum UNESCO Weltkulturerbe gehörende alte Haida-Dorf Ninstints, in der Sprache der Haida auch SGang Gwaay Ilnagaay genannt. Übersetzt bedeutet das soviel wie „das Heulgeräusch das entsteht, wenn Winde bei einer bestimmten Gezeitenhöhe durch ein Loch in den Felsen drängen". Hier stehen noch heute so viele original erhaltene Totem Poles wie nirgends sonst an der kanadischen Westküste. Antony Island ist knappe zwei Paddelstunden von Rose Harbour entfernt.

Wir machen uns mit den Kajaks auf den Weg. Voller Tatendrang durchpflügen wir mit den leeren Booten, die somit deutlich schneller sind als üblich sind, die langen Pazifikwellen. Es fühlt sich an wie eine Berg- und Talfahrt in Zeitlupe. Puffins, Papageientaucher, umkreisen uns. Die bunten Vögel, die mit ihren zu klein wirkenden Flügeln kräftig arbeiten müssen um an Höhe zu gewinnen, sehen wir das erste Mal. Immer wieder drehen sie ihre Runden um uns. Strahlendes Sonnenlicht, blauer Himmel und die lange Dünung des Meeres sind die Kulisse die uns das Gefühl vermittelt, mitten durch eine Naturreportage zu paddeln, die wir sonst nur aus dem Fernseher kennen. Nach einer Umrundung Antony Islands steigen wir aus den Booten und finden den Weg, der uns direkt nach Ninstints führt.

Als wir die Überreste des Haida-Dorfes Dorf erreichen freuen wir uns, die einzigen Besucher zu sein. Schweigend laufen wir den kleinen geschützten Strand entlang, an dem die alten stark verwitterten Poles stehen. Einige sind so stark vom rauen Westküstenwetter gezeichnet, dass nur noch schwer Reste der Schnitzkunst unbekannter Haida-Künstler zu erkennen sind. Andere Poles zeigen noch deutlich erkennbare Motive wie Adler, Wolf oder Rabe, die in der Haida-Mythologie eine große Rolle spielen. Eine halbe Stunde schlendern Hannes und ich schweigend durch das, was von dem alten Siedlungsort übrig geblieben ist. Bis auf leise Luftzüge durch die Äste der Tannen ist kaum ein Geräusch zu vernehmen. Ich stehe am Fuße eines Poles und schaue nach oben in den blauen Himmel. Ein mystischer Hauch liegt über dem Strand. Aus einigen Poles wachsen bereits neue Bäume. Andere liegen schon seit Jahren am Boden und sind in einer Art Metamorphose gefangen, die aus Totholz wieder Nährboden für neues Wachstum entstehen lässt. Einige der noch stehenden Poles neigen sich in unverkennbarer Schräglage dem Boden zu. Irgendwann werden alle Poles auf natürlichem Weg verschwunden sein. Umso beeindruckter sind wir, die letzten Reste der jahrhundertealten Kultur gesehen zu haben.

Auf dem Weg zurück nach Rose Harbour tauchen plötzlich zwei schnaufende Seelöwen neben uns auf. Die geschmeidigen Riesen bewegen sich gewandt durchs Wasser, begleiten uns ein Stück und drehen dann wieder nach Westen ab. Ein tolles Erlebnis!

Hinter unserem Zelt fließt ein kleiner Bach, der uns quasi als Waschbecken dient. Eine internationale Reisegruppe wurde heute Morgen eingeflogen. Amerikaner, Koreaner und Europäer sind dabei. Zum Abend gibt es ein Dinner bei Susan. Wir sind mit von der Partie und dürfen uns über Köstlichkeiten freuen, die schon lange nur noch als Bilder in unserem Kopf existierten. Frischer Salat und Gemüse aus dem Garten, Fisch und zum Nachtisch leckeren Kuchen aus Susans Backofen. Susan ist eine Kochkünstlerin. Randvoll gefuttert lassen wir uns zusammen mit Götz auf der Terrasse eine Zigarette schmecken.

Dann präsentiert uns Götz seinen Standard-Spruch, den er gern vor neuen Gästen nach dem Dinner zum Besten gibt:

„Ganz schön hart, das Leben hier draußen in der Wildnis, oder?"

Wir haben uns entschlossen, die Westküste Moresby Islands zu meiden. Die Wahrscheinlichkeit, sich mit starken Westwinden konfrontiert zu sehen ist groß. Das Ufer ist über weite Teile schwer mit dem Kajak erreichbar. Bei starkem Wind könnten Anlandemanöver zu gefährlichen Unternehmungen werden und sich hier draußen auf Hilfe zu verlassen, gleicht einem Roulette-Spiel. Die Entscheidung an der Ostküste zurückzupaddeln, war also schnell gefällt. Götz bläst den Rauch seiner Zigarette genüsslich von sich und lauscht unserer Entscheidungsfindung offensichtlich interessiert.

„Wenn Ihr entlang der Ostküste zurückpaddelt, müsst Ihr unbedingt meinen alten Kumpel Benjy besuchen."

Die Geschichte die Götz uns erzählt klingt mehr nach einem Märchen,

Wir haben zwar auf Benjy gewartet, aber etwas mulmig ist uns schon

als nach einer wahren Wildnis-Story. Götz berichtet von mehreren Begegnungen mit Benjy, einem Schwarzbären, der sich regelmäßig in der Umgebung von Benjamin Point aufhält, einer kleinen Bucht, die nur elf Kilometer von Rose Harbour entfernt liegt, um nach Fressbarem zu suchen.

Bär Benjy und Mensch Götz haben, laut Schilderung des Erzählers, eine auf gegenseitiger Akzeptanz basierende Beziehung aufgebaut, die fern von Aggressivität und Konfrontation existieren soll. Hannes und ich lauschen höchst skeptisch der Story, die der Mann aus Rose Harbour uns präsentiert. Trotz unserer Zweifel sind wir uns einig, der Sache auf den Grund zu gehen und wollen versuchen, eine Nacht bei Benjamin Point zu verbringen.

Als wir den besagten Strand erreichen, spannen wir zuerst unser Tarp auf, um uns ein schattiges Plätzchen zu bauen, an dem wir vor der gnadenlosen Sonne Schutz finden. Statistisch gesehen darf man auf Haida Gwaii im Hochsommer mit 18 Grad Lufttemperatur rechnen. Ich würde meinen Pullover darauf verwetten, dass wir seit Tagen sechs bis zehn Grad darüber liegen. Kurz vor unserem Landgang habe ich am Rande eines Tangwaldes drei Fische gefangen, aus denen wir uns jetzt einen großen Topf Fischsuppe kochen. Wir vertrauen auf das entspannte Verhältnis zwischen Mensch und Raubtier von dem Götz uns so blumig berichtet hat, und halten die Entfernung zwischen Zelt und Kochstelle mit 20 Metern fußläufig komfortabel.

Unsere Erwartungen sind hoch. Von Benjy allerdings ist nicht mal der Hauch einer Spur auszumachen. Wir sammeln einen guten Vorrat Brennholz, entfachen ein Lagerfeuer und zimmern uns aus Treibholz annehmbare Sitzgelegenheiten, die uns nah am Feuer positioniert, ausreichende Übersicht über den Strand ermöglichen. Die Zeit vergeht, ohne dass Benjy es für nötig erachtet, uns Hallo zu sagen.

„Der hat uns einen Benjy-Bären aufgebunden", platzt es aus mir heraus.

Hannes will auch nicht mehr so recht glauben, dass wir heute noch Besuch bekommen. Die See ist spiegelglatt, kein Lüftchen weht, die Flammen züngeln senkrecht nach oben. Nur hin und wieder ist ein Knistern unseres Feuers zu hören. Der Ebbstrom scheint seinen Tiefststand erreicht zu haben und gibt einen breiten Gürtel angeschwemmten Seetang frei. Wir trinken bereits den dritten Becher Tee.

„Da issa", sagt Hannes plötzlich und deutet zum Strandende. „Benjy kommt", flüstert mein Sohn.

Etwas Anspannung liegt jetzt in der Luft. Ich greife nach der Kamera, die neben mir liegt und versuche Hannes zu überreden, sich als Götz ausgebend, höflich dem schwarzen Local zu nähern, um die üblichen Begrüßungsfloskeln auszutauschen. Hannes hält Benjy nicht für blöd und traut ihm durchaus zu, auch über eine Entfernung von vielleicht 40 Metern zu erkennen, dass nicht sein alter Kumpel Götz vorbeischaut, sondern ein neugieriges europäisches Greenhorn auf nichtssagenden Smalltalk aus ist.

Hannes wagt schließlich doch einige Schritte, verharrt dann aber und will Meister Petz nicht weiter auf den Leib rücken. Der bleibt entspannt und beglückt uns fast eine Stunde lang mit seiner distanzierten Anwesenheit. Benjy zieht es vor an seinem Strandende zu verharren und legt keinen gesteigerten Wert darauf, näher zu uns ans Feuer zu rücken. Wenn Benjy zwischendurch immer wieder seinen Kopf neugierig in unsere Richtung schwenkt, wirkt es, als wolle er uns fragen, ob sein Kumpel Götz noch vorbeikommt. So wird aus einer wilden Story, der wir nur mit viel Phantasie Glauben schenken wollten, eine echte Wildnis-Geschichte, die zwei deutsche Paddler zum Staunen bringt. Ohne ein von uns vorsichtig erhofftes leise gebrummtes „bye-bye" verschwindet Benjy wieder im Wald und lässt uns emotional aufgewühlt alleine am Strand zurück.

Die Schwarzbären von Haida Gwaii sind die größte endemische Unterart des Amerikanischen Schwarzbären. Bis auf 400 Kilogramm soll ein Männchen auf die Wage bringen können. Ich habe gelesen, dass ein Schwarzbär in der Lage ist, eine Höchstgeschwindigkeit von 60 Kilometern pro Stunde zu erreichen. Selbst Sprintstar Usain Bolt kommt nur auf etwa 36 Kilometer pro Stunde. Man sollte einem Bären also nicht zu dicht auf den Pelz rücken.

Unser Feuer ist fast erloschen. Bevor wir uns in die Schlafsäcke zurückziehen, gehen wir auf Nummer sicher und verbannen alles was aus Benjys Sicht gut riechen oder schmecken könnte, bis auf unsere Wenigkeit, aus dem Zelt. Wir vertrauen darauf, dass Benjy uns als Freunde von Götz eingestuft hat und uns mit einem Minimum an Respekt begegnet, falls er sich zu einem weiteren nächtlichen Besuch entscheiden sollte.

„Wo ist eigentlich das Benjy- ähhh das Bärenspray?"

Mit dieser rhetorischen Frage erinnert mich Hannes, unsere Worst-Case-Waffe an ihrem angestammten Platz zu deponieren.

Wir haben die Dolomite Narrows wieder erreicht. Das Wetter lässt eine Passage nach Hot Spring Island über den Juan Perez Sound zu. Auf Hot Spring Island, wie auch in Ninstints, Skedans, Tanu und Windy Bay, befindet sich ein sogenanntes Watchmen Camp. Diese Camps sind so etwas wie Stützpunkte der Nationalparkverwaltung, die an historisch bedeutsamen Orten alter Haida-Siedlungen eingerichtet wurden. Zwei Watchmen, vergleichbar mit Nationalpark-Rangern, sind zwischen Frühling und Herbst in den Camps, um Permits zu kontrollieren und den Besuchern mit Informationen und Rundgängen weiterzuhelfen. Mindestens einer der Watchmen muss eine Haida-Abstammung nachweisen können. Dies ist Teil der Vereinbarung, die die partnerschaftliche Zusammenarbeit von Parks Canada und der Haida First Nation bei der Verwaltung des Gwaii Hanas National Park Reserve regelt.

Sie macht Sinn, wenn man bedenkt, welche Funktion den Watchmen früher zukam. Sie waren Wachposten die, zu Zeiten als die Haida-Dörfer noch bewohnt waren, Ausschau nach Feinden hielten. Sie waren an strategischen Punkten um das Dorf herum positioniert und alarmierten die Bewohner wenn Gefahr drohte. Viele Totem Poles waren und sind mit Darstellungen versehen, die die Watchmen symbolisieren.

Auf Hot Spring Island angekommen, melden wir uns bei den Watchmen und werden von einer Haida-Frau, die wir schon vor elf Tagen in Skedans getroffen haben, begrüßt mit:

„You guys still out there?"

Die Dame verrichtet ihren Watchmen-Dienst ehrenamtlich und wechselt in einem bestimmten Rhythmus die Camps. Sie freut sich ganz offensichtlich uns wiederzusehen. Wir bestätigen, dass wir tatsächlich noch immer da draußen unterwegs sind und freuen uns ebenfalls sie wiederzusehen. Wir werden auf ein Stück Melone eingeladen und müssen erzählen, was wir bisher so erlebt haben.

Fest davon überzeugt, dass Außenstehende durchaus riechen können, was zwei Wochen in Gummihosen und Paddeljacken mit einem menschlichen Körper machen, wollen wir mit unserem strengen Eigengeruch das freundschaftliche Verhältnis zu den Watchmen nicht überstrapazieren und suchen möglichst zügig die heiß ersehnten Pools auf.

Kein Vier- oder Fünf-Sterne-Hotel-Pool kann es mit diesen hier aufnehmen. Wir sitzen in 39 Grad heißem Wasser. Vor uns erstreckt sich die Bergkulisse von Moresby Island. Im Vordergrund schauen einige Felsen aus dem ruhig daliegenden Wasser. Ein stahlblauer Himmel erstreckt sich über den Bergen. Fast schwerelos liegen wir in einem Naturpool der sich an die Felsen schmiegt und können sofort spüren, wie sich Muskeln und Gelenke für die Wohltat bedanken.

„Mann is dat schööön", raunt mir Hannes zu.

In einem Tonfall, der die Tiefe und Intensität dieses Gefühls unterstreicht.

Wir bleiben an der äußeren Küste. Über die Gogit Passage paddeln wir in eine Flussmündung, an deren Ufer das nächste Watchmen Camp liegt – Windy Bay. Hier darf man als seltene Ausnahme sogar übernachten und muss dafür nicht mal sein Zelt aufbauen. Als wir die Bucht, die ihrem Namen heute glücklicherweise keine Ehre macht, erreichen, müssen wir noch ein Stück flussauf paddeln, um zum Camp zu kommen.

Al, ein Kanadier aus Alberta, und sein Enkel Josh empfangen uns als einzige Gäste. Al ist mit Gladys, einer Haida-Frau verheiratet. Die beiden verbringen jedes Jahr vier Wochen in einem der Watchmen Camps und sind in Skidegate zu Hause.

Wir sind kaum aus unseren Kajaks gestiegen, als Al uns unmissverständlich klarmacht ihm zu folgen. Seine Frau hat offenbar schon das Kaffeewasser aufgesetzt, als wir in der Flussmündung auftauchten. Die Becher und ein Teller mit Keksen stehen bereit. Wir müssen uns nur noch an den Tisch setzen, der exklusiv für uns gedeckt wurde. Gladys beherrscht die traditionelle Kunst, alle möglichen Gefäße und Gebrauchsgegenstände aus Zedernrindenstreifen herzustellen. Sie ist anerkannte Lehrerin, Haida Weaver Teacher, in diesem Handwerk und versucht mit ihrem Geschick diese und andere Traditionen am Leben zu halten. Auf dem Küchentisch steht ein halbfertiger Haida-Hut, an dem Gladys gerade arbeitet. Die Arbeit erfordert neben der Fingerfertigkeit eine aufwändige Vorarbeit, um die Zedernrindenstreifen auf das notwendige Format und die richtige Elastizität zu trimmen, wie uns Al sichtlich stolz auf seine Frau berichtet.

„Für bis zu 1.600 $ geht so ein Hut in exklusiven Kunstgalerien über die Ladentheke", verblüfft uns Al, der in seinem Arbeitsleben als Holzfäller den kanadischen Zedern auf gröbere Art und Weise zu Leibe gerückt ist. Er bietet uns für den kommenden Tag eine Führung zu einer 900 Jahre alten Sitka-Fichte an.

Windy Bay war ein wichtiger Ort während der Proteste der Haida 1985 gegen die Abholzung auf Lyell Island. Sogar ein Langhaus wurde gebaut, um Menschen während der Holzblockade unterzubringen. Ihr Protest führte schließlich zum Schutz des Gebietes und zur Schaffung des Gwaii Haanas Nationalparkreservats und des Haida Heritage Site.

Al zeigt uns nach der Kaffeepause das besagte Langhaus, in dem heute wir übernachten dürfen. Der Platz dort reicht sicher für 20 Leute. Wir fühlen uns fast etwas verloren in dem riesigen Holzhaus.

Pünktlich stehen wir am Morgen bei Gladys und Al auf der Matte, um uns zum „Giant Spruce Tree", der Riesenfichte, führen zu lassen. Al streift sich seine Gummistiefel über und zieht mit uns los in den Wald. Schließlich stehen wir vor dem solitären Baumriesen, der wie ein einsamer Methusalem über dem grünen Dach des Waldes thront. Allein der Stamm ist gewaltig. Aus seinem Holz könnte man sicher ein ganzes Haus bauen. Al zeigt uns noch einige Überreste einer Haida-Siedlung, die genau hier vor vielen Jahren existierte.

Zurück im Camp rauchen wir mit Al die Friedenspfeife in Form von selbstgedrehten Zigaretten und wollen uns verabschieden. Gladys bittet uns noch einen Moment zu warten. Sie verschwindet im Haus, um offenbar etwas Wichtiges zu erledigen. Einen Moment später erscheint sie in der Tür und überreicht Hannes ein kleines Souvenir, einen Frosch aus Zedernrindenstreifen geflochten, den Hannes nun freudig strahlend in seiner Hand hält.

„For your mother", sagt Gladys und schaut lächelnd in das sichtlich gerührte Gesicht meines Sohnes.

Ein schöneres Geschenk hätte sie uns nicht machen können. Ich revanchiere mich mit einem kleinen Vogel, den ich vor zwei Tagen geschnitzt habe und überreiche ihn Gladys mit den Worten:

„German handcraft made of Canadian red cedar."

Gladys Lippen schwingen sich zu einem herzlichen Lachen. Der 16-jährige Josh hat etwas länger geschlafen und winkt uns nun zwischen seinen Großeltern stehend hinterher, als wir mit aufkommender Flut Windy Bay in unserem Kielwasser zurücklassen.

Die grauen Wolken hängen tief in den Bäumen. In langen Bändern ziehen sie sich entlang der Berge, als wollten sie sich an ihren Gipfeln festhalten. Sie machen der Sonne nur wenig Platz. Gedämpftes Licht taucht die Bergkette in blasse Farben vor denen Hannes gelb-orangefarbenes Boot geradezu leuchtet. Was für ein Kontrast.

Die Muskeln haben sich an das übliche Tagesgeschäft gewöhnt. Bei ruhigem Wetter erledigen unsere Arme und Schultern 15.000 bis 20.000 Paddelschläge pro Tag. Keine komplexe Aufgabe, bei der der Kopf besonders gefordert wäre. Ich denke über vieles nach und frage mich oft, was in Hannes Kopf wohl vorgehen mag.

Wir sitzen jetzt über zwei Wochen im Boot. Ich habe erwartet, dass es Situationen geben wird, in denen sich Spannungen aufbauen würden. Ein kleiner Streit, der aus unterschiedlichen Sichtweisen oder körperlichen Befindlichkeiten entsteht, wäre ja nichts Besonderes gewesen. Ich habe so etwas sogar einkalkuliert und mir vorgenommen, in solchen Fällen möglichst schnell für Entspannung zu sorgen. Die gemeinsame Reise mit Hannes ist mir wichtig, genauso wichtig wie das Ziel. Länger währender Streit, in sich hineingefressener Ärger oder gar Wut auf den

Reisepartner wären das Letzte, was wir gebrauchen könnten. Meine Bedenken scheinen vollkommen überflüssig. In unseren Schlafsäcken liegend, erzähle ich Hannes von dem, was beim monotonen Paddeln im Kopf seines Vaters abläuft. Hannes setzt sich auf.

„Das ist verrückt", meint er vollkommen überrascht, „Ich habe heute genau dasselbe gedacht."

Wir bemühen uns nicht nach Erklärungen zu suchen, weder für die fast synchronen Gedankenblitze, noch für den Grund unserer friedlichen Koexistenz.

„Scheiß drauf. Wir sind eben beide Harmonie-Sucher. Das wird es sein", so fasse ich den zwischenmenschlichen Zustand unseres Unternehmens kurz zusammen. Ich bin stolz auf uns und schon jetzt dankbar für die Zeit mit Hannes, die ich als großes Geschenk empfinde.

Bei der letzten Wetterbericht-Abfrage über UKW haben wir einen Funkspruch zwischen den Watchmen-Camps mitgehört, der uns auf eine Gruppe Orcas in der Nähe von Skadans aufmerksam machte.

„Das liegt auf unserem Kurs", sage ich zu Hannes. Der nickt.

„Auf geht's."

Als wir Skedans Bay erreichen, schauen wir uns um. Hannes macht mich auf ein zischendes Prusten aufmerksam, das er gerade gehört hat. Schräg hinter uns tauchen drei schwarze Rückenflossen auf.

„Die haben auf uns gewartet", rufe ich Hannes begeistert zu.

Langsam drehen wir unsere Kajaks in Richtung der Wale. Wir schauen uns die Open Air-Vorstellung an, die leider nur wenige Minuten dauert, denn die Orcas ziehen es vor, sich eine andere Bucht zu suchen.

Wir legen noch einmal für eine Pause in Skadans an. Ein kleines Feuer brennt in Ufernähe und zwei kleine Jungs treiben sich am Strand herum. Blake und Derek, beide um die zehn Jahre alt, begrüßen uns mit einem neugierigen „Hello", als wir die Boote auf den Strand ziehen. Ihre Mütter, Watchmen-Frauen, sitzen am Feuer. Die Jungs inspizieren interessiert unsere Kajaks, als wir sehr freundlich von Dug und Aritha ans Feuer eingeladen werden. Ich frage die Jungs ob sie Lust hätten, eine Runde in unseren Kajaks zu paddeln. Heftig nickend rennen beide darauf hin weg und sind zwei Minuten später mit Schwimmwesten ausgerüstet zurück. Hannes hilft ihnen beim Einsteigen und schiebt die Kajaks in die Bucht.

Fast eine halbe Stunde paddeln Blake und Derek hin und her und die Mütter freuen sich sichtlich über den Spaß, den ihre Söhne haben.

Sie laden uns ein, eine Nacht im Camp zu bleiben. Eigentlich war hier nur eine Pause geplant. Als Dug verschwindet, mit vier Kaffee-Pötten zurückkommt und uns die alte Watchmen-Hütte als Quartier anbietet, spüren wir, dass wir der herzlichen Einladung folgen wollen.

„Um sieben gibt's Abendbrot. Seht zu, dass Ihr Eure Klamotten in die Hütte bekommt."

Mit diesem verlockend klingenden Kommentar von Aritha machen wir uns auf den Weg in die Holzhütte, die deutlich mehr Komfort bietet, als unser Zelt.

Reis, Hühnchen, Nudeln und Fisch in großen Schüsseln bedecken den Esstisch. Der Essensduft steigt verlockend in unsere Nasen, als wir die gemütliche Küche des neuen Watchmen-Hauses betreten. Zum Nachtisch werden Apfelsinen, Tee und Schokokekse serviert. Interessiert lauschen unsere Gastgeber, was wir über unsere Reise, das Leben in Deutschland und unsere Reisen in anderen Ländern berichten.

Dug wohnt in San Diego (Kalifornien) und ist das erste Mal seit fünf Jahren wieder in Skedans. Ihre Familie stammt von hier. Ihr Urgroßvater war Chief in Skedans. Der Vater hatte 16, die Mutter 12 Geschwister.

Manchmal kann eine Tütensuppe für ein echtes Stimmungshoch sorgen

Dug weiß viel über die Haida-Kultur und berichtet uns unter anderem von der Beisetzungszeremonie Bill Reids, dessen Leichnam in einem Haida-Kanu von Freunden nach Tanu, dem Dorf in dem seine Mutter gelebt hat, gepaddelt wurde. Er selbst hat das Kanu, in dem seine Asche transportiert wurde, für die Expo 1986 geschnitzt. Den Grabstein in Tanu haben wir schon auf dem Hinweg nach Rose Harbour besichtigt.

Aritha lebt in Masset auf Graham Island im Norden von Haida Gwaii. Sie zeigt uns eine Decke, an der sie gerade arbeitet. Traditionelle Haida-Symbole zieren die Decke, die Aritha als Umhang bei Festen ihres Stammes tragen will. Nach dem Essen gehen wir nach draußen und bringen das Feuer wieder in Schwung. Unter einem sternenklaren Nachthimmel sitzen wir noch lange beisammen und lauschen mit Begeisterung den Geschichten, die uns Aritha und Dug erzählen.

Dieser Abschied ist besonders herzlich und fällt noch etwas schwerer als üblich. Nach vielen Umarmungen und Händeschütteln paddeln wir aus der Skadans Bay hinaus. Aritha, Blake, Dug und Derek winken uns noch lange nach.

Wir haben den ersten Teil unseres Paddel-Abenteuers fast geschafft und nähern uns dem Ausgangspunkt unserer ersten fast 500 Kilometer langen Etappe. Es ist nicht mehr weit nach Queen Charlotte City.

Sandspit ist die erste große Siedlung seit 17 Tagen. Wir wissen wo wir dem Supermarkt am nächsten kommen und steuern den flachen Strand an, von dem es nur einige Schritte zum Einkaufsparadies sind. Mit einem frischen Baguette, einer Packung Wurst und einem großen Stück Käse sitzen wenig später zwei heißhungrige abgemagerte Paddler auf der Bordsteinkante vor dem Supermarkt. Auch in Deutschland ist die Nacht jetzt vorbei. So melden wir uns telefonisch zu Hause und lassen Kerstin wissen, dass der erste Teil des Unternehmens Haida Gwaii geglückt ist und das Paddelteam heil und stolz in die Halbzeitpause geht.

Im Bed & Breakfast Chateau Norm werden wir von Norman, dem Besitzer, der vor langer Zeit aus Deutschland nach Kanada ausgewandert ist, mit einem kalten Bier empfangen. Wir dürfen eine Nacht auf seinem Grundstück campen, Wäsche waschen, duschen, E-Mails schreiben und sind am Abend Teil einer bunten Runde aus Nachbarn und Freunden, die sich um Normans Grill versammelt hat. Mit einem 15-er

Pack Canadian tragen wir zur guten Stimmung bei Normans Party bei. Am nächsten Tag verziehen wir uns auf „Joys Campground", um Normans Sommergäste nicht zu belästigen. Die wichtigste Aktion des Tages lautet: Neue Verpflegung einkaufen für die Runde um die Nordinsel Graham Island.

Die Wettervorhersage verspricht weiterhin warmes Sommerwetter mit für Haida Gwaii untypischen Temperaturen weit über der 20 Grad-Marke und einem nur schlappen Südostwind. Nach zwei Tagen Auszeit sind unsere Einkäufe erledigt, die Klamotten frisch gewaschen und die Boote sollen wieder ins Wasser. Auch Hannes freut sich wieder aufs Paddeln. Der letzte Abend in Queen Charlotte City beginnt mit einem schmackhaften Dinner bei Norman und endet an seiner Feuerstelle mit den Nachbarn Garry, Tom und Jack und noch ein paar weiteren Freunden.

Schon früh ziehen wir unsere Spritzdecken über den Süllrand und sagen Queen Charlotte City ein zweites Mal: „Tschüß, bis bald." Nur unweit von Skidegate haben wir etwas zu erledigen, das uns noch enger mit Haida Gwaii verbinden soll. An der Quelle St. Mary's Spring steht eine Holzskulptur des Kettensägen-Künstlers Ted Bellis. Auf einem Schild neben der Quelle wird der unschlüssige Besucher darauf hingewiesen, dass, wer vom Wasser dieser Quelle trinkt, zurückkehren wird nach Haida Gwaii. Keine Frage, wir nehmen einen ordentlichen Schluck und füllen unseren Wassersack bis zum Rand.

Die nächsten Tage führen uns immer weiter nach Norden, vorbei an grandiosen Sandstränden, hohen Dünen und steilen Uferabschnitten. Auf halber Strecke bis Rose Spit, dem Nordostende Graham Islands, treffen wir auf den ersten und vorletzten Paddler unserer gesamten Reise und nach der Übernachtung in einem großartigen Camp zwischen Unmengen angespülter Baumstämme und handlichem Feuerholz, sind wir kurz vor Rose Spit angelangt.

Wir schauen auf eine endlos erscheinende Landspitze, die nicht den Hauch einer Herausforderung ausstrahlt. Lediglich Ausdauer und Lust muss man mobilisieren, um sich den langen Umweg um das Kap herum anzutun. Stattdessen erscheint es uns viel bequemer, den 200 Meter langen Landtransport zur anderen Seite der flachen Landzunge mit unserem Bootswagen zu wählen.

Das helle Gestein von Tow Hill, einem nicht zu übersehenden Hügel, der sehr markant direkt am Ufer steil emporragt, leuchtet uns diffus

Es gibt Orte, wo Begriffe wie Weite und Freiheit in meinem
Kopf zu einem großen Glücksgefühl verschmelzen

150

entgegen. Leider lässt uns die Sonne weiter im Stich. Wir können nur erahnen, wie die Farben des hellen Gesteins, der tiefgrünen Vegetation und des Blaus von Himmel und Ozean erstrahlen würden, wenn sie das tief stehende Flutlicht der Sonne träfe.

An der Einfahrt in den schmalen Masset Sound, der zur großen Salzwasserbucht Masset Inlet im Herzen des Tieflandes von Graham Island führt, zwingt uns die noch ablaufende Ebbe zu einer Zwangspause. Die Strömung ist zu stark. Wir kommen nicht dagegen an. Stattdessen lungern wir anderthalb Stunden am Ufer herum, bevor wir einen zweiten Versuch starten.

Wieder mit unseren Paddeln bewaffnet, steuern wir jetzt auf der Suche nach der Ideallinie durch die Restströmung, das Örtchen Old Massett an. Es liegt am nördlichen Ende des Ostufers des Masset Sound. Der Ort vereint drei ältere Haida-Siedlungen. Die 600 Einwohner gehören zum größten Teil zur Haida Nation. Masset oder New Masset, früher als Graham City bekannt, liegt etwas weiter südlich. Seit 1961 darf sich der Ort, in dem heute etwa 900 Menschen leben, Stadt nennen.

Wir paddeln direkt nach New Masset und müssen das erste Mal feststellen, dass es schwierig wird, das Zelt aufzustellen. Dazu sei bemerkt, dass wir hier unseren letzten Einkauf tätigen wollen und noch zwei Seekarten besorgen müssen, die uns detaillierteren Aufschluss über die Beschaffenheit der Westküste Graham Islands verschaffen sollen. Unser Lagerplatz sollte daher nahe des Ortes liegen. Die flache Wiese, auf die wir unsere Boote ziehen, macht nicht den Eindruck, dass sie auch bei höher ausfallender Flut noch als solche wiederzuerkennen wäre. Bei einem kurzen Blick in den Ort sehen wir ein Schild: Singing Surf In.

„Sieht nach einem Bed & Breakfast oder so was Ähnlichem aus", meint Hannes mit fragendem Blick.

„Wir gucken mal, ob die nur Surfer oder auch Paddler beherbergen", kommentiere ich die unklare Situation und mache mich mit Hannes auf den Weg zur nur einen Steinwurf entfernt liegenden Herberge für singende Surfer.

Ein asiatisch aussehender junger Mann empfängt uns. Der Typ dürfte nicht viel älter als Hannes sein. Ein Zweibettzimmer mit königlicher Bettbreite und Dusche ist das Ergebnis unserer kurz gehaltenen Check in-Konversation. Wir kramen alles aus den Booten, was singende Surfer für zwei Nächte so brauchen, lassen uns in der Feuchtzelle ausgiebig beregnen und entern anschließend das „Daddy Cool", das erste Restaurant, das wir in der Nachbarschaft finden, um unsere knurrenden Mägen zu beruhigen. Wie schön man so kleine Wohltaten, wie an einem Tisch sitzen und sich das Essen bringen lassen, doch empfinden kann. Oder muss ich mir Sorgen machen, weil mein alternder Körper auf die 50 zugeht?

Gleich am nächsten Morgen besuchen wir Old Massett, werfen einen Blick in die Werkstatt des bekannten Haida-Schnitzers Jim Hart, schauen uns in einer Haida Art Gallery um und schlendern später durch einen riesigen Supermarkt, der angesichts der geringen Einwohnerzahl des Ortes um fünf Nummern überdimensioniert wirkt. Beim Befüllen unseres Einkaufswagens müssen wir uns in Zurückhaltung üben, um uns kein Transport- und womöglich noch ein Packproblem einzuhandeln. In einem Hardware Store gelingt es uns tatsächlich die dringend benötigten Seekarten zu erstehen, mit denen wir uns an der Westküste besser orientieren wollen.

Das abermals minimalistische Frühstück lässt uns den Abschied nicht schwerfallen. Es wird Zeit, dass aus singenden Surfern wieder dynamische Paddler werden. Am Ausgang des Masset Sound biegen wir links ab. Jetzt geht es Langara Island entgegen. Hinter der Insel werden wir mit der Westküste Bekanntschaft machen. Manch ein Morgen zwingt einen zu Müßiggang, vor allem, wenn man sich keine Schwerstarbeit antun will, die gefordert ist, wenn das Wasser auf sich warten lässt.

Wir kommen erst gegen 11 Uhr los, was der Gravitationskraft des Mondes geschuldet ist, denn die Flut drückt das Wasser heute erst spät in die Nähe unseres Camps. Mit einer unendlich weiten Sicht auf die gestochen scharfen Umrisse der Bergkette Alaskas fällt das Warten leicht.

Der Paddeltag endet an der Mündung des Jalm Rivers. Dort sehen wir eine Rauchfahne aufsteigen, die uns neugierig macht. Kein Mensch ist zu sehen. Am noch glühenden Feuer finden wir einige Kleidungsstücke und eine Kühlbox. Schon bald ist das Geschnatter einer zweifellos weiblichen Gruppe zu vernehmen. Vier Mädels und mit etwas Abstand zwei junge Männer kommen von einer Flusswanderung zurück. Alle arbeiten diesen Sommer bei einer Fishing Lodge auf Langara Island. Sie haben nur einen Tag in der Woche frei, den sie allerdings durch ein Helikopter-Taxi versüßt bekommen. So haben sie Gelegenheit, neben dem Trubel in der Fishing Lodge, auch die wilde und einsame Seite Haida Gwaiis kennenzulernen.

Die redselige Truppe lädt uns an ihr Feuer ein, das wieder in Gang gebracht wird, um den Garungsprozess eines riesigen in Alufolie verpackten Lachses zum finalen Abschluss zu bringen. Es sieht ganz danach aus, als ob wir heute nicht mehr kochen müssten. Lachs, Chips, Süßigkeiten und Rotwein machen die Runde.

„Wenn Ihr noch mehr Lachs wollt, dann kommt doch bei uns in der Lodge vorbei", sagt einer der Jungs, als die zerknitterte Alufolie nur noch klägliche Reste des köstlichen Fisches aufweist.

Der delikate Lachs könnte morgen unsere Routenplanung beeinflussen. Dann kommt Hektik auf. Aus der Ferne nähert sich das Knattern eines Hubschraubers. Alle klauben ihre Sachen zusammen und schauen auf den Heli, der jetzt über uns schwebt und langsam zur Landung ansetzt.

„See you on Langara", rufe ich unseren freigiebigen Abendbrot-Spendern hinterher, als die sich geduckt schnellen Schrittes dem Helikopter nähern. Der Pilot winkt uns zu, als er abdreht. Und plötzlich ist es wieder totenstill.

Mit der vorsichtigen Hoffnung auf zumindest einen Kaffee, machen wir schon am nächsten Tag einen kleinen Schlenker nach Langara Island. Als wir uns der Bucht vor der Insel nähern, erkennen wir als erstes ein Schiff, um das herum einige Schwimmstege verankert liegen. Ein Stück weiter tauchen zwei riesige, am Ufer befestigte Pontons auf. Auf ihnen stehen Gebäude, die einen gewissen Wohnkomfort erahnen lassen. Dazwischen Schwimmstege mit Motorbooten, die zum größten Teil mit Angelruten bestückt sind.

„Hier muss es sein."

Hannes nickt. „Sieht so aus, als würde man hier nicht in Armut leben", schlussfolgert Hannes, als uns ein Motorboot-Geschwader passiert, dessen Besatzungen uns freundlich zuwinken. An einem der Schwimmstege legen wir an, sichern die Kajaks und schauen uns um.

Einen jungen Mann der uns entgegenkommt sprechen wir an und fragen ihn, ob er es für möglich hält, dass wir ein Heißgetränk erwerben könnten. Leichter Nieselregen hat dafür gesorgt, dass wir klatschnass sind. In kurzen Hosen, noch in Paddeljacke, Schwimmweste und Spritzdecke eingepackt, müssten wir eigentlich sehr klar den Eindruck vermitteln, einer Hitzezufuhr durch ein coffeinhaltiges Getränk nicht abgeneigt zu sein. Unser Gegenüber ruft den Manager der Lodge an.

„Der kann Euch vielleicht weiterhelfen."

Ein hochgewachsener Mann, der gut als trainierter Zehnkämpfer durchgehen würde, mustert uns mit ernstem Gesicht.

„Sieht aus, als ob aus dem Kaffee nichts wird", denke ich sofort.

Es folgt distanziertes Händeschütteln und die Erklärung, dass Gäste der Lodge es sich 1.500 $ pro Tag kosten lassen, um neben den geführten täglichen Angelausflügen noch einigen zusätzlichen Luxus zu genießen.

„OK, das war's", ist mein nächster Gedankenblitz, der mir selbst heute noch keineswegs abwegig scheint.

Dann bedeutet er uns, dass wir ihm folgen sollen. Natürlich gehorchen wir. Im Eingangsbereich der Lodge werden wir an einen Tresen geführt. Hier lassen sich hinter einer Glasscheibe aufwändig produzierte Köstlichkeiten des Konditorhandwerks erkennen. Auf einer Ablage stehen Behälter mit den verschiedensten Keksen. Ein gläserner Kühlschrank neben dem Tresen fasst Sandwiches mit Meeresfrüchten und andere Leckereien, dessen Anblick bei uns sofort erhöhten Speichelfluss verursacht.

Etwas ratlos schaue ich Hannes an. Auf dem Gesicht des Managers ist die Andeutung eines Lächelns zu erkennen, gefolgt von einem Kommentar, der bei uns unbändige Freude hervorruft.

„Help yourself."

Mit diesen zwei Worten, die auch alle umstehenden Angestellten gehört haben mussten, verabschiedet er sich und eilt seinem nächsten Termin entgegen. Charmant lächelnd fragt eine Fee hinter dem Tresen, ob uns nach einem Cappuccino ist oder wir lieber Tee, heiße Schokolade oder was anderes wünschten. Die letzten Wörter habe ich vergessen. Ich weiß aber noch, dass sie wie ein Lied klangen, das tiefe warme Gefühle hervorruft, die dich das Leben noch mehr lieben lassen.

Unsere Zurückhaltung ist schlagartig verflogen. In zwei Durchgängen vertilgen wir verschiedene, von einem begnadeten Lodge-Konditor fabrizierte Minikuchen, das gesamte Keksspektrum und zum Abschluss noch jeder zwei Sandwiches. Dazu gibt es Kaffee und Ginger Ale um der Dehydrierung vorzubeugen. Als wir mit nun deutlich strammer sitzenden Spritzdecken noch einen Espresso ordern, werden wir darauf aufmerksam gemacht, dass für Typen wie uns neben den Keksdosen Ziplock-Beutel liegen.

„Ihr habt es nötig", sagt die liebe Fee etwas mitleidig blickend und fordert uns mit Nachdruck auf, gefälligst noch einen Beutel Marschverpflegung zu packen.

„Nehmt einen von den großen Beuteln und haltet Euch nicht zurück. Für die Gäste bleibt noch genug übrig", werden wir instruiert, als Hannes Hand sich den Minibeuteln nähert.

Die ab und an vorbeilaufenden offensichtlich gut betuchten Luxusangler schauen etwas irritiert auf die beiden kurzhosigen, barfuß in Latschen permanent kauenden Eindringlinge.

„Wollen wir noch ein paar Tage bleiben", fragt Hannes gut gelaunt.

Mit einer Kopfbewegung rufe ich ihn zur Vernunft und bedeute ihm, dass die Kajaks auf uns warten. Zwei Mädels winken uns vom Steg aus zu, als wir von einer Gruppe Seelöwen eskortiert die Bucht verlassen. Mit den jungen Frauen hatten wir gestern noch am Feuer den Lachs geteilt. Wir winken zurück und reiben uns die Bäuche, um anzudeuten, dass ihr Arbeitgeber uns mehr als gut versorgt hat.

Gerade haben wir Cape Knox, Graham Islands Nordwestecke, umrundet und bekommen die beeindruckende Dünung des Ozeans zu spüren. Unendlich lang erscheinende Wellen heben uns sanft an und lassen uns anschließend weich in ihre Täler gleiten. Wir sind begeistert, es bis an die Westküste geschafft zu haben. Die Wellen brechen sich an den vor der Küste liegenden Riffs mit einem donnernden Tosen. Ab jetzt, so sieht es aus, müssen wir mit Herausforderungen rechnen, die ein oder zwei Nummern über dem liegen, was wir an der Ostküste erlebt haben. Die Vorfreude überwiegt. Wir sind fest entschlossen, uns der Westküste zu stellen.

Hinter Sadler Point tasten wir uns an den Brandungsgürtel der Sialun Bay heran. Ich paddle dicht neben Hannes und blödle noch herum, dass eine Kenterung hier gar nicht so schlimm wäre weil . . . Ich komme nicht dazu, den Satz zu beenden.

Fast wie aus dem Nichts hebt sich mein Heck in einer Welle, die sich von hinten kommend bedrohlich hoch und steil aufbaut. Die Welle bricht. Der Wellenkamm kippt mit einem donnerndem Rauschen Richtung Strand. Wassermassen stürzen auf uns nieder. Fast synchron werden wir in unseren Nussschalen von einer Walze aus Gischt und Wasser überrollt. Wir verlieren die Orientierung. Nichts ist mehr zu sehen. Nur das Weiß der schäumenden Brandung umgibt uns. Ein seitlicher Druck, dem ich nichts entgegenzusetzen habe, dreht mein Kajak. Innerhalb ei-

Ein Moment, in dem mir klar wurde,
was väterliches Verantwortungsgefühl bedeutet

nes Sekundenbruchteils wird es still. Ich weiß nicht mehr, wo oben und unten ist, reiße die Spritzdecke vom Süllrand und drehe mich aus dem Boot. Meine erste Sorge: Wo ist Hannes? Braucht er Hilfe?

Ich schwimme neben meinem Boot und schaue mich um. Hannes taucht 20 Meter weiter auf. Auch er sitzt nicht mehr im Boot und versucht mit einer Hand am Kajak das Ufer zu erreichen. Wir haben jetzt Halt unter den Füßen und schaffen es sicher zum Strand. Die Verluste sind gering. Hannes Mütze und seine Trinkflasche hat es weggespült. Am Strand ist nichts davon zu finden.

So sieht er also aus, der große Empfang an der Westküste, den wir uns etwas anders vorgestellt haben. Wir werden uns etwas einfallen lassen müssen, um für weitere Landgänge einen eleganteren und trockeneren Weg zu finden. Der Schreck wirkt noch einige Zeit nach. Hannes hat Probleme, die Sache mit Humor zu sehen. Ich mache mir ernsthaft Sorgen, dass seine Paddelmoral darunter leiden könnte, da die Kenterung sichtlich an seinem Selbstvertrauen nagt. Erst mal Ablenkung schaffen durch Routine-Aufgaben, wie Zeltplatz suchen.

Ein Fluss mündet in den flachen Sandstrand. Wir leeren die Kajaks aus und ziehen sie ein Stück den Fluss hinauf.

„Süßwasser, gar nicht mal so kalt", rufe ich Hannes zu, der sofort schnallt, dass meine Feststellung ein Hinweis auf die Option einer sich anbietenden Körperreinigung und Entsandung ist.

Das durch die Brandung aufgewühlte Wasser in der Bucht ist durch und durch mit feinem Sand vermischt. Nach der Kenterung ist eine beträchtliche Menge selbst zwischen Körper und Paddelklamotten zu finden. In unseren Stiefeln, unter der Paddeljacke überall bis auf die Haut scheuert Sand. Wir tauchen, dieses Mal kontrolliert, ins frische Nass, spülen die Sachen gründlich durch und treideln die Boote noch ein Stück flussauf bis zu einer Uferböschung, hinter der wir eine angelegte Feuerstelle und Sitzgelegenheiten aus Fischkisten finden.

Ein perfekter Lagerplatz. Das steigert die Laune. In trockenen Tüchern am brennenden Feuer sitzend, registriere ich bei Hannes einen Stimmungsumschwung, der mich hoffnungsvoll stimmt. Hannes lacht wieder.

„Dein GPS-Gerät speichert doch die Maximalgeschwindigkeit. Wie schnell werden wir gewesen sein, als uns die Welle erwischt hat?", fragt Hannes.

Ich gucke auf die Anzeige und vermelde unseren Geschwindigkeitsrekord wie eine Schlagzeile in den Nachrichten: „Unmittelbar vor der Vollbremsung waren es 20,5 Kilometer pro Stunde."

Wir beschließen, uns weiteren Stränden vorsichtiger zu nähern, nach geschützteren Ufern Ausschau zu halten und infrage kommende Landpausen im Voraus auf Basis der topographischen Gegebenheiten und der aktuellen Windverhältnisse zu planen. Hannes ist wieder voll dabei. Traumatische Nachwirkungen sind offensichtlich nicht zu befürchten.

Die Brandung hat sich am Morgen etwas beruhigt. Der Start gelingt problemlos. Eine Buckelwal-Begegnung in einiger Entfernung wird das Highlight des Tages. An die Weißkopfseeadler haben wir uns schon gewöhnt. Manche der großen Greifvögel lassen uns so dicht an sich heran, dass wir ihnen direkt in die adlertypisch überdachten Augen sehen können. Mit meiner primitiven Angelleine fange ich zwei Lingcods und einen Rockfisch. Damit ist die heutige Abendbrotfrage geklärt. Unserer selbst definierten Vorsichts-Strategie folgend, gelingen unsere Landgang-Manöver deutlich besser, da wir deutlich mehr Zeit in das Beobachten geeigneter Strandabschnitte investieren.

Der 23. Juli scheint der schwierigste Tag unseres Haida Gwaii-Trips zu werden. Nach der UKW-Windvorhersage müssen wir uns auf 20 Knoten Wind aus Süd bis Südwest einstellen. Wir haben es bereits bis Ingraham Bay geschafft und verlassen die Bucht in einigem Abstand nacheinander. So kann ich Hannes helfen, besser vom Strand wegzukommen und abwarten, bis er durch die Brandung durch ist. Eine Serie aus drei donnernden Brandungswellen müssen wir überwinden. Die erste Welle schafft Hannes sicher. Aus meiner Perspektive – ich stehe noch am Strand – sieht das Ganze ziemlich bedrohlich aus. Die zweite Welle erwischt Hannes kurz bevor die Welle bricht. Zwei Drittel seines Kajaks hängen dabei frei über dem Wellenkamm. Dann kippt das Boot nach vorn und verschwindet. Die dritte Welle rollt jetzt auf ihn zu. Sie scheint noch ein Stück höher als ihre Vorgänger und bricht unmittelbar vor Hannes, um meinen Sohn samt Boot zu verschlucken.

„Scheiße", schreie ich instinktiv aus voller Kehle und laufe am Strand hin und her, um Hannes möglichst schnell wieder auf dem Wasser zu sehen. Als sich die Gischt der letzten Welle flach verteilt, sehe ich meinen Sohn, aufrecht im Boot sitzend, sicher hinter der Brandungszone. Ich bin erleichtert, dass Hannes sich heil durch die Wellen geschlagen hat und hoffe, genauso erfolgreich möglichst schnell zu ihm aufzuschließen.

Meine ersten Wellen scheinen eine Idee harmloser auszufallen. Erst die letzte Welle stellt auch mich auf die Probe. Nach zwei frontalen Druckwasserduschen und einem fast freien Fall durch die dritte Welle erreiche ich Hannes. Dieser hat gerade registriert, dass der letzte Brecher seinen Kompass aus der Halterung gerissen und fortgespült hat. Ich begutachte sein Ruderblatt, das stark verbogen ist, es aber trotzdem noch tut. Das Wasser wird ruhiger und die Wellen etwas flacher. Die Ingraham Bay die wir gerade verlassen, liegt vergleichsweise windgeschützt.

Auf dem offenen Ozean stellt sich die Situation dann komplett anders dar. Ich kann mich nicht erinnern, jemals durch solche Wellen gepaddelt zu sein. Drei bis viereinhalb Meter Höhenunterschied mögen zwischen Wellentälern und -bergen liegen. Außerdem müssen wir unangenehm weit draußen paddeln, weil sich die Wellen an den felsigen Klippen der Tian Rocks austoben und dort gewaltige Wasserfontänen aufsteigen lassen. Schon der Blick aus der Ferne flößt uns gewaltigen Respekt ein.

Mein GPS hat den Geist aufgegeben. Nun weiß ich nicht mal mehr, wie schnell wir vorankommen. Zu allem Überfluss wird auch die Sicht schlechter. Die Küste ist nur noch schemenhaft zu erkennen. Den auf die Klippen knallenden Wellenbergen ausweichend, paddeln wir mehr nach Gehör, als nach Sicht. Die Verständigung klappt nur schreiend. Die Dimensionen der Wellen sind furchteinflößend.

Hannes ist anzusehen, dass er auf Schlimmes gefasst ist. Mir geht es nicht anders. Ich habe tatsächlich ernsthafte Angst um meinen Sohn und könnte mich dafür ohrfeigen, den heutigen Tag so angefangen zu haben. Derartige Gedankenspiele helfen jetzt nicht weiter.

„Geht's noch?", schreie ich Hannes zu.

„Muss ja.", zu mehr lässt Hannes sich nicht hinreißen.

An Pausen denken wir nicht einmal. Wir müssen Otard Bay erreichen. Erst dort sollten wir hoffentlich wieder Windschutz finden. Mehr als paddeln, können wir nicht tun. Wie lange das noch dauern wird, ist vollkommen unklar, da wir keine Ahnung haben, wie viel Strecke wir gerade machen. Die Tian Islets, eine Gruppe kleiner Felsinseln, zieht sich zwei Kilometer weit nach Süden. Die Wellen prügeln wie wild auf die riffartigen Inseln ein. Je näher wir ihnen kommen, desto lauter wird es. Zweieinhalb Stunden schon kämpfen wir uns durch dieses Inferno. Wir müssen weiter weg von den Inseln, um nicht als Schiffsbrüchige mit zertrümmerten Booten zwischen den Klippen zu landen.

Ich schreie in Hannes Richtung um ihm zu signalisieren, dass wir weiter südlich paddeln müssen. Ein schneller Blick in Hannes Gesicht reicht, um zu sehen, dass er nervlich so ziemlich am Anschlag ist. Mir geht es nicht besser. Ich bin meiner psychischen Belastungsgrenze näher, als ich es je war. Warum treiben wir uns hier draußen herum? Wir könnten jetzt im Zelt liegen oder von einer geschützten Bucht aus das stürmische Treiben beobachten. Wie bescheuert muss man sein, um sich und ein weiteres Drittel der Familie in solch eine Situation zu bringen? In meinem Hirn meldet sich ein kleines Männchen, das an mein väterliches Verantwortungsbewusstsein appelliert. Das Männchen nimmt mich hart ran und zweifelt nicht ganz unberechtigt an meinem Urteilsvermögen.

Ich muss mich zwingen diese Gedanken nicht zuzulassen, um nicht irre zu werden und versuche, mir ein klares Ziel vorzustellen: Hannes und ich liegen im Zelt und trinken Tee. Für komplexe Gedankenspiele bleibt keine Zeit. Nicht jetzt. Wir müssen uns auf die Wellenberge konzentrieren, die unaufhörlich heranrollen und sowohl unser Konzentrationsvermögen als auch unser Nervenkostüm auf eine harte Probe stellen.

Über vier Stunden schinden wir uns mit immer schwerer werdenden Armen über den aufgewühlten Ozean. Dann erreichen wir endlich Otard Bay. Die Wellen werden kleiner, als wir unter Land kommen. Das Nordende der Bucht sieht sogar ruhig aus. Wie als kleine Belohnung für die hinter uns liegende Tortur bleibt es uns erspart, zum Schluss noch einen Kampf mit der Brandung aufnehmen zu müssen. Ganz zahm und freundlich, fast einladend, nimmt uns der Strand auf.

Die Spannung löst sich, wenn auch nur langsam, aus Knochen, Muskeln und Hirn. Ich bekomme meine Finger nicht mehr gestreckt, als ich die linke Hand vom Paddel nehme. Alles ist verkrampft. Ganze 21 Kilometer haben wir geschafft und dafür fast fünf Stunden gebraucht. Das entspricht einer kläglichen Durchschnittsgeschwindigkeit von nur knapp über vier Kilometern pro Stunde. Es werden hoffentlich die härtesten Kilometer dieser Reise bleiben.

Anders als sonst, tut weder Hannes noch mir der Arsch weh. Wir hatten andere Probleme, als uns nach Erholung fürs Sitzfleisch zu sehnen. Auch wenn der Körper am Limit gefordert wurde – die größte Herausforderung war die Psyche zu fokussieren. Das erste Grinsen schleicht sich in Hannes' Gesicht. Eine Stunde später sitzen wir trocken im Zelt und philosophieren darüber, wie schnell vieles eine untergeordnete Rolle spielen kann. Wie schnell der Fokus auf wenige existenzielle Dinge gerichtet wird, wenn die Bedingungen es erfordern.

Ich erzähle Hannes, was mir durch den Kopf ging: „Ich dachte nur, dass die Scheiße irgendwann vorbei sein muss, habe mir vorgestellt, dass wir abends trocken in unseren Schlafsäcken im Zelt liegen. Das war mein klares Ziel. Nicht mehr. Nur trocken im Zelt liegen."

Hannes hört aufmerksam zu. Seine leicht nickenden Kopfbewegungen lassen erahnen, dass es ihm nicht anders ging.

Eigener Tagebucheintrag am 23.07.2009:

„Was wir heute erlebt haben, hat sich keiner gewünscht. Und doch war es eine Erfahrung, die den Blick auf die Dinge verändert und einen letztlich auch reicher macht. Dass uns das gemeinsame Erleben dieser grenzwertigen Situation zusammengeschweißt hat, wäre vielleicht etwas übertrieben formuliert. Aber der eine oder andere Schweißpunkt hat doch zumindest Kontaktstellen hinterlassen, durch die wir eine starke Verbindung spüren."

Angelschnur und Pilker – mehr braucht es nicht,
um für Abwechslung auf dem Teller zu sorgen

Kurz vor Hippa Island lernen wir Frazer kennen. Er scheint genauso überrascht zu sein hier auf Paddler zu treffen wie wir. Frazer ist 36, Lehrer, und hat sich nach Masset fahren lassen, um entlang der Westküste zurück nach Skidegate zu paddeln. Wir haben den gleichen Weg und beschließen, eine Nacht gemeinsam zu campen. Frazer ist in Südalaska aufgewachsen, ein echter Naturbursche, den es, wie mich, regelmäßig mit seinem Kajak aufs Meer zieht, um das zu leben, was seine Leidenschaft ist. Er kennt Haida Gwaii von vielen Touren, die er entlang der Küste schon gepaddelt und gewandert ist. Seit 2008 lebt er in Skidegate. Seine Mutter betreibt in Queen Charlotte City ein Gästehaus.

„Drei Wochen Urlaub sind zu wenig", meint Frazer und ergänzt: „Ich habe mir vier Monate unbezahlt freigenommen. Will etwas paddeln und ein paar Touren machen, die schon viel zu lange auf meinem Zettel stehen."

„Donnerwetter", denke ich, „Der macht es richtig."

Selbstbestimmt unterwegs sein, seinen Zielen folgen und nicht mehr arbeiten, als notwendig. Klingt nach einem guten Lebenskonzept, dem

Frazer da folgt. Ein Konzept, das auch zu mir passen würde. Ich bin in der luxuriösen Situation, dass ich Überstunden abbummeln kann, statt unbezahlt frei nehmen zu müssen. Aber vier Monate sind schon eine Hausnummer. Frazer wirkt in sich ruhend, zufrieden mit seinem Leben und glücklich.

Wir haben noch reichlich Zeit bis wir den Kreis um Graham Island schließen wollen und können getrost ein oder zwei Tage Müßiggang einlegen. Es liegt nahe, Frazer nach seinem Lieblingsplatz an der Westküste Graham Islands zu fragen. Frazer kommt ins Grübeln, folgt auf der Karte mit seinem Zeigefinger der Uferlinie, beschreibt dabei blumig die aus seiner Sicht schönsten Spots und hat Probleme, uns einen ultimativen Tipp zu geben.

„Eigentlich ist es überall schön", meint er wenig zielführend.

Davon haben selbst wir uns selbst schon überzeugen können. Ich bleibe hart und will wissen, wo zwei Deutsche unbedingt gewesen sein müssen, bevor sie Haida Gwaii wieder verlassen und nicht genau wissen, wann sie wiederkommen. Frazer neigt den Kopf, und streicht sich übers Kinn. Sein Finger bleibt schließlich in einer Bucht hängen.

„Gudal Bay. Da müsst Ihr hin. Wird Euch gefallen", sagt Frazer ruhig aber schon in einem Tonfall, der uns überzeugt.

Wir schmeißen einen Teil unserer Vorräte zusammen, essen gemeinsam und erzählen bis in die Nacht. Schließlich machen wir uns auf den Weg zum Zelt, das wir nicht am Strand, sondern zwischen den Bäumen am Waldrand aufgebaut haben. Voller Vorfreude auf Gudal Bay fallen wir in einen tiefen, entspannten Schlaf.

Frazer liegt noch im Zelt und liest, als wir in See stechen. Wir sollen ihn in Skidegate besuchen, wenn wir zurück sind.

„Enjoy Gudal Bay", ruft uns Frazer hinterher, als wir Hippa Island verlassen.

Goldene Sonnenstrahlen ergießen sich über den Ozean. Die letzten Seenebel-Fetzen lösen sich auf und geben die Sicht auf ein glitzerndes Meer frei. Die Wasseroberfläche ist nur leicht gekräuselt. Das laue Morgenlüftchen fühlt sich vielversprechend an. Der UKW-Seewetterbericht bestätigt, dass wir gute Chancen haben, in einen Hochsommertag zu paddeln. Lautes Grunzen schallt von einem Felsen zu uns herüber. Dort lümmelt eine Gruppe Seelöwen herum, die sich von uns nicht stören lässt. Die bis zu drei Meter langen Bullen bringen einiges mehr auf die

Nur langsam löst sich der Seenebel auf.
Aber dann bekommt die Seele unendlich viel Futter.

Waage, als die deutlich kleineren Weibchen. 1.100 Kilogramm soll ein ausgewachsenes Männchen wiegen können. Sichere Distanz zu den Kolossen ist empfehlenswert.

Zwei Tage brauchen wir bis Gudal Bay. Frazer hat nicht zu viel versprochen. Bis zu 1.200 Meter hohe Berge, auf deren Gipfel noch Schneereste liegen, flankieren die Bucht, die wir voller Erwartungen ansteuern. Wir lassen die Paddel vor uns auf den Süllrand sinken und treiben langsam von der Dünung geschoben auf den Strand zu. Dieser ist breit, mit Treibholz in allen Formen und Größen übersät und zieht sich an der Mündung des Gudal Creek zusammen. Nur höchst ignorante Paddler oder Unwissende würden es fertigbringen an dieser Bucht vorbeizupaddeln, die verlockend wie ein Garten Eden wirkt.

Die Sonne steht fast im Zenit. Nur in weiter Ferne ist ein schmales Wolkenband zu erkennen, das wie Wattebäusche unbeweglich in den Bergen hängt. Uns gelingt eine gekonnte Anlandung.

Hinter uns rauscht die Brandung, als wir mit unseren Booten knirschend auf den Sand auflaufen und die Kajaks in die Parkposition ziehen. Ein Stück weiter oben ist der feine Sand so heiß, dass wir mit schnellen Schritten zum Bach laufen, um uns nicht die Fußsohlen zu verbrennen. Das Bad im Creek ist großartig. Die Wassertiefe reicht, um sich schwerelos treibend wie ein Teil von Gudal Bay zu fühlen. Kein Ort auf Haida Gwaii hat uns so gefangengenommen, so aufgesaugt, wie dieser.

Hannes' großer Wunsch geht in Erfüllung: Ausschlafen. Er hat es sich verdient. Scheiß auf Ebbe, scheiß auf Flut. Heute wird nicht gepaddelt. Noch liegen lange Schatten auf dem Zelt. Ich habe schon einen Strandspaziergang hinter mir und begutachte, einen Becher Kaffee schlürfend, meine Strandfunde. Kleine und große Holzstücke, Muscheln, eine Adler-Feder und farbige Steine liegen vor mir. Alles werden wir nicht mitnehmen können, aber für die schönsten Stücke muss ich im Gepäck noch Platz finden. Zehn Uhr kriecht Hannes aus dem Zelt. Ich reiche ihm einen Kaffee.

„Guter Tag heute", blinzelt er über die Baumwipfel in Richtung der aufsteigenden Sonne.

Es ist schön, meinen Sohn so zu sehen. Wir schlendern zusammen zum Creek. Das Thermometer zeigt schon jetzt 21 Grad. Das Bad in unserer Natur-Badewanne wird wichtiger Bestandteil des heißen Sommertages. Erst als die Sonne über dem westlichen Waldrand verschwindet, kriecht wieder kühlere Luft auf die Haut. Zeit ein Lagerfeuer in Gang zu bringen.

„Morgen wieder paddeln?", frage ich Hannes und schaue ihm erwartungsvoll in die Augen, nachdem diese schon eine Weile starr und schweigend auf die Flammen gerichtet waren.

Hannes schaut mich an und antwortet: „Auf jeden Fall!".

Um im Skidegate Chanel die Strömung zu nutzen, verlassen wir erst mittags Gudal Bay. Der anfangs seitliche Wind weht nach einem Kurswechsel genau von hinten und schiebt mit. Wir müssen einigen Riffen ausweichen, die von einer Dünung mit tosendem Spritzwasser angenagt werden. Zwei Meter sind die Wellen hoch, die uns jetzt in den Skidegate Channel schieben. Die Strömung nimmt uns auf einen imaginären Haken. Für genau diesen Augenblick haben wir eine Zigarre aufgehoben, von der wir jetzt jeder eine Hälfte gemütlich paffend zwischen den Fingern halten, während der Strom uns an Bownie Island vorbeitreibt.

„Bye-bye Westküste", ruft Hannes, ohne sich umzusehen und tippt dabei lässig die Asche von seinem Stumpen.

Mit verschränkten Armen schauen wir auf das an uns vorbeiziehende Ufer und kommen dabei der Ostküste immer näher.

Nach 19 Tagen und insgesamt fast 1.000 Paddelkilometern liegt der Hafen von Queen Charlotte City wieder vor dem Bug unserer Kajaks. Der erste Gang gilt einem klaren Ziel. Im „Queen Beeze", fast schon unser Stamm-Café, bestellen wir Kaffee und Schokokuchen. Auf der schattigen Terrasse mit Blick auf den Hafen, sitzen wir zurückgelehnt auf unseren Stühlen und versuchen zu reflektieren, was die vergangenen sechs Wochen mit uns angestellt haben. Es gelingt nicht so richtig, noch nicht. Nur in einem sind wir uns sofort einig: Das Vater-Sohn-Abenteuer ist geglückt. Auch der stürmische Ritt nach Otard Bay konnte uns nicht nachhaltig klein machen. Die Protagonisten sind mehr als zufrieden.

Als wir abends auf Joys Campground im Zelt liegen, finde ich keine Ruhe und bin total aufgewühlt. Ich muss an mein Reisemotto – Horizonte entdecken – denken. Neben Horizonten geographischer Art hat sich ein anderer Horizont spürbar geweitet – der des gemeinsamen Erlebens einer besonderen Reise. Unser Reiseziel lag weit weg. Unser gemeinsames Erlebnis ganz nah. Was diese Reise mit uns gemacht hat, wie sie uns zusammengeschweißt hat, empfinde ich als großes Geschenk. Ein Geschenk von dem ich mein ganzes Leben lang zehren werde. Ich nehme dieses Geschenk mit Freuden an. Ich bin glücklich!

Wohin geht die Reise?

Früher war es einfach, mir die Frage nach dem nächsten Ziel – zumindest geografischer Art – zu beantworten. Reiseziele, ob nah oder fern, hatte und habe ich immer noch genug auf der in meinem Kopf geführten Liste, die ständig länger wird.

Wer beispielsweise einmal in Schweden war, so zumindest habe ich es empfunden, wird mit einer Landschaft konfrontiert, die nach Wiederkommen schreit. Das felsige Land mit seinen riesigen Wäldern, den Seen und Wasserläufen, die Dalsland, Värmland oder Östra Götland durchziehen, ist ein Paddelparadies, das seinesgleichen sucht. Das Jedermannsrecht gestattet den Besuchern sich vergleichsweise frei zu bewegen und das Zelt auch abseits von Campingplätzen aufzubauen. Schon so oft habe ich in Schweden mit meiner Familie, Freunden oder auch alleine am prasselnden Lagerfeuer gesessen, zum Horizont geschaut hinter dem die Sonne gerade verschwand, oder einfach nur zum anderen Seeufer, vor dem ein Biber seine Runden zog. Jedes Mal habe ich dann gedacht, dass ich nicht zu lange warten sollte, bis zum nächsten Trip.

Wer in Schweden kein Kanu dabeihat, ist selbst Schuld und verzichtet auf das Abenteuer, sich das Land aus der schönsten Perspektive zu erschließen. Beim Blick über den Tellerrand hinaus wird klar, dass die Küsten Schwedens eine vielleicht noch größere Anziehungskraft ausüben. Die Schärengärten sind eine Outdoor-Spielwiese, in der man schnell die Orientierung verlieren kann. Aber noch schneller vielleicht die Seele, die sich bisweilen zwischen den Inseln unter einem mit kleinen Wölkchen gespickten blauen Himmel selbstständig macht. Sie wieder einzufangen gelingt am besten, wenn man wiederkommt.

Richtung Norden setzt sich die liebliche Landschaft an der finnischen und norwegischen Küste fort. Nur die Anfahrt dorthin ist aufwendiger,

Unsere Sehnsucht nach Schweden stillen wir fast jedes Jahr

wird aber spätestens nach der Ankunft schnell wieder vergessen sein.

Ich genieße das große Privileg in Flensburg und damit sehr nahe an Skandinavien zu wohnen. Von hier kann ich lospaddeln und bin schon 20 Minuten später in Dänemark. Bei gutem Wetter schaffe ich es mit dem Kajak an einem Tag bis zur dänischen Südsee, dem populärsten Paddelgebiet unseres nördlichen Nachbarlandes. Auch die Nordsee ist nicht weit. Es dauert keine Autostunde, bis mein Kajak für einen nordfriesischen Wattenmeer-Ausflug am Start ist. Oft habe ich mich mit Freunden Richtung Schweden aufgemacht, um dort ein langes Wochenende zu paddeln.

Die Frage, ob es sich lohnt, zwei mal 800 Kilometer mit dem Auto zu fahren, habe ich mir mit einer einfachen Vorgabe beantwortet: Drei Übernachtungen müssen sein. Das hieße, Freitag und Montag Urlaub nehmen, Donnerstagnacht anreisen, Freitagfrüh am See und Montag wieder nach Hause. So einfach ist das. Und oft habe ich schon während der ersten Stunde, die wir durch die freitägliche Morgendämmerung gepaddelt sind, gedacht: „Alles richtig gemacht, einfach losfahren und fertig." Aber neben allen Nahzielen zieht es mich regelmäßig auch in die Ferne. So schön unsere heimische Ost- und Nordseeküste, so spannend die skandinavischen Gewässer auch sind, ab und zu muss ich meinem Fernweh nachgeben.

Drei bis vier Jahre lagen bis jetzt zwischen den längeren Touren, denen jedes Mal Verhandlungen mit meinem Arbeitgeber vorausgingen, um den Zeitrahmen abzustecken, in dem das nächste Abenteuer stattfinden konnte. Noch nie habe ich deswegen auf einen gemeinsamen Urlaub mit Kerstin verzichtet, der im Regelfall und praktischerweise direkt an meine Reisen angehängt wurde. Die Rahmenbedingungen meiner Solo-Reisen passen leider nicht zu Kerstins Vorstellungen von gemütlichen Paddeltrips. Sie ist dann froh, mich nicht begleiten zu müssen. Mich wiederum versetzt es in die Lage, genau mein Tempo zu paddeln und meiner persönlichen Tagesroutine zu folgen. Das macht das Reisen unkompliziert und bietet so viele Optionen.

Wohin die Reise im Leben gehen soll, wird für mich aber immer mehr zu einer Frage des Ziels im übertragenen Sinne. Sie muss aus einer anderen Perspektive beantwortet werden. Manches Mal wundere ich mich selbst über den Druck den ich mir mache, um eine Antwort zu finden. Dieser Druck liegt in den immer zahlreicher werdenden geografischen Zielen begründet, die sich vor mir auftun. Gleichzeitig wird mir bewusst, dass auch meine Zeit begrenzt ist. Beides passt aber nicht zusammen.

Den Begriff Löffelliste, die Liste mit Dingen, die man noch erledigen will, bevor man den Löffel abgibt, habe ich in dem Film „Das Beste kommt zum Schluss" mit Jack Nicholson und Morgan Freeman aufgeschnappt. Er beschreibt mit einem Wort, worum es geht. Die Löffelliste so auszudünnen, dass sie zur statistischen Lebenserwartung eines Durchschnittseuropäers passt, wäre ein Ansatz um ein möglichst vollständiges Abhaken der Liste mit guten Chancen hinzubekommen. Zwei Dinge gefallen mir nicht an dieser Option. A: Liste ausdünnen und B: Vollständig abhaken.

Mein Plan, die Richtung der Lebensreise zu bestimmen, folgt einer anderen Maxime. Zeit ist das Wichtigste. Viele Menschen meinen, sie hätten keine, was natürlich kompletter Unsinn ist. Zeit hat man nicht, Zeit nimmt man sich. Einfach gesagt. Aber wie stellt man es an sich Zeit zu organisieren, die man am besten mit Dingen verbringt, die einem wichtig sind und guttun. Es kommt dabei auch nicht darauf an die einem zur Verfügung stehende Zeit mit möglichst vielen Abenteuern und Reizen zu füllen. Wichtiger ist es, sich Zeit zu nehmen, um in sich hineinzuhorchen, sich selbst zu erfahren und letztlich die Intensität der Wahrnehmung zu steigern, um sich schon an kleinen Dingen des Alltags erfreuen zu können, die einem allzu häufig schon selbstverständlich geworden sind.

Es ist nicht so, dass mir mein Job als Projektingenieur keinen Spaß machen würde. Aber er könnte mehr Spaß machen und ein Stück weit mehr Selbstbestimmung und Selbsterfüllung mit sich bringen.

Ich genieße den Kontrast zwischen dem spartanischen Leben mit Kajak und Zelt in menschenleerer Landschaft und dem Heimkommen zu Familie und Freunden. Heimkommen zu Kerstin, in unsere Wohnung, die so viel Komfort bereithält, wie fließend Wasser, Strom und bequeme Möbel. Nach Hause zurückzukehren heißt, eine gut organisierte Infrastruktur vorzufinden, die es erlaubt, das Leben vergleichsweise einfach zu gestalten und die es uns ermöglicht einen Job zu machen, der als materielle Absicherung unserer Existenz unverzichtbar erscheint.

Immer wenn ich von längeren Reisen wieder heimkomme, habe ich trotzdem das Gefühl, dass der Abstand zwischen der beruflichen Spaßkurve und der Paddel-Spaßkurve größer wird. Ich muss eine Lösung finden, die mich in die Lage versetzt, an den Stellschrauben dieses Phänomens zu drehen. Wenn ich mich meiner Paddel-Leidenschaft weiter,

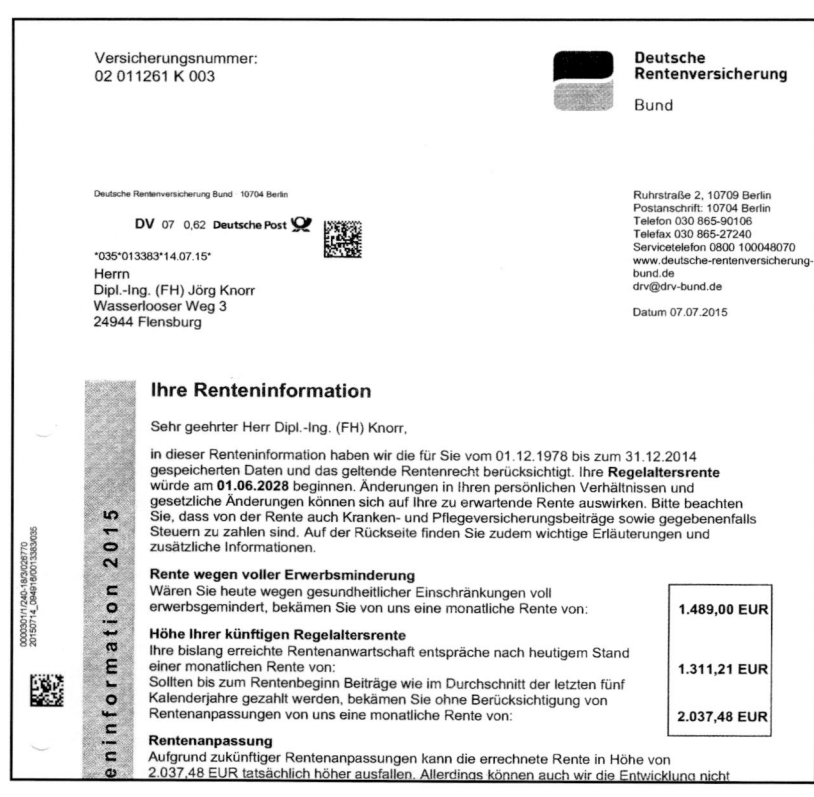

Ihre Renteninformation

Sehr geehrter Herr Dipl.-Ing. (FH) Knorr,

in dieser Renteninformation haben wir die für Sie vom 01.12.1978 bis zum 31.12.2014 gespeicherten Daten und das geltende Rentenrecht berücksichtigt. Ihre **Regelaltersrente** würde am **01.06.2028** beginnen. Änderungen in Ihren persönlichen Verhältnissen und gesetzliche Änderungen können sich auf Ihre zu erwartende Rente auswirken. Bitte beachten Sie, dass von der Rente auch Kranken- und Pflegeversicherungsbeiträge sowie gegebenenfalls Steuern zu zahlen sind. Auf der Rückseite finden Sie zudem wichtige Erläuterungen und zusätzliche Informationen.

Rente wegen voller Erwerbsminderung
Wären Sie heute wegen gesundheitlicher Einschränkungen voll erwerbsgemindert, bekämen Sie von uns eine monatliche Rente von: **1.489,00 EUR**

Höhe Ihrer künftigen Regelaltersrente
Ihre bislang erreichte Rentenanwartschaft entspräche nach heutigem Stand einer monatlichen Rente von: **1.311,21 EUR**
Sollten bis zum Rentenbeginn Beiträge wie im Durchschnitt der letzten fünf Kalenderjahre gezahlt werden, bekämen Sie ohne Berücksichtigung von Rentenanpassungen von uns eine monatliche Rente von: **2.037,48 EUR**

Rentenanpassung
Aufgrund zukünftiger Rentenanpassungen kann die errechnete Rente in Höhe von 2.037,48 EUR tatsächlich höher ausfallen. Allerdings können auch wir die Entwicklung nicht

Klar, auch bei uns ist die Rente die Basis unserer Zukunftsplanung

am besten noch ausschweifender, hingeben will, muss am Job etwas geändert werden. Es muss ja nicht sofort sein, aber ein mittelfristiger Plan wäre nicht schlecht.

Nach einer groben Analyse unseres materiellen Backgrounds, unseres Lebensstils, der anzunehmenden Reststudiendauer unseres Sohnes, der Hochrechnung unserer Einkommenssituation und einer sehr vorsichtigen Annahme, was man von der Rentenversicherung erwarten könnte, komme ich zu dem Schluss, dass ich meinen gegenwärtigen Job mit 55 Jahren kündigen könnte.

Darüber bin ich fast selbst etwas überrascht.

Schon seit einigen Jahren bin ich freiberuflich als Reisejournalist tätig. Dieser Nebenjob ließe sich vorsichtig ausbauen, ohne stressig zu werden.

Das daraus resultierende Einkommen wäre sicher ziemlich kläglich. Zusammen mit dem Salär meiner Frau und einem monatlichen Abzwacken von der angesparten Substanz, würde es mich unterm Strich aber zufriedener machen und noch einige Jahre länger zum Leben reichen, als die Berechnungen der durchschnittlichen Lebenserwartung des statistischen Bundesamtes vorgeben.

Wir gehören nicht zu den Menschen, die alle Risiken des Lebens versichern. Ernsthafte Erkrankungen und Pflegefälle klammern wir bewusst aus. Es kommt, wie es kommt, ist die Antwort, die wir auf Fragen bezüglich derartiger Ereignisse parat haben.

Ich kann mich glücklich schätzen, mit Kerstin einen Partner an meiner Seite zu haben, der, ohne sich größere Sorgen zu machen, mitziehen würde an dem Seil, das unser Leben verändern könnte. Kerstin und ich sind uns einig: Wenn es schlechter laufen sollte als wir es uns jetzt ausmalen, könnten wir unseren Lebensstandard zur Not auch noch eine Stufe runterfahren.

Noch ist alles nur ein Denkmodell. Eines an dem ich allerdings immer mehr Gefallen finde. Je mehr ich darüber nachdenke, desto klarer wird mir, dass eine Löffelliste vollkommen überflüssig wird. Sich großzügige Freiräume schaffen, um das zu tun was einem guttut, führt zu einer höheren Lebensqualität. Wer braucht da noch eine Löffelliste?

Was den materiellen Aspekt angeht: Hannes ist schon lange vorgewarnt. Bis zu seinem Studienabschluss werden wir ihn finanziell unterstützen. Nur mit dem Erbe könnte es schwierig werden, da unsere Kalkulation sich zu einem nicht unerheblichen Teil auf Substanzabbau stützt.

„Geh mal davon aus, dass Du nichts bekommst", lassen wir Hannes wissen, als er uns übers Wochenende mal wieder in Flensburg besucht.

„Wenn es schlecht läuft, musst Du unsere Wohnung verkaufen, um uns kostenneutral unter die Erde zu bringen. Den Rest kannst Du behalten."

Hannes wundert sich zwar über so klare Ansagen, ahnt aber, dass ich ein alternatives Lebensmodell ausgeheckt habe, das keine Spinnerei ist, sondern konkrete Formen annimmt. Ich kann es an seinem Grinsen sehen. Ich grinse zurück und stelle mir dann die wachsamen Augen meiner Enkelkinder vor, die gebannt den Abenteuergeschichten ihres Opas lauschen. Dieses Bild gefällt mir.

Das Frost-Abenteuer

Winterpaddeln auf der Warnow

Mitte der 1990-iger Jahre hat mich ein Freund zu einer Paddeltour im November überredet. Ich war noch nie mit Zelt und Schlafsack vor Mai oder nach Oktober unterwegs gewesen und hielt seine Einladung anfangs für einen Witz. Wahrscheinlich ging es mir damals wie den meisten meiner paddelnden Kollegen, die die Paddelsaison grundsätzlich nur in die frostfreien Monate einordnen.

Da ich nicht daran interessiert war, dass Hinterbliebene das Wort Weichei in meinem Nachruf lesen würden, ließ ich mir in einem Ausrüstungsgeschäft, dessen Warenangebot einen kompetenten Eindruck vermittelte, die Vorzüge verschiedener wintertauglicher Schlafsäcke erläutern.

Fragen wie, „wo es den hingehen soll" oder „wie ich mein persönliches Kälteempfinden definieren und auf welche Art ich unterwegs sein würde", galt es zu beantworten.

Unser Ziel war der unspektakuläre Flusslauf der Treene, ein kleines Flüsschen, das sich mäandernd aber reizvoll durch das norddeutsche Flachland schlängelt. Mein Kälteempfinden schätzte ich ebenso unspektakulär mit normal ein und die Fortbewegungsart erschloss sich meinem Fachberater nach dem Hinweis auf die Treene von selbst.

„Aha, im Boot unterwegs, da würde ich einen Kunstfaserschlafsack empfehlen", ließ mich der lässige T-Shirt-Träger wissen und legte mir schon mal eine Matte hin.

„Ich schlafe heute Nacht zu Hause", machte ich ihm klar und schielte dabei auf die feilgebotene Matte.

„Ist schon okay", beruhigte mich mein grinsendes Gegenüber und fuhr fort: „Passen sollte der Schlafsack schon. Zu groß heißt frieren, zu klein heißt auch frieren, zumindest am Kopf und wenn Du unruhig schläfst, verknotest Du Dich womöglich in einer zu engen Mumie. Besser Du probierst das Teil aus."

Das leuchtete mir ein. Ich schlüpfte in den ersten meinen Preisvorstellungen entsprechenden High-Tech-Hohlfaser-Mumienschlafsack, der sich mit einer Extrem-Einsatztemperatur von null Grad empfahl. Er passte super und ich sah mich dem Geschäftsabschluss schon sehr nahe.

„Der ist aber nicht besonders warm", wandte der Verkäufer ein.

„Kälter als null Grad wird es schon nicht werden", versuchte ich mich zu rechtfertigen.

„Die Extremtemperatur", so ließ ich mich aufklären, „entspricht der Temperatur, bei der Du mit diesem Schlafsack noch gute Überlebenschancen hast."

Ich schaute etwas irritiert und überlegte kurz, ob ich die Treene-Tour absagen sollte.

Der hilfreiche Ausrüstungsberater warf einen flauschigen dunkelblauen Schlafsack auf die Matte und erläuterte mir, warum dieses Objekt wohl sehr gut zu meinem frostigen Schlafexperiment passen würde: „Du musst auf den Komfort-Temperaturbereich achten. Bei diesem hier liegt der zwischen plus fünf und minus fünf Grad. Gute Chancen nicht zu erfrieren hast Du bei dem noch bei minus zwölf Grad. Der ist runtergesetzt. Hat mal 180 Mark gekostet. Kannst Du für'n Hunni kriegen."

Ich ließ mich in den kuscheligen Schlafsack gleiten, schloss den Reißverschluss und die Kapuze, die sich fast streichelnd an meine Wangen legte und war so angetan von meiner isolierenden Hülle, dass ich kurz überlegte, ob ich die nächste Nacht wirklich zu Hause verbringen oder dem Schlafsackverkäufer einen Testschlaf in seinem Schaufenster anbieten sollte.

„Die Kapuze ist wichtig", erfuhr ich. „Die meiste Wärme geht über den Kopf flöten", bekam ich noch mit auf den Weg, als ich mit neuem Outdoor-Bettzeug ausgestattet das Fachgeschäft verließ.

Eine wichtige Erkenntnis möchte ich hier festgehalten wissen. Nicht immer machen Fachverkäufer den Eindruck, eine Berechtigung für die erste Silbe ihrer Berufsbezeichnung vorweisen zu können. Meiner gehörte nicht zu dieser Kategorie und ich bin ihm heute noch dankbar. Der Schlafsack hat mir viele Jahre gute Dienste geleistet und zuverlässig dafür gesorgt, dass mir auch in kalten Nächten die Körperwärme nicht abhanden kam. Noch wichtiger aber war die Erkenntnis, dass mit guter

Ausrüstung auch winterlichen Paddeltouren nichts im Wege zu stehen schien. Aus heutiger Sicht betrachtet, erscheinen mir drei Dinge existenziell wichtig, wenn der Paddeltrip in den Winter starten soll.

Die Notwendigkeit eines warmen Schlafsacks habe ich bereits geschildert. Ein zweites Paar warme Schuhe im Gepäck zu haben, schützt die unteren Extremitäten vor Erfrierungen. Wenn das erste Paar und damit auch die darin verpackten Gehwerkzeuge nass werden, baut man zu einem vorhandenen Ersatzpaar Schuhe mit trockenen Wollsocken ein besonders inniges Verhältnis auf. Selbst wer sich für einen ultraharten Typen à la Chuck Norris hält, wird feststellen, dass nasse Schuhe nach einer frostigen Nacht nur schwer eine nachhaltige Bindung mit im Schlafsack aufgewärmten Füßen eingehen.

Und last but not least: Feuer. Ohne ein Lagerfeuer wird es ungemütlich und der alternative Aufenthalt im Schlafsack, bedingt durch wintertypische lange Nächte, extrem lang. Da im Winterhalbjahr das Tageslicht-Zeitfenster minimal ist, steht für den aktiven Teil, das Paddeln, nur ein begrenzter Zeitrahmen zur Verfügung. Lagerplätze, die ein Feuer ermöglichen und mit ausreichend Brennholz versehen sein sollten, sind Ziele erster Wahl.

Wie unangenehm es ohne üppigen Brennstoffvorrat werden kann, habe ich später zusammen mit zwei Freunden während eines Ostseeausflugs bei minus fünf Grad erlebt. Wohl wissend, dass es an dänischen Ostseestränden schon mal schwierig werden könnte, geeignetes Brennholz für ein mehrstündiges Feuer zu finden, war ich so pfiffig, ein Paket Briketts im Baumarkt zu kaufen, das in der hinteren Luke meines Kajaks Platz fand.

Meine Vorahnung bestätigte sich. Bis auf einige dünne Zweige, die gerade zum Anzünden des Feuers taugten, fanden wir kein einziges solides Holzstück, dass in der Lage gewesen wäre, etwas Glut zu halten.

Meine Briketts mussten sofort herhalten und sicherten mir die bis heute anhaltende uneingeschränkte Bewunderung und Dankbarkeit meiner Freunde.

Die Briketts schenkten uns einige wärmende Stunden die im unangenehmen Wind der auf unseren Strand blies, allerdings gezählt waren. Nach nur drei Stunden war die letzte Glut erloschen. 19:30 Uhr war Zapfenstreich angesagt. Da die Kälte durch alle Schichten unserer Fleece-Shirts, Jacken und Hosen kroch, war das Windschutz bietende

Eine Wintertour ohne Lagerfeuer – unvorstellbar

Zelt und der darin auf uns wartende Schlafsack die einzige Alternative. Wir wollten schließlich verhindern, morgens stocksteif gefroren von dänischen Strandspaziergängern gefunden zu werden.

Im November 2004 fuhr ich mit meinem Freund Martin ins Glaskogen Naturreservat nach Schweden. Als wir Deutschland verließen, zeigte das Thermometer null Grad. Auf dem nächtlichen Weg durch Schweden Richtung Glaskogen kroch die Temperatur immer weiter in den Keller auf minus 19 Grad. An unserem Ziel angekommen, sahen wir auf eine Landschaft, die unter knietiefem Schnee begraben lag. Die geschlossene Schneedecke absorbierte jedes Geräusch. Der Stora Gla, größter See des Naturreservates, war zum Glück eisfrei. Nur die ruhigen Buchten begannen zuzufrieren. Erst vor der letzten Tagesetappe hatten wir etwas Mühe das Eis in unserer Bucht zu knacken, um wieder aufs offene Wasser zu kommen. Windstille und klare sonnige Tage machten aus unserem frostigen Törn ein wahres Wintermärchen, das zu wiederholen wir beide sofort bereit gewesen wären. Es war die bis dahin kälteste Tour, die ich mit Boot und Zelt unternommen hatte.

Vier Jahre später rief ich eine Tradition ins Leben, die ich bis heute mit unterschiedlichen Paddelpartnern fortführe. Ende Dezember wird, der Geburt eines angeblichen Erlösers gedenkend, üblicherweise viel gefeiert und geschlemmt. Jahreszeitlich bedingt ist dies zumindest im

177

flachen Norddeutschland eine bewegungsarme Periode. Uns Nordlichtern fehlt es an Hügeln alpinen Charakters und meistens auch an dem weißen Zeug, das den Gebrauch langer Bretter unter den Füßen zum Zwecke der Fortbewegung oder zur körperlichen Ertüchtigung als geeignet erscheinen lässt. Daher sind wintersportliche Aktivitäten in Küstennähe eher selten möglich. Auch Temperaturen, die das Wasser dauerhaft seinen Aggregatzustand verändern lassen, sind in der Regel in den nördlichsten Bundesländern nicht zu befürchten.

Ich kam auf die Idee, dass man die wintersportlichen Defizite als ein den Wassersport fördernden Fakt interpretieren könnte. Warum also nicht paddeln gehen. Das Zeitfenster zwischen dem 27. und 30. Dezember bietet sich geradezu an, um ziemlich sicher ganz alleine die Ruhe der deutschen Fluss- oder Seen-Landschaft zu genießen. Aus einer fixen Idee wurde ein privates Paddel-Event, das sich mit einer gewissen Eigendynamik als feste Größe in meinem Kalender etablierte.

2010, schon ein Jahr nach Einführung des Winter-Events, sind zwei Rekordmarken zu verzeichnen. Die Erste betrifft das Teilnehmerfeld: Sechs hartgesottene und willige Winterpaddler stehen in den Startlöchern und sind ganz wild darauf, aktiv der Kälte zu trotzen. So viele sind bis heute nie wieder dabeigewesen. Der zweite Rekord bereitet uns schon im Vorfeld einiges Kopfzerbrechen und ist unter anderem Anlass dafür, meinen schon erwähnten Fachverkäufer zu besuchen, um zu sehen, was sein gut sortiertes Lager an Daunen-Schlafsäcken bereithält. Mit einem neuen Winterschlafsack verlasse ich glücklich den Outdoor-Laden.

Der Dezember 2010 präsentiert sich in Norddeutschland mit reichlich Schnee und klirrendem Frost. Der ursprüngliche Plan, die Mecklenburgische Seenplatte mit unserer Anwesenheit zu beschenken, fällt ins Wasser oder besser gesagt aufs Eis.

„Alles zugefroren", ist die zusammengefasste Aussage des Telefonats, das ich zwei Tage vor unserem Winter-Paddel-Termin mit David führe. Wir müssen unseren Plan ändern, da sich die Suche nach eisfreien Gewässern als äußerst schwierig gestaltet.

„Ich fahre morgen noch mal an die Warnow", lässt mich David am ersten Weihnachtsfeiertag wissen und ergänzt:

„Vielleicht finde ich da noch einen eisfreien Abschnitt im Oberlauf".

Davids Rückruf am nächsten Tag sorgt für gute Laune und Erleichterung: „Bei Sternberg fließt die Warnow noch. Nur die Flussränder sind gefroren."

Trotz Schnees im Überfluss und Temperaturen von bis zu minus 22 Grad springt keiner ab. Sechs Männer freuen sich auf vier Tage und drei Nächte draußen im Winter. Das Aufbauen der Ally-Faltkanadier gestaltet sich etwas schwierig, da die vom Frost gebeutelten Bootshäute nur widerspenstig das Alu-Gestänge aufnehmen. Nach einer Stunde stehen dann schließlich die Boote zum Beladen und Ablegen bereit. Vereinzelte Spaziergänger schauen uns ungläubig zu und erkundigten sich nach unserem Vorhaben. „Wir machen eine Paddeltour", ist Hannes kurzer Kommentar auf die Nachfrage eines älteren Herrn.

„Ist das nicht zu kalt?" kommt als voraussehbare Antwort.

„Nö", erwidert Hannes trocken im tiefsten Ton seiner Überzeugung mit typisch norddeutscher Knappheit.

Unsere Beobachter schütteln simultan die Köpfe. Ein Zeigefinger wandert zur Stirn, während sein Freund mit flacher Hand vor der Stirn die Bewegung eines Scheibenwischers nachahmt.

Davids vor sich hin grummelnde Bemerkung dazu: „Geht Ihr mal nach Hause und setzt Euch an den Ofen. Dann ist wenigstens Ruhe am Fluss."

Eine halbe Stunde später paddeln wir dem Warnow-Durchbruchstal entgegen. Die verschneite Landschaft, die gefrorenen Uferkanten des Flusses und die Schneekristalle, die immer wieder von den Bäumen rieseln, erinnern mich an die Zeilen eines Wintergedichtes von Johann Rist, in dem es heißt:

Die Wiesen sind vom Frost versehret / Die Felder glänzen wie Metall / Die Blumen sind in Eis verkehret / Die Flüsse stehn wie harter Stahl

Wie harter Stahl steht unser Fluss, die Warnow, zum Glück nicht. Vielleicht sollte man besser sagen, noch nicht. Dazu später. Auf den Gesichtern meiner Mitpaddler ist am breiten Grinsen zu erkennen, dass keiner zweifelt an dem was wir tun, auch wenn Außenstehende uns nicht selten mit der Aussage „Ihr seid doch bekloppt" bedacht hatten. Bekloppt würde ich einfach mal durch privilegiert ersetzen. Aber das ist meine Sichtweise. Vorn in meinem Boot sitzt Hannes.

Es könnte genauso gut ein Wildfluss in Alaska sein . . .

„Was uns nicht umbringt, macht uns hart" ruft Peter uns mit einem breiten Grinsen zu, als er unser Boot kurz hinter einer kleinen Fußgängerbrücke überholt.

„Wenn der keinen Spaß hat, dann weiß ich auch nicht", kommentiere ich die Situation, muss aber aufpassen, dass wir unser Kanu unter Kontrolle behalten.

Im Warnow-Durchbruchstal wird das Wasser bewegter. Leichte Wildwasserabschnitte zwingen uns zu mehr Aufmerksamkeit, um die Passage sicher und trockenen Fußes zu absolvieren. Da wir fest damit rechnen, dass für unsere viertägige Tour nicht genügend eisfreie Flusskilometer zur Verfügung stehen werden, entern wir schon nach knapp zwei Stunden einen Rastplatz.

„Bald wird es dunkel", rufe ich in die Runde, um meine Jungs zur Suche nach Feuerholz zu animieren.

David baut das Zelt auf, in dem wir alle zusammen nächtigen werden. Vielleicht bringt die hohe Konzentration von Menschen in einem Zelt etwas zusätzliche Wärme? Ich verwerfe den Gedanken, mit Blick auf die Dimensionen des aufgebauten Stofftempels.

„Da können dicke acht Mann drin pennen", stellt David klar und führt mich durch den großzügigen Innenraum der Faltvilla, in der man stehen kann, ohne den Kopf einziehen zu müssen.

Neben der Feuerstelle beginnt ein stattlicher Berg hölzernen Brennstoffs zu wachsen. Ein Such-Team schafft tote Holzstämme herbei, während das Säge-Team die Rohware zu handlichen Stücken verarbeitet. Als Krönung erhält unsere Kochstelle ein Gestell, an dem wir den großen Topf über die Flammen hängen können. Das Feuer brennt rechtzeitig, bevor sich die Nacht übers Tal legt. Rote Glut aus massiven Stämmen lässt die Flammen immer wieder auflodern, wenn nachgelegt wird. Die Strahlungswärme reicht allerdings nicht bis zum Rücken. Daher stehen wir ab und zu, wie eine Gruppe bockiger Gören, die nichts mehr miteinander zu tun haben wollen, mit dem Rücken zum Feuer, um Hintern und Rücken der Glut zu präsentieren. In regelmäßigen Abständen werden neue Bestellungen in meine Richtung aufgegeben:

„Noch ein Warnow-Spezial bitte" – so die Lustbekundung nach einer Mischung aus Tee, Glühwein, Rum, Honig und kochendem Warnow-Wasser, die ich spontan zum Anfang des Abends kreiert habe. Der „Warnow-Spezial" findet sofort seine Fans und wird zum Getränk des

Abends, das uns bis in die Nacht mit Wärmeschüben von innen versorgt. Mit langer Unterwäsche und Pudelmützen haben wir in unseren dicken Schlafsäcken die erste Nacht schadlos überstanden. Auch am Morgen geht ohne Feuer gar nichts. Für reichlich Holz haben wir schon am Vorabend gesorgt. Neben dem Feuer liegt noch ein Rest Nudeln vom Abend zu einem festen Klumpen gefroren. Während wir mit dem Toasten unserer Frühstücks-Baguettes beschäftigt sind, macht Simon sich über die Tiefkühlware her. Nichts soll verkommen. Wie einen Pfannkuchen wirft er den Pasta-Block mit der Pfanne über dem Feuer durch die Luft, um ihn möglichst schnell wieder in einen essbaren Aggregatzustand zu verwandeln.

„Mein Körper braucht Power", so Simons reduzierte Bemerkung zur Vorbereitung des Pasta-Frühstücks.

Da wir uns wegen des anhaltenden Frostes sicher sind, nicht allzu weit zu kommen, lassen wir unser Zelt stehen und werden hier eine zweite Nacht verbringen. Außerdem ist unser Camp bestens gelegen, was die großzügigen Feuerholz-Ressourcen in der nahen Umgebung belegen. Mit einem stromauf- und stromab führenden Ausflug ins Warnow-Tal vertreiben wir uns die knappe Zeit bei Tageslicht. Manchmal reicht es den Kopf einzuziehen, um das nächste Baumhindernis zu passieren. An einigen Stellen müssen wir die Boote umtragen, da quer über dem Fluss liegende Bäume den Weg versperren.

Selten habe ich die Warnow so schön erlebt. Der Schnee hat sich wie ein Teppich über die Landschaft gelegt. Nur das gurgelnde Plätschern des Warnow-Wassers ist zu hören. Dunst liegt über der Wasseroberfläche. Glitzernde Schneekristalle haften an Schilfhalmen und Zweigen. Die Warnow zieht sich wie ein dunkles dampfendes Band durch die weiße Landschaft. Gleißende Sonnenstrahlen schicken lange Schatten und Lichtfächer durch den Wald, der beidseitig das Warnow-Ufer begrenzt und sich teilweise wie ein Tunnel über dem Fluss zusammenzieht. Wie kleine Kinder beim Spielen im Sandkasten haben wir riesigen Spaß im Flusstal.

Damit unser Ausflug auch einen praktischen Sinn hat, laden wir am Ufer gefundenes Totholz in die Boote, um unseren Brennholz-Vorrat aufzufüllen, der noch bis zum nächsten Morgen reichen soll. Das Feuer glüht tagsüber auf kleiner Flamme über der unser großer Topf hängt, immer einen Vorrat an heißem Wasser bereithaltend.

Nach der zweiten Nacht räumen wir unser Lager und wollen sehen, wie weit uns die Warnow erlaubt flussabwärts zu paddeln. Die noch brauchbaren Reste der in harter Arbeit zerlegten Stämme ergänzen unser Gepäck. Nur niedergetrampelter Schnee und ein runder dunkler Kreis, der unsere Feuerstelle markiert, bleiben zurück.

Die Fließgeschwindigkeit lässt deutlich nach. Es wird schwieriger ans Ufer zu kommen, da der anhaltende Frost die vereisten Ufersäume immer weiter in den Fluss wachsen lässt. Zweimal müssen wir Boote und Gepäck umtragen um eine Brücke, deren Konstruktion bis auf die Wasseroberfläche reicht, und die Fischtreppe in Eickhof, hinter uns zu lassen. Die zusätzliche Bewegung macht unsere Knie wieder geschmeidig und mobilisiert innere Energieschübe, die in Eickhof sogar zu Schweißausbrüchen führen.

Die Sonne lässt uns heute im Stich. Es bleibt aber windstill. In der von Weis- bis Grautönen dominierten Landschaft wirken die roten Boote wie fremdartige Objekte, die sich jetzt zwischen Eisschollen auf dem schmalen Band der Warnow durch die offene Ebene bewegen. Nach toten Bäumen in Ufernähe Ausschau haltend, entscheiden wir uns kurz vor dem Dorf Warnow für das linke Flussufer, um unser letztes Lager einzurichten. Ohne große Absprachen weiß jeder, was er zu tun hat. Ich bin begeistert von der rührigen Fachkompetenz meiner Paddelfreunde. Vielleicht liegt es auch daran, dass jeder weiß, wie schnell die Kälte einen Herumsitzenden überwältigt. Wo auch immer der Drang herkommen mag, möglichst schnell möglichst viel Holz heranzuschaffen, es funktioniert wie am Schnürchen.

Zur einsetzenden Dämmerung wird es gewohnt gemütlich. Sechs Augenpaare schauen erwartungsvoll auf einen Topf Erbsensuppe mit Bockwurst. Die Suppe fängt an zu blubbern, es nähern sich sechs Teller und Schüsseln dem Topfrand und deren Besitzer warten schon ungeduldig und sabbernd auf die heiße Mahlzeit. Wohliges Stöhnen, genüssliches Schmatzen und das Klappern von Löffeln, nur kurz unterbrochen von wiederholt dargereichten Gefäßen, die wieder befüllt werden wollen. Im Hintergrund das Knistern und Knacken des Feuers; das sind die Bestandteile des akustischen Schauspiels das gerade aufgeführt wird.

Als der Topf geleert ist, bereite ich das nächtliche Dessert zu und nehme die ersten Bestellungen entgegen. Der „Warnow-Spezial" fällt diese Nacht etwas dünner aus, da die arg gebeutelten Vorräte nicht mehr viel hergeben.

Am letzten Tag unserer Tour droht die Warnow sich als sichtbares Fließgewässer verabschieden zu wollen. Wir steigen schon an Land in die Kanus und rutschen voll beladen über eine Eis-Rampe, die Land und Wasser verbindet, in den Fluss. Während vom Ufer her das Eis immer breiter werdende Teile des Flusslaufes erobert, wird die paddelbare Warnow immer schmaler. Ein schwimmendes Eis-Wasser-Gemisch, durchzogen von soliden Eisschollen, bremst unsere Fahrt. Es sieht tatsächlich so aus, als würden wir nicht mehr weit kommen. Der Frost will uns ein Schnippchen schlagen. Wir schieben Eisschollen zur Seite und halten auf die vor uns liegende Brücke zu.

„Da vorn ist Schluss, alles zugefroren", ruft Ralf, der mit Peter ein Stück vorausgepaddelt ist, nach hinten.

Weitere Diskussionen, bis wo wir noch wollen, erübrigen sich somit. Der Winter selbst nimmt uns die Entscheidung ab. Das Gute an der Sache ist, dass die aufgezwungene Schlussmarke unserer frostigen Reise logistisch bestens gelegen ist. An einer Straßenbrücke kommen wir nicht nur einfach aus dem Wasser, sondern können auch unseren Rückhol-Service direkt dorthin ordern.

Vier Tage und die Nächte dazwischen, die durch knackigen Frost eine echte Herausforderung waren, liegen hinter uns. Viele Stunden sinnvolle und sinnlose Männergespräche am Lagerfeuer nahmen einen Großteil der Zeit, die wir draußen verbracht haben, in Anspruch. Ganze zwölf Kilometer sind wir gepaddelt. Mehr ging nicht. Eiserner Wille, erprobte Ausrüstung und Lust, sich auf einen verrückt scheinenden Plan einzulassen – mehr braucht es nicht, um ein Abenteuer vor der Haustür zu erleben. Halt, da fällt mir noch etwas ein, das ich beim Aufzählen der existenziellen Zutaten unseres Winter-Trips fast vergessen hätte: Der „Warnow-Spezial".

Postskriptum noch ein praktischer Tipp, der dem Erhalt des Hausfriedens nach der Rückkehr von einer Wintertour dienen soll. In Gemeinschaft der muffelnden Lagerfeuer-Kollegen wurden zu keinem Zeitpunkt Geruchsbelästigungen wahrgenommen. Schon unmittelbar nachdem die Väter und Ehemänner zu Hause gerührt in die Arme geschlossen wurden, machten sich erste Distanzierungszeichen bemerkbar. Der Gestank, der nach vielen Stunden am Feuer in Jacke und Hose steckt, entfaltet erst in geschlossenen Räumen so richtig seine Wirkung. Lüften? Bringt nichts! Mindestens zwei Waschgänge werden nötig sein, um die guten Outdoorklamotten vor der Mülltonne zu retten.

Das Teilzeit-Abenteuer
Lofoten und Vesterålen

Im Sommer 2013 liegt meine erste richtig lange Kajakreise nach Oslo 14 Jahre zurück. Die skandinavische Küste hat tiefe Spuren in meiner Erinnerung hinterlassen. Die Küsten Schwedens und Norwegens gehören zu den schönsten Paddelgebieten, die Europa zu bieten hat. Aber wo ist es dort wirklich am schönsten? Man kann sich diese Frage stellen, sollte aber zumindest darauf gefasst sein, keine ultimative Antwort zu finden. Selbst wenn man meint, ein an Schönheit nicht zu überbietendes Küsten-Highlight entdeckt zu haben, wird man unter Umständen schon bald darauf eines Besseren belehrt. Skandinavien hat so viel spektakuläre Küste, Inseln und Schären zu bieten, dass kein Menschenleben ausreichen würde alles zu entdecken. Allein die Länge von Norwegens Atlantikküste inklusiv aller Buchten, Fjorde und Inseln soll sich auf mehr als 80.000 Kilometer belaufen.

Während meiner Recherchen für eine neue Norwegentour stoße ich auf den Werbeslogan: „Die schönste Seereise der Welt". Mit diesem Satz ködert Hurtigruten schon viele Jahre potentielle Nordland-Passagiere. Zwischen Bergen und Kirkenes verkehren die Schiffe der norwegischen Hurtigruten-Reederei. Sie passieren auf ihrem Weg entlang der östlichen Atlantikküste die Inselgruppe der Lofoten nördlich des Polarkreises. Ich zähle mich nicht zur typischen Klientel von Hurtigruten Schiffsreisen. Außerdem schenke ich ungern einem werbeträchtigen Superlativ, wie „Schönste Seereise", Glauben. Und zudem noch mit einem Passagierschiff! Dann sehe ich mich doch eher im Kajak sitzen.

Ganz objektiv gesehen muss ich mir allerdings vorwerfen lassen, zumindest aus persönlicher Erfahrung, gar nicht beurteilen zu können, wie schön eine mehrtägige Reise mit einem Kreuzfahrtschiff sein kann. Ich habe eine solche Reise schlicht noch nie gemacht. Fährpassagen mit

Übernachtungen, die lediglich dem Erreichen des Ferienziels dienen, zähle ich nicht zu der hier gemeinten Kategorie Seereise. Was ist also schöner? Schiff oder Kajak? Die Lofoten finden sich schon ewig auf dem Zettel meiner Sehnsuchtsziele. Eine Paddeltour im Sommer bei 24 Stunden Tageslicht entlang dieser einzigartigen Berglandschaft – das klingt verlockend. Warum also noch länger warten?

Der Urlaub ist genehmigt, die Anreise mit dem Auto geklärt, jetzt muss nur noch die Rückreise mit einem Hurtigruten-Schiff organisiert werden. Es soll mich von den Lofoten zurück nach Bergen bringen. Mindestens drei Wochen will ich mit dem Kajak durch die nordnorwegische Inselwelt der Lofoten und Vesterålen cruisen, um in der Terminologie der Kreuzfahrer zu bleiben. Auf abgelegene Inseln oder Stränden sollte es einem Low-Budget-Paddler wie mir nicht schwerfallen, mit sich und der Welt zufrieden zu sein, denn die Bergkulisse der Lofoten ist einzigartig und das Archipel eine Traumdestination fast aller Outdoor-Enthusiasten. Dass in dieser kontrastreichen Landschaft Langeweile aufkommt – unvorstellbar! Nur ein kleines Stück Lofoten-Küste zu paddeln kommt für mich nicht infrage. Wenn schon, dann richtig.

Meine Idee ist, das Nordland-Archipel im Polarmeer zusammen mit den Vesterålen, einer Inselgruppe, die sich nördlich an die Lofoten anschließt, zu umrunden. Einzig die schwer kalkulierbaren Wetterprognosen des Nordlandes lassen einen letzten Hauch von Zweifel in mir aufkommen. Anhaltender Regen ist nicht selten in dieser Gegend. Ich habe von Leuten gehört, die drei Wochen auf den Lofoten unterwegs waren und nur zwei Tage die Sonne gesehen haben. Wer Pech hat, erlebt mehr Nässe, Kälte und Sturm, als ihm lieb ist. Ich schiebe meine letzten Bedenken beiseite und lasse mich von Malli, einem alten Freund aus Studienzeiten, der zur gleichen Zeit in Nordnorwegen angeln will, auf die Lofoten chauffieren.

Über 1.000 Kilometer liegen schon hinter uns. Malli ist jetzt dran mit Fahren. Ich wechsle nach einer Pinkelpause auf den Beifahrersitz. Wir wollen noch ein paar hundert Kilometer weiter nach Norden. Die Rückreise mit Hurtigruten ab Stokmarknes ist für den 1. Juli fest gebucht. Nördlich von Svolvær, im Vatnfjord, steige ich endlich in mein Kajak. Das ablaufende Wasser zieht mich aus dem Fjord heraus. Noch Zehn Tage bis Mittsommer. Die Lufttemperatur ist zwar nur einstellig, aber wenigstens scheint die Sonne und es weht nur ein schwacher Wind.

Der erste Sandstrand taucht vor mir auf. Ich ziehe mein Kajak auf den Strand von Sandsøya und genieße es erstmal hier angekommen zu sein. Zwischen den Felsen stehen violett und gelb leuchtende Blumen, die sich der Sonne entgegenstrecken. Der ultramarinblaue Himmel umrahmt die Bergkette der Lofoten wie ein Passepartout.

Ja! – Meine Seele baumelt ganz weit oben im Nordlandhimmel und ich kann mir nichts Schöneres vorstellen, als genau hier zu sein. Allein das lässt mich eine tiefe Zufriedenheit spüren.

Papageientaucher mit ihrem charakteristischen Clowngesicht sind rastlos unterwegs, um Nahrung für die Brut heranzuschaffen. Durch den Gimsøystraumen paddle ich weiter nach Süden. Ich will der Südostküste Vestvågøys folgen. Kleinere Inseln sind den Hauptinseln vorgelagert, die einem bei ungemütlichem Wetter ausreichend Windschutz bieten würden. Immer nur den kürzesten, den direkten Kurs zu paddeln scheint mir wenig reizvoll. Viel spannender ist es, das nächste kleine Eiland anzupeilen, hinter den nächsten Felsen zu schauen und sich überraschen zu lassen, was einen dahinter erwartet. Ständig ergeben sich neue Aussichten. Selbst tief über der Wasseroberfläche im Boot sitzend, kann ich die 40 Kilometer entfernte Bergkette auf dem norwegischen Festland deutlich erkennen, denn die Sicht ist großartig.

Stamsund und Ballstad auf Vestvågøy liegen hinter mir. Flakstadøys Südküste streife ich vergleichsweise kurz. In der Ferne taucht ein Kreuzfahrtschiff auf.

Die italienische „Costa Romantica", ein 210 Meter langes Schiff, das bis zu 1.680 Passagiere an Bord beherbergen kann, scheint meinen Kurs kreuzen zu wollen. Schon vor den gewaltigen Lofoten-Bergen komme ich mir in meinem fünfeinhalb Meter langen Boot recht klein vor. Die „Costa Romantica", ein wahres Ungetüm, verstärkt diesen Eindruck noch.

In Reine, dem Postkartenmotiv der Lofoten – der Ort liegt wunderschön direkt an den Füßen steiler Berghänge – mache ich einen Landgang. Bis über 1.000 Meter ragen die markant gezackten Felsgipfel empor, die wie eine Festungsmauer den Ort umschließen. Nach einem kurzen Rundgang durch das malerische Fischerdorf genieße ich vor dem kleinen Hafen-Café sitzend die Sonne, bevor ich mich wieder ins Boot setze.

Die letzte Siedlung an Moskenesøys Ostküste ist das kleine, etwas verschlafen wirkende Dorf Å. Hier bin ich ein letztes Mal mit Malli verabredet, der mir die letzten Tage mit dem Auto an Land gefolgt ist.

Wir mieten uns für eine Nacht in einem Hostel ein, das seine Gäste in einer Rorbu unterbringt. Diese alten Rorbuer – Holzhütten auf Stelzen direkt am Wasser, die früher den angereisten Fischern als einfache Unterkunft dienten – sind heute in Sachen Ausstattung und Komfort den Ansprüchen von Urlaubs-Petrijüngern angepasst; aber einmal muss man einfach in solch einer urtypischen Unterkunft gewohnt haben, wenn man auf den Lofoten ist.

Am Abend sitzen Malli und ich nur einige hundert Meter vom Hafen entfernt auf einem Hochplateau. Die Luft ist glasklar, die Sicht großartig und der blaue Himmel ist von kleinen weißen Wölkchen gesprenkelt.

„Wo paddelst Du morgen hin?", fragt mich Malli nach einer längeren Pause, während unsere Blicke einfach nur über den Atlantik wandern.

„Mal sehen, erst mal um die Südspitze herum und dann suche ich mir meinen Traumstrand", antworte ich. Malli, da bin ich mir ziemlich sicher, würde glatt mitkommen.

„Ein bisschen beneide ich Dich. Einfach so in den Tag paddeln, ohne festes Ziel, immer die Küste entlang. Muss schon geil sein", sagt Malli.

„Ist geil", bestätige ich und schaue in ein grübelndes Gesicht.

Ich lasse das einfach mal mit einer nachdenklichen Kopfbewegung im Raum stehen, greife nach meinem Becher und stoße mit Malli an:

„Auf die Lofoten!"

Malli grinst: „Prost!"

Å und die Zivilisation bleiben vorerst hinter mir. Ab heute geht's die Westküste entlang. Dort soll es die schönsten Strände der Lofoten geben. Auch wenn ich einen kurzen Gedanken daran verschwendet habe, das auf der Südseite der Insel Værøy gelegene Sørland anzupeilen, entschließe ich mich nun doch für den direkten Weg zur Westküste.

Nach Sørland zu paddeln, hieße den Moskenstraumen, einen bis zu 11 Stundenkilometer schnellen Gezeitenstrom zwischen den Lofoten-Inseln Moskenesøy und Værøy, zu queren. Auch Mahlstrom genannt, wurde er zum Namensgeber für fiktive gefährliche Wasserwirbel, allerdings wird er in Erzählungen, Malerei und Film oft übertrieben dargestellt. Da ich jedoch weder Gezeitentabellen, noch nähere Infos zu den Strömungsbedingungen habe, entscheide ich mich dagegen.

Hellsegga, das Südkap Moskenesøys, verschwindet in meinem Kielwasser. Nach meinem Kurswechsel Richtung Norden ändern sich die Seebedingungen. Die Wellen werden höher und länger und ein sachtes

Auf und Ab wird zu meinem ständigen Begleiter. Konstante vier Windstärken von vorn sind nichts für easy-going-Sonntagspaddler, sondern eine echte Herausforderung. Geradezu ungemütlich wird es, wenn ich zu nahe an die mitunter fast senkrechten Felswände heranpaddle. Die reflektierenden Wellen überlagern sich und das Resultat sind schwer kontrollierbare, hoch aufschießende Wellenberge mit steilen kurzen Flanken. Also, Abstand halten!

Der Blick auf die Lofotwand ist von weiter draußen ohnehin beeindruckender. Rechts von mir ragt der gewaltige Hermannsdalstinden auf, mit 1.029 Metern der höchste Berg der Westlofoten, dessen Anblick ich aber angesichts der mir abgeforderten Konzentration nicht wirklich genießen kann. Schwerer und schwerer werden mir die Arme und ich hoffe, bald einen der Strände zu erreichen. Laut meiner Karte dürften es nur noch zwei Kilometer bis zum ersten Weststrand sein. Noch um drei Felsnasen herumkämpfen, dann müsste ich dort sein.

Hinter Kalkonneset biege ich nach Osten ab. Als ich die kleine Landzunge Ausodden umrundet habe, zeigt sich endlich der ersehnte Traumstrand – der Bunesstranda! Ein kleines Paradies, unglaublich schön! Dieser Strand soll es schon oft auf diverse Listen der „schönsten Strände weltweit" geschafft haben. Schlagartig durchdringt mich ein Gefühl der Erleichterung und die letzten 20 Kilometer gegen den Wind sind schlagartig vergessen. Aus voller Kehle stoße ich einen befreienden Schrei aus. Die Gegend haut mich einfach um. Ein etwa 800 Meter breiter weißer Sandstrand liegt vor mir. Genauso tief wir lang liegt er geschützt zwischen zwei Felsmassiven. Keine Frage, hier bleibe ich.

Ich zerre mein Kajak aus dem Wasser und suche mir oberhalb der Hochwasserlinie einen Zelt-Spot, dessen spektakuläre Lage es mit jeder am Meer gelegenen Luxusimmobilie aufnehmen kann. Am südwestlichen Ausgang der Bucht steht ein kleines Häuschen. Sonst ist kein Zeichen von Zivilisation auszumachen.

Überaus gut gelaunt erkunde ich die Gegend. Feinster Sand weit und breit. Wo der Strand sich im Landesinnern etwas verengt, bedeckt ein dichter grüner Teppich, durchzogen von einem Meer gelber Blüten, den Boden. Am anderen Strandende finde ich einen riesigen, von der Sonne gebleichten Kieferknochen eines Wals. Die tiefstehende Sonne lässt den von regelmäßigen Wellenlinien durchzogenen Sandboden noch plastischer erscheinen.

Neben dem Zelt stehend streift mein Blick über den Strand. Unter dem satten Blau des Abendhimmels, der langsam rötliche Töne annimmt, wirkt meine Bucht fast magisch . . . oder doch kitschig? Das ist eine Frage des Blickwinkels, denn anders als wenn man eine Postkarte anschaut, ist das hier wahrhaftig und unverfälscht. Aus eigener Kraft habe ich mir diesen Strand erpaddelt und kann das Glück nicht in Worte fassen, dass mich bei diesem Anblick überkommt. Mehr davon!

Das Zelt ist zusammengepackt und verschwindet im Boot. Verwöhnt von den vergangenen sonnigen Tagen, muss ich mich heute mit einer zugezogenen Wolkendecke arrangieren. Ich will auf dem in den Morgenstunden noch ruhig daliegenden Meer der Westküste weiter nach Norden folgen. Beeindruckt von der Schönheit der Westküste, paddle ich bereits nach einer Stunde auf die nächste Sandbucht zu.

Horseidstranda – noch so ein Strand, noch schöner und noch breiter, ein Strand der sich fast zwei Kilometer tief ins Gelände erstreckt. So schmeichelnd der feine Sand für meine Füße auch sein mag, würde ich mich jetzt doch über ein Stück Wiese freuen, um mein feuchtes, versandetes Zelt zu trocknen und zu reinigen.

Über zwei Ausrüstungsteile freue ich mich auf dieser Reise besonders: Meine dicken warmen Wollsocken und die Daunenjacke. Die Socken halten meine Füße in den Neoprenstiefeln zuverlässig warm, selbst wenn sie feucht geworden sind und ohne die Daunenjacke wäre es während der kühlen Morgen- und Abendstunden um einiges ungemütlicher. Dafür hätte ich meine Stirnlampe getrost zu Hause lassen können. Es wird nie dunkel und bei klarem Himmel bleibt die Sonne auch nachts mein Begleiter.

Unter dem 700 Meter hohen Middagstinden, der Wanderern phantastische Ausblicke auf die Inselwelt bietet, umrunde ich den Nordzipfel Moskenesøys. Bei Mulstøa erscheint ein grüner Streifen zwischen den Felsen, davor ein kleiner schmaler, geschützter Strand. Dahinter steigt das Ufer ganz sacht zu einem Plateau an, das eine Herde ruhig grasender Schafe vorbildlich kurzgehalten hat. „Gute Arbeit!", rufe ich den Rasenmähern zu, die ihren Job nur kurz unterbrechen, um mich erstaunt anzuglotzen. Bald steht mein Zelt und wird mit einer gründlichen Reinigung bedacht, denn der Sand muss raus.

Erstens: die Lage, zweitens: die Lage, drittens: die Lage. Die drei wichtigsten Kriterien zur Bewertung einer Immobilie ließen sich auch auf Zeltplätze übertragen.

Der Morgen ist kühl, sechs Grad Lufttemperatur. Da hilft nur in Schwung kommen und den Körper in Bewegung halten. Also nicht lange aufhalten und weiter.

Der Wind weht kräftig aus Norden. Flakstadøy mit seinen langen weißen Sandstränden, die sich an der Außenseite der Insel nach Norden zum offenen Meer hin ausdehnen, hätte noch einen Besuch verdient. Der fällt wegen nordischer Sommerkälte und ohne Chance auf Sonne aus.

Bei Unstad an Vestvågøys Nordwestküste kann ich in der Ferne einige Paddler erkennen, die sich offensichtlich im Brandungspaddeln üben. Dies sind die ersten Kajaks überhaupt, seit ich unterwegs bin. Beim Näherkommen hält einer der Paddler mit kräftigen Paddelzügen direkt auf mich zu. Gunnar, ich schätze ihn auf Mitte 30, greift sich mein Kajak, so dass wir längsseits einen Schnack halten können.

„Wo soll's denn hingehen?", fragt Gunnar zunächst auf Norwegisch, dann auf Englisch, als ich mich als „German" zu erkennen gebe.

„Um die Lofoten herum", antworte ich, „und die Vesterålen."

Gunnars Augenbrauen wandern nach oben.

„Da hast Du Dir ja was vorgenommen. Wollte ich auch schon immer mal machen, bin aber noch nicht dazu gekommen."

Hätte, würde, wollte, . . . Ich grinse in mich hinein und bin ein bisschen stolz, den einen oder anderen Konjunktiv schon in die Realität umgesetzt zu haben. Gunnar lässt mich wissen, dass hier tatsächlich ein Kurs im Brandungspaddeln läuft. Er und seine Freunde tragen Helme und Trockenanzüge.

„Wie kalt ist das Wasser denn?", frage ich ihn. Er grient und meint: „Stolze sieben Grad, da versucht man besser im Boot zu bleiben."

„Ich habe auch nichts anderes vor", erwidere ich.

Schon stürzt sich Gunnar wieder in die nächste Welle.

Nur wenige Kilometer weiter steige ich in Eggum noch mal aus, um mir eine Skulptur anzusehen, von der ich gelesen habe. In den 1990er Jahren wurde ein internationales Kunstprojekt, die Skulpturenlandschaft Nordland, realisiert. Künstler aus 15 Ländern machten sich mit der Landschaft vertraut und schufen 33 Werke, die in verschiedenen Nordlandgemeinden stehen. Fünf davon findet man auf den Lofoten. Die Skulptur „hode", „Der Kopf", ist ein Beitrag des Schweizer Künstlers Markus Raet und steht unweit von Eggum exponiert auf einer Wiese mit freiem Blick über das Meer. Je nachdem aus welchem Blickwinkel man den Kopf betrachtet, verändert sich sein Profil. Sechzehn verschieden Silhouetten soll man so wahrnehmen können. Mehrere Male laufe ich um das Kunstwerk herum, kann aber auf Anhieb nur vier Profile erkennen.

Alles ist eben eine Frage der Sichtweise. Einige sehen mehr als andere und einige sehen nur das, was sie sehen wollen. Man sieht nicht nur mit dem Auge. Phantasie, Empathie, ein gewisser Erfahrungsschatz und vielleicht auch noch anderes sind nötig, um Formen, Dinge oder Zusammenhänge erkennen zu können. Was auch immer der Künstler mit seinem Werk bewirken wollte. Mit dem „Kopf" im Kopf frage ich mich auf dem Rückweg zu meinem Boot was ich eigentlich sehen will.

Genau genommen frage ich mich, wann ich mich wo sehen will und verschwende dabei einen Gedanken an den Alltag, der nach meiner Reise wieder Normalität sein wird. Die immer wiederkehrende Grübelei geht los, die mich schon die ganze Zeit auf dieser Reise begleitet. Langsam muss ich mir überlegen, wie ich den Ausstieg aus meinem Angestelltendasein am besten gestalte.

Der neue Tag meint es gut mit mir. Durch den Sundklakkstraumen und den Gimsøystraumen paddle ich der Sonne entgegen. Ein zweites Frühstück in Henningsvær mit Kaffee und Kuchen frisch vom Bäcker sorgt für ein neues Stimmungshoch. Die Südküste Austvågøyas ist vergleichsweise dicht besiedelt. Allein in der Kommune Vågan, die Henningsvær, Kabelvåg und Svolvær umfasst, wohnen mit fast 10.000 Menschen knapp 40 % der Lofoten-Bewohner.

Hochmotiviert sitze ich nach dem opulenten Frühstück wieder im Kajak. Doch dann wird es plötzlich eng auf dem Wasser. Ein großer Pott, die „Amadea", ein Luxusschiff der Phoenix-Reisen-Flotte, kommt mir entgegen. Ich will mir das knapp 200 Meter lange Schiff aus der Nähe ansehen und paddle zunächst genau darauf zu. Der Kapitän will offenbar seinen Passagieren die Lofoten-Felsen hautnah präsentieren und ist mit nur wenig Abstand zum Ufer unterwegs. Der Abstand zwischen mir und dem Schiff verringert sich viel schneller als erwartet, ich habe die Geschwindigkeit des Schiffes deutlich unterschätzt. Der Rudergänger hat das kleine paddelnde Kunststoff-Hindernis erkannt und weist mich mit einem durch Mark und Bein gehenden Tuten seines Signalhorns auf sein Vorfahrtsrecht hin.

Ultraschnell, wie von der Tarantel gestochen, ändere ich meinen Kurs und verschwinde hektisch aus der Kurslinie des Stahl-Kolosses. Viel

Platz habe ich allerdings nicht. Als mich die „Amadea" passiert, liegen zwischen mir und dem Schiff 20 bis 30 Meter. Zum Ufer ist es auch nicht weiter. Genug Platz eigentlich. Jedoch lässt die 30 Meter hohe Stahlwand, die sich an mir vorbeischiebt, meinen Blutdruck deutlich ansteigen und mich den Abstand zwischen uns als gerade so ausreichend empfinden. Die 17.000 Pferdestärken der Motoren sind Argument genug, um dem Giganten ohne Widerrede sein Vorfahrtsrecht zu gewähren. Die Passagiere auf den Oberdecks winken mir fröhlich zu und ich winke zurück. Nach kurzer Berg- und Talfahrt durch die Heckwelle des Schiffes endet unser aufregendes Rendezvous.

Vor Svolvær schieben sich weitere Kreuzfahrtschiffe nahe an die 4.500 Einwohner zählende Lofoten-Hauptstadt. Während die Passagiere mit kleinen Booten ausgeschifft werden, paddle ich direkt in den Hafen und schaue mich dort etwas um. Alles scheint auf die Touristen der Kreuzfahrt- oder Hurtigruten-Schiffe ausgerichtet zu sein. Speedboote, die Fahrten zum Trollfjord anbieten, Hotels, Restaurants, der Anleger der Hurtigruten und ein moderner Gästehafen prägen das Hafenbild. Selbst einen Flughafen gibt es. Die Menschen scheinen sich wohlzufühlen.

Mir ist es etwas zu hektisch, daher fällt mein Landgang nur kurz aus. Die Statue „Fiskerkona" in der Hafenausfahrt stellt die Frau eines Fischers

Meine improvisierte Dusche ist echter Luxus

dar, die auf seine sichere Rückkehr wartet und erinnert mich an den Roman „Die Lofotfischer" von Johan Bojer. Das 1921 verfasste Buch erzählt die Geschichte vom Kampf der Fischer um die Jahrhundertwende gegen Wind und Wellen, und von ihrer Suche nach Reichtum und Glück. Aus allen Teilen des Landes kamen sie jedes Jahr im Winter mit ihren Booten für mehrere Monate in die Gewässer rund um die Lofoten zu den Kabeljau-Fanggründen. Dort wohnten sie in den spartanisch ausgestatteten Rorbuer und fuhren täglich bei Wind, Regen und Kälte mit ihren kleinen Booten hinaus. Einige der Lofotfischer blieben auf See verschollen. Die Frauen bangten jedes Jahr aufs Neue um ihre Männer und hofften, dass sie gesund nach Hause zurückkommen mögen.

Mit dieser Reiselektüre mache ich eine Zeitreise in die Vergangenheit und empfinde überdies eine starke Verbindung zu der Landschaft in der ich unterwegs bin. Wenn ich abends im Zelt liege, noch einige Seiten in „Die Lofotfischer" lese und anschließend müde das Buch zuklappe, um mich in meinen warmen Schlafsack zu verkriechen, weiß ich moderne Ausrüstung, wie Neoprenstiefel, Daunenjacke und Funktionsunterwäsche und den damit verbundenen Komfort zu schätzen.

Wenige Kilometer vor Svolvær finde ich auf dem kleinen Eiland Skinøya, unmittelbar vor der Insel Litlmolla gelegen, einen perfekten Lagerplatz. Die „Midnatsol", ein Hurtigruten-Schiff, nähert sich und hält Kurs auf Svolvær. Vor dieser Naturkulisse bietet das majestätische Schiff mit der großen, zweistöckigen Panorama-Lounge über dem Bug, ein beeindruckendes Bild. Ich bin schon gespannt auf meine Hurtigruten-Rückreise, möchte aber im Moment nicht mit den Hurtigruten-Passagieren tauschen.

Heute steht mit dem Trollfjord ein Lofoten-Highlight auf meinem Tagesprogramm. Der zwei Kilometer lange Fjord, ein Seitenarm des Raftsunds, mit seiner nur 100 Meter breiten Einfahrt wird sogar von den Hurtigruten-Schiffen auf ihrem Weg nach Süden angefahren. Diese müssen im Fjord auf der Stelle drehen, um mit dem Bug voraus wieder den Raftsund zu erreichen.

Ich paddle durch die schmale Passage in den Trollfjord hinein. Die Bergflanken steigen zu beiden Seiten auf fast 1.000 Meter steil empor. Seeigel klammern sich an den Fels und Trottellummen nutzen Felsvorsprünge als Ruhe- und Nistplätze. Besatzungsmitglieder der den Fjord befahrenden Yachten haben sich mit Inschriften an den Steilwänden verewigt. Absolute Stille liegt über dem Fjord. An seinem Ende lege ich am Steg bei einem kleinen Wasserkraftwerk an, koche mir einen Kaffee und versetze mich, mit Blick auf die umliegenden Berge, in Gedanken in vergangene Zeiten.

In Johan Bojers Roman „Die Lofotfischer" wird die um 1880 hier stattgefundene erbitterte „Schlacht am Trollfjord" beschrieben. Damals kämpften die Lofotfischer in ihren kleinen Booten gegen eine Flotte moderner Dampfboote, die unter dem Befehl kapitalkräftiger Unternehmer mit Senknetzen den Fjord abfischten. Diese versperrten den kleinen wind- und muskelkraftbetriebenen Booten der Lofotfischer die Einfahrt in den Fjord. Zuvor hatten die Dampfschiffe das Eis des zugefrorenen Fjords aufgebrochen und so einen Zugang zu den Fischschwärmen im Fjord ermöglicht. Nicht ganz uneigennützig, denn nun sollten die Lofotfischer „Eintritt" bezahlen. Natürlich konnten sie das nicht hinnehmen. Sie fackelten nicht lange, enterten die Dampfboote und verschafften sich mit Gewalt Zugang zum Fjord. Dieser Tag war ein großer Erfolg für die Lofotfischer und ging als „Schlacht am Trollfjord" in die Geschichte ein. 1893 wurde vom Storting, dem norwegischen Parlament, das Fischen mit Senknetzen verboten. Johan Bojer beschreibt in seinem Buch sehr anschaulich die Entschlossenheit und den kompromisslosen Willen der Lofotfischer während ihrer erfolgreichen Schlacht.

Plötzlich werde ich aus meinen Gedanken gerissen. Es wird laut im Fjord und für mich daher Zeit wieder aufzubrechen, Ein Powerboot von „Lofoten-Explorer" rast übers Wasser. Umgerechnet etwa 80 € zahlen Touristen für diesen Spaß.

Beim Wechseln meines Kartenblattes stelle ich fest, dass die Lofoten bereits hinter mir liegen. Ich habe die Vesterålen erreicht. Der nördlichste Punkt, Andenes, liegt auf 69 Grad und 20 Minuten Nord. Vor meinem Bug liegt Gaukværøya, eine etwas abgelegene Insel am südwestlichen Ende der Kommune Bø. Nach einem trüben Tag finde ich dort einen Strand, der das Prädikat „Place to be" mehr als verdient hat.

Oft habe ich mich schon gefragt, was eigentlich einen perfekten Übernachtungsplatz ausmacht. Kriterien wie Windschutz, kurze Wege zwischen Ufer und Zelt, schöne Aussicht, ebene Wiese, keine Mücken und vielleicht einen tollen Blick in den Sonnenauf- oder Sonnenuntergang oder besser noch beides, wären auf jeden Fall zu nennen. Dieser Strand scheint tatsächlich alles zu bieten.

Ich vergeude keinen Gedanken ans Weiterpaddeln und sitze bald nach meiner Ankunft auf Gaukværøya auf einer von einem meiner Vorgänger aus Treibholz gezimmerten Bank, neben mir einen Becher Tee und sauge die Ruhe des Nordlands in mir auf. Gleich gibt es Abendbrot und wenn ich Glück habe, bekomme ich vielleicht noch ein paar Sonnenstrahlen geschenkt. Viel mehr brauche ich gerade nicht.

Bei einem Rundgang über die Insel komme ich dann an einem Schild vorbei, das auf den Ort Været hinweist. Været, früher Neset genannt, war im 16. Jahrhundert eines der größten Fischerdörfer der Vesterålen. Eine aus dem Süden hierhergezogene Kaufmannsfamilie ließ 1580 sogar eine Kreuzkapelle bauen. Es gab einen Fischerhafen, eine Fischsalzerei und einen Gemischtwarenladen. Von 1823 bis 1839 hatte Gaukværøya einen sogenannten Lensmann, wie die von der Verwaltung und den Fischern bestimmten Autoritäten mit zivilen und polizeilichen Aufgaben damals hießen. 1917 richtete man ein Inselpostamt ein. Außer den Resten einiger Fundamente ist von dem Ort kaum noch etwas übrig geblieben, denn 1953 zogen die letzten Inselbewohner fort.

Der längste Tag des Jahres empfiehlt sich zwar mit Regen, mit 15 Grad Lufttemperatur könnte man den nordischen Tag aber als warm bezeichnen. Im strömenden Regen das Zelt abbauen kommt gar nicht in Frage. Ich bin froh, gestern noch eine Plastikflasche ins Zelt geholt zu haben. Jetzt geht es ihr an den Kragen oder besser gesagt an den Hals. Mit einem Messer schneide ich das obere Viertel der Flasche ab und erspare mir somit Pinkelausflüge unter die kräftige Nordlanddusche vor meinem Zelt. Es regnet ununterbrochen und ein Ende ist nicht in Sicht.

Die tiefhängende Wolkendecke lässt die Nachbarinseln aus meinem Sichtfeld verschwinden. Daher widme ich mich dem Buch von Johan Bojer und lese, wie die Lofotfischer unter viel härteren Bedingungen während ihrer winterlichen Fischzüge klarkommen mussten. Gegen diese harten Hunde komme ich mir wie ein Weichei vor.

Erst zum Abend hin lässt der Regen leicht nach. Die Wolken scheinen sich zu einer homogenen grauen Masse vereinigt zu haben, die immer noch schwer und bedrohlich über der Inselwelt liegt und den Anschein erweckt, als würde sie jeden Moment einen neuen Regenteppich über die Landschaft werfen wollen.

Es regnet nicht mehr, aber die grauen Wolken hängen tief in den Bergen. Das Zelt liegt klitschnass zusammengepackt wieder im Boot und

Solch gigantischen Landschaften kommt man mit dem Kajak am nächsten

bei nur neun Grad Lufttemperatur und leichtem Gegenwind paddle ich weiter an Langøyas Westküste Richtung Norden. Die folgenden zwei Pausen in verschlafenen Häfen fallen sehr kurz aus, denn schon nach wenigen Minuten kriecht die kalte feuchte Luft unter meine Paddeljacke und schickt mich zurück auf den Atlantik.

In Hovden habe ich genug von der Schinderei des Tages. Der kleine Ort lässt in mir die Hoffnung aufkeimen, vielleicht ein Café zu finden, das mir den letzten Teil des Tages versüßen könnte. Boot und Zelt lasse ich am Strand zurück. Eine Straße führt ganz in der Nähe meines Strandes in den Ort.

Es dauert nicht lange, bis das erste Auto vorbeikommt, das ich stoppe. Beim Fahrer erkundige ich mich nach einem Geschäft, einem Restaurant oder einer sonstigen Einkehrmöglichkeit und ernte nur mitleidiges Kopfschütteln.

Das alte Fischerdorf verfügt nur über einen kleinen Fischereihafen. Ein Teil des Kabeljaufangs der letzten Saison hängt immer noch an den Trockengerüsten. In der zweiten Hälfte des 19. Jahrhunderts sollen in Hovden in der Fischfang-Hochsaison während der Wintermonate bis zu 400 Fischer in einfachen Hütten gelebt haben. Jetzt wirkt der Ort wie ausgestorben, nur vereinzelt treffe ich auf ein Auto oder einen Menschen.

Auf dem Rückweg zu meinem Zelt kommt mir der gleiche Wagen wie auf dem Hinweg entgegen und hält auf meiner Höhe.

Sein Fahrer dreht die Scheibe herunter:

„Wir feiern heute Abend Mittsommer. Wenn Du magst, kannst Du ab 18 Uhr zum Versammlungshaus kommen. Es gibt Kaffee und Kuchen und später wird noch gegrillt."

Meine Freude über die verlockende Einladung ist groß. Das Versammlungshaus liegt keine zehn Minuten Fußweg von meinem Zelt entfernt. Ich lerne Lars kennen, einen sympathischen 61-jährigen der hier geboren ist. Er wohnt zwar schon lange in Trondheim, scheint aber mit einem Großteil der Dorfbewohner über drei Ecken verwandt zu sein und ist mit seiner Familie zu Besuch hier.

„Nur 20 Menschen wohnen noch das ganze Jahr über im Dorf. Keine Jobs. Die Leute die hier leben, werden immer älter. Die Jungen ziehen weg und die Alten werden weniger", erzählt mir Lars und fährt fort: „Viele von den Leuten, die Du heute siehst, sind hier geboren und kommen jedes Jahr zu Mittsommer nach Hovden, so wie wir. Einige Touristen sind auch immer dabei. Und Typen wie Du."

Ich fühle mich geehrt, dass Lars einen Unterschied zwischen Touristen und „Typen wie mich" macht.

Um Mitternacht stehen wir am obligatorischen Feuer. Ich bekomme von Lars' Frau ein Steak vom Grill in die Hand gedrückt. Lars Kinder, zwei Teenager, deren Englisch deutlich besser ist als meins, wollen wissen was mich hierher treibt. Ich erzähle ihnen, dass ich mit dem Kajak eher zufällig in Hovden gestrandet bin. Die komplette Familie schaut mich mit großen Augen an.

„Wirklich, mit dem Kajak?", fragt der ältere Sohn unsicher nochmal nach.

„Wie die alten Lofotfischer", merkt Lars Frau an und freut sich, als ich ihr erzähle, dass auch ich Johan Bojers Buch gelesen habe. Um meine bestaunte Leistung zu relativieren, werfe ich ein, dass ich im Gegensatz zu den Lofotfischern nur im Sommer und zum Vergnügen hier bin.

Lars reicht mir mit einem kumpelhaften Hieb auf den Oberarm ein Bier: „Ein bisschen Wikingerblut steckt auch in Dir. Cheers!"

✢

Es wird warm im Zelt. Ich öffne den Reißverschluss und werde von einer in gleißendes Sonnenlicht getauchten nordländischen Sommerlandschaft begrüßt. Nur ein schmales Wolkenband hat sich in den Bergen festgekrallt. Das deprimierende Grau des Vortags ist einem Ultramarinblau gewichen, das vom Wasser reflektiert wird.

Ideale Paddelbedingungen. Daher bin ich früh auf dem Wasser, unterwegs Richtung Nordosten zur Insel Skogsøya. Neugierig auf die Insel hat mich eine Abbildung in einem Reiseführer gemacht, auf der ein Paddler vor einem Strand und einer Herde Rentiere zu sehen ist. Unterwegs wickle ich an einer steil ins Meer abfallenden Felsflanke meine Angelschnur ab und lasse den Pilker auf Grund sinken. Schon bald spannt sich die Schnur und kurz darauf liegt ein 60 Zentimeter langer Seelachs zwischen meinen Beinen im Boot. Der Bursche sollte mich gut und gern bis morgen ernähren.

Rechter Hand liegt nun die Insel Tindsøya mit des bis Mitte des 20. Jahrhunderts als fischreich bekannten Handelsplatzes Tinden. Die Häuser des Fischerdorfes Skipnes stammen noch aus dem 19. Jahrhundert. Inzwischen wurde Skipnes zum Ferien- und Freizeitort wieder aufgebaut. In den letzten Jahren war es Basisstation für die alljährliche Austragung des Arctic Sea Kayak Race. Dort treffen sich Wettkampf- und Touren-Kajakfahrer zu einer entspannten gemeinschaftlichen und lehrreichen Woche in herrlicher Landschaft.

Dann erblicke ich vor mir die von einem hufeisenförmigen Gebirge durchzogene Insel Skogsøya. Die noch ein ganzes Stück weit im Osten gelegene Propstei Øksnes, deren 300 Jahre alte Kreuzkirche romantisch in einem Naturhafen liegt, lasse ich rechts liegen und steuere den Strand Sørsandvika am Westufer der Insel an. Wer hier daran vorbeipaddelt ist selber schuld. Das möchte ich natürlich nicht sein, erkläre umgehend einen kleinen Uferabschnitt der Bucht zu meinem Claim und erlaube mir, dies durch Errichtung meiner überdachten Schlafstelle deutlich sichtbar zu demonstrieren.

Es gibt jedoch niemanden der sich für meinen Landfall interessiert. Leider auch nicht die Rentiere, auf die ich zu treffen gehofft hatte. Um den Seelachs möglichst frisch zu vertilgen, bereite ich einen Fischtopf auf Basis einer Tütenzwiebelsuppe zu. Ob es die raffinierte Zubereitung des erlegten Meeresbewohners oder vielleicht doch nur die ungewohnte Fülle des Abendmahls war, auf jeden Fall lasse ich mich zu selbstverliebter Begeisterung hinreißen, die mich zu einem Verdauungsspaziergang durch meine nahegelegenen Ländereien entlang der Bucht verleitet. Weit und breit ist keiner der gehörnten Insel-Mitbewohner zu erblicken, woraufhin sich der „Lord of the Bay" in seine Gemächer zurückzieht.

Mein erster Blick aus dem Zelt bleibt bei einer Ansammlung von etwa

25 Individuen hängen, die es sich am Strand unterhalb meines Zeltplateaus bequem gemacht haben.

„Da seid Ihr ja", begrüße ich die Rentiere leise gegen den Wind sprechend. Die Herde macht einen entspannten Eindruck und lässt mich näher als gedacht, auf 50 bis 60 Meter an sich herankommen. Erst als ich anfange mein Boot zu packen, wird es ihnen zu unruhig und sie ziehen weiter den Strand entlang.

Über das Fischerdorf Nyksund erreiche ich bei Stø mit 69 Grad den nördlichsten Punkt meiner Nordlandtour. Zur erfreulich warm und ausdauernd scheinenden Sonne zeigt mein Barometer jetzt eine kontinuierliche Luftdruckänderung mit klarer Hochdruck-Tendenz – der Himmel wird blau und blauer und die Wolken verschwinden Richtung Festland.

Auf Gisløya, nach nicht einmal 15 Tageskilometern, lege ich an einem kleinen feinen weißen Sandstrand an. „Einen besseren Übernachtungsplatz findest Du nicht", sagt eine Stimme, die mich vom Paddeln abhalten will. Ich bin hin- und hergerissen, denn eine weitere Stimme treibt mich weiter voran und will von einer Pause nichts wissen.

Den Paddler weise ich entschlossen in seine Schranken und freunde mich spontan mit seinem sich nach Erholung und Müßiggang sehnenden Kumpanen an. Das Kajak bleibt somit für heute am Strand!

Die Insel ist einfach zu schön, die Pflanzenwelt so bunt, mein kleiner Strand so toll gelegen und die Zeit, die mir bis zum Ziel bleibt, so großzügig bemessen, dass es sträflich wäre, hier nicht zu übernachten. Erst als ich mit meiner Kamera über die Insel streife, erkenne ich deren wahre Schönheit. Durch einer moorige Senke schlängelt sich ein kleines Flüsschen, das schließlich ins Meer mündet. Moltebeeren reifen neben einer Vielzahl blauer, weißer, gelber und lilafarbener Blüten heran. Dazwischen macht sich Rentiergras großflächig breit und reicht bis auf die kleinen Hügel, die meinen Strand einrahmen. In der Nähe brütet ein Seeschwalben-Pärchen.

Von einem der Hügel blicke ich auf die Bucht, an deren Ufer mein Boot liegt und das Zelt steht. Im Hintergrund erhebt sich die so charakteristische Bergkette der Lofoten und Vesterålen, deren Gipfel wie scharfe Zähne eines Raubtiers in den Himmel reichen. Für jeden Fotografen und Landschaftsmaler ein Fest der Sinne und Reize!

Untypisch warm hat mich dieser Nordland-Sommertag auf Gisløya empfangen und hält mich im schummrigen Licht der Nacht immer

Jede Bucht ist wie die neue Folge einer spannenden Fernsehserie.
Man kann süchtig danach werden.

noch davon ab, in den Schlafsack zu kriechen. Nur noch eine Stunde ist es bis Mitternacht. Die Sonne hat in einer Lücke zwischen dem Horizont und einem Wolkenband, ganz dicht über dem Atlantik, ihren Tiefpunkt erreicht. Es ist empfindlich kühl geworden. Seit drei Stunden habe ich meine Daunenjacke an, um möglichst lange das magische Licht des Nordens bestaunen zu können, von dem ich mich kaum losreißen kann.

„Reise mit Jörg und Du wirst gutes Wetter haben."

Mehrfach habe ich von Freunden oder Bekannten diesen Spruch gehört, wenn ich von gutem Wetter berichtet hatte, das mir bei meinen Touren tatsächlich überdurchschnittlich oft widerfahren ist.

Auch diesmal kann ich rückblickend an einer Hand die Regentage abzählen, die ich hinnehmen musste. Das ist wenig für die norwegische Inselwelt in diesen Breiten. Die durchschnittliche Junitemperatur liegt bei zehn bis elf Grad. Mein Thermometer zeigt heute Morgen schon 17 Grad. Der Tag scheint sich zu einem Sommer-Spektakel entwickeln zu wollen.

Etwas wehmütig verlasse ich Gisløya. Ein Leuchtturm auf Andøya bei Stor-Sandnes weist mir den Weg über den Gavlfjorden. Hinter einem weißen Sandstrand steigen die Berge über 600 Meter in die Höhe. Wie ein gewaltiger Dachfirst hebt sich die Linie des Gipfelgrats vor dem blauen Himmel ab. Die klare Luft lässt Entfernungen optisch schrumpfen, daher erscheinen die kilometerweit entfernten grandiosen Felsformationen so scharf und kontrastreich, als könne man sie greifen. Paddeln wird dabei fast zu einem meditativen Zustand. Auf dem fast spiegelglatten Wasser kann ich mich der Landschaft voll und ganz hingeben, muss nicht auf Wind und Wellen achten und schenke selbst der Karte vor mir nur wenig Beachtung.

Mein Grundkurs führt nach Süden und damit immer der Sonne entgegen. Erst zum Mittag, wenn sie im Sommer-Zenit steht, wird es schwierig sich am strahlenden Himmelskörper zu orientieren. Papageientaucher und Trottellummen kreuzen meinen Kurs.

Andøya, die nördlichste Insel der Vesterålen, bedenke ich nur mit einem kurzen Landgang, um wenigstens einmal einen Fuß auf die Insel gesetzt zu haben. Bald bin ich schon wieder unterwegs nach Langøya, Norwegens drittgrößter Insel, der ich weiter bis Sortland folge. Dort decke ich mich mit Brot und frischem Obst ein, aber auch kulinarischen Köstlichkeiten wie belegten knusprigen Baguettes und einem großen Stück Kuchen vom Bäcker. Vollgefuttert und gut verproviantiert verlasse ich den Hafen der 10.000 Einwohner zählenden Stadt. Für nordnorwegische Verhältnisse darf man Städte diese Größe gut und gern als Metropole bezeichnen.

Noch einmal wechsle ich die Fjordseite zu Norwegens größter und bevölkerungsreichster Insel, nach Hinnøya. Ein etwas altertümlich wirkendes Schiff taucht von Norden kommend auf. Seine Farben und die rote Schornsteinmarke deuten auf die Zugehörigkeit zur Hurtigruten-Flotte hin. Als das einem Oldtimer ähnelnde Passagierschiff näherkommt, ist auch sein Name gut zu erkennen. Es ist die „Lofoten" – das zweitälteste Schiff der traditionellen Generation, welches den nostalgischen Charakter der alten Postschiffe widerspiegelt. Es lief 1964 in Oslo vom Stapel. Hurtigruten verspricht seinen Passagieren auf der „Lofoten" nicht nur eine See-, sondern auch eine Zeitreise, die von der klassischen stilvollen Einrichtung und Bordatmosphäre geprägt sein soll. Das Schiff ist nur 87,5 Meter lang und für maximal 400 Passagiere ausgelegt. Mich beeindruckt das Bild der alten Lady, die nun direkt vor mir dem Sortlandsundet nach Süden folgt. Als die „Lofoten" aus meinem Sichtfeld verschwindet, paddle ich in den Djupfjorden, in dessen südlichem Bereich die kleine Insel Holmen schon auf mein Zelt wartet.

Mein Ziel, Stokmarknes, liegt nicht mehr weit entfernt vor meinem Bug. Als ich an Hinnøyas Ufer entlangpaddle, bemerke ich aus dem Augenwinkel eine Bewegung. Es ist ein weißer Polarfuchs, der, auf einem Hügel sitzend, zu mir herunterschaut. Ich lasse mich ein Stück treiben, um den flauschigen Vierbeiner noch eine Minute im Auge zu behalten. Offensichtlich ist ihm der Sicherheitsabstand zwischen uns bewusst, denn vollkommen unaufgeregt, fast etwas gelangweilt, schaut mir der spitzohrige Geselle hinterher und verschwindet irgendwann hinter dem nächsten Hügel.

Von Hinnøya setze ich nach Langøya über und richte mein letztes Lager in der Nähe von Stokmarknes auf Kistholmen ein, einer winzigen Insel im Langøsundet. Die Tage meiner Nordland-Reise sind wie im Flug vergangen. Das außergewöhnlich gute Wetter hat mir besonders die letzte Woche mit reichlich Sonne, Temperaturen über der 20 Grad-Marke und wenig Wind versüßt. Nach der 20. Nacht im Zelt stehe ich in Stokmarknes am Hurtigruten-Terminal. Von hier aus will ich mich nach Bergen schippern lassen. Das Kajak habe ich auf den Bootswagen geschnallt und warte auf mein Schiff, die MS „Nordkapp".

Es fährt nochmal in den Trollfjord, macht in Svolvær fest, verlässt schließlich die Lofotenküste, schwenkt hinüber zum norwegischen Festland und passiert den nördlichen Polarkreis, um anschließend seinen Weg nach Bergen fortzusetzen. Die Landschaft zu beiden Seiten bietet eine einzigartige Kulisse und verzaubert jedes Jahr aufs Neue Touristen aus aller Welt. Nun gehöre ich zwar auch dazu, bin allerdings aus einer anderen Perspektive etwas vorbelastet. Spektakuläre Aussichten und interessante Exkursionen gehören zum Standard-Programm der Hurtigruten-Reisen.

Die Gäste werden aber nicht nur durch das Erleben der norwegischen Fjord- und Inselwelt verwöhnt. Auch kulinarisch wird ihnen einiges geboten. Die Köche auf den Schiffen sind wahre Künstler. Mit mir haben sie allerdings nach dreiwöchiger Ernährung bestehend aus Müsli, Nudeln, Reis und Kartoffelpüree auch leichtes Spiel. Frisch geduscht stehe ich später auf dem Achterdeck und blicke ins Schraubenwasser der „Nordkapp". Ganz langsam nehme ich Abschied von einer Landschaft, deren atemberaubende Schönheit ich auf den 400 Kilometern rund um die Lofoten und Vesterålen aus der Kajakperspektive ganz intensiv erlebt habe. Mein Zelt hat auf einsamen Inseln und an wilden Stränden gestanden, ich war dem Wasser, dem Himmel und den Bergen immer ganz nah. Hautnah! Die Tage auf der „Nordkapp" erweisen sich tatsächlich als eine schöne Seereise. Aber die „Schönste Seereise der Welt" – sorry Hurtigruten – die habe ich mit meinem Kajak gemacht.

In Bergen miete ich mir ein Zimmer für die Nacht in einem Hostel und reihe mich am nächsten Tag, mit meinem Kajak auf dem Bootswagen, in die Autoschlange ein. Ich will mit einem der Schiffe der Fjordline nach Hirtshals in Dänemark übersetzen. Entschieden habe ich mich für den günstigsten Überfahrt-Tarif im Schlafsessel und nur das Frühstücksbuffet dazugebucht. Ein Einweiser winkt mich aus der Schlange und begleitet mich an Bord bis zum Stellplatz für mein Kajak.

„Typen wie ich einer bin, stünden selten in der Warteschlange", macht mir der Fjordline-Mitarbeiter klar und erkundigt sich nach dem Hintergrund meiner ungewöhnlichen Fracht. Gern und nicht ohne Stolz, berichte ich dem jungen Mann von meinem Nordland-Trip. Er schaut mich ungläubig an und fragt nochmals nach, ob er mich auch richtig verstanden hat:

„Einmal um die Lofoten?"

„Ja", bestätige ich ihm gelassen und füge hinzu: „Und ein Stück um die Vesterålen".

Nach der Reise ist vor der Reise. Dieses Mal reise ich nicht wirklich zurück nach Hause. In Hirtshals wird Kerstin mich mit dem Auto abholen – dann geht es gemeinsam für zwei Wochen in unseren Kajaks entlang der westschwedischen Schärenküste.

Einzigartige Momente in großer Naturkulisse zu erleben, beflügelt die Gedanken des Reisenden. Solche Erfahrungen mache ich immer wieder. Während dieser Reise habe ich noch öfter als sonst über den Wert von Zeit nachgedacht. Altersbedingt geht es mir dabei nicht um die Zeit prinzipiell, sondern immer mehr um die Zeit, die noch bleibt, in einem Menschenleben. Das mag nach Sinnkrise klingen. Ich sehe es eher pragmatisch und stelle mir einmal mehr die Frage, wie groß der Anteil der zur Verfügung stehenden Zeit sein sollte, den ich als Angestellter hinterm Schreibtisch verbringe. Meine einfache Antwort lautet: Nicht mehr als nötig. Diese profane Erkenntnis beschäftigt mich so intensiv während der Heimreise, dass ich einen Entschluss fasse, der mein Leben schon jetzt ein wenig verändern soll. Statt einen Schlusspunkt für meinen Job zu definieren wäre es doch klug, schon vorher das Arbeitspensum herunterzuschrauben. Mit einer Teilzeit-Lösung wäre das einfach getan, wenn alle Parteien mitspielen. Natürlich muss Kerstin als erstes vom Potential meiner neuen großen Idee überzeugt werden.

Mein Gefühl sagt mir, dass die Teilzeit-Idee realistisch umsetzbar ist. Euphorisch präsentiere ich Kerstin während unseres Schweden-Urlaubs meinen Plan und bin fast etwas überrascht, wie schnell sie meinem Vorhaben zustimmt. Um eventuelle Bedenken zu kompensieren, stelle ich in Aussicht, vielleicht sogar ein paar Jahre länger im Job zu bleiben und nicht schon mit 55 die ultimative Kündigung vorauszusagen.

Jetzt muss nur noch der Arbeitgeber mitmachen.

Gut vorbereitet mache ich schon in der zweiten Arbeitswoche nach dem Urlaub einen Termin mit meinen Chefs und der Personalreferentin. Meine Karten lege ich klar und deutlich auf den Tisch. Etwas erstaunt, aber durchaus interessiert, hört man mir zu. Ich glaube sogar, so etwas wie Verständnis in den Augen meiner Gesprächspartner, wenn auch nicht aller, zu erkennen. Zwei Wochen später halte ich einen neuen Arbeitsvertrag in den Händen. Wichtigster Inhalt: 28 Wochenstunden auf die Tage von Montag bis Donnerstag verteilt.

Das Dream-Team in Neufundland
An der Ostküste Neufundlands

Dieser Arbeitstag sollte ein ganz besonderer Tag werden.

„Nach dem Frühstück ist Projektsitzung OCEANEX. Sieht aus, als würden wir den Auftrag bekommen. Ich kann nicht. Geh Du mal hin." Das war die erste dienstliche Order, die ich an diesem Tag von meinem Chef bekam.

„Klar, kein Problem", bestätigte ich und freute mich auf das Meeting, wie selten.

OCEANEX ist ein kanadisches Transportunternehmen mit Sitz in St. Johns, Neufundland. Wie so oft vergehen manchmal Jahre, bis die Vertragsparteien sich einig werden. So war es auch bei diesem Auftrag. Das Projekt zog sich hin, bis ihm ganz plötzlich höchste Priorität zugeordnet wurde. Der Kunde droht mit Auftrag – seit vier Wochen waberte dieses Gerücht, das sich durch sämtliche Konstruktionsabteilungen hindurch ständig erhärtete. Im Meeting wurde tatsächlich bestätigt, dass wir den Auftrag in der Tasche hatten. Die Vertragsunterzeichnung sollte in den nächsten Tagen folgen. Als ich die erfreuliche Nachricht meinen Kollegen mitteilte, freuten die sich in erster Linie, weil der Auftrag neue Arbeit sicherte.

Ich hatte noch einen anderen Grund zur Freude. Während der letzten Wochen hatte ich Neufundland schon mal prophylaktisch als Seekajakrevier recherchiert. Viel findet man zwar nicht im Netz, aber was ich fand, ließ mein Paddler-Herz höher schlagen. Zwei Dinge waren es, die mich besonders faszinierten und erfüllt von Fernweh auf die Bilder schauen ließ, die ich fand: Eisberge und Wale.

Von der Auftragsunterzeichnung bis zum Baubeginn des Schiffes sollte es noch ein Weilchen dauern. Bis dahin stand mein ungefährer Reiseplan schon so gut wie fest. Nur die Bootslogistik musste noch geklärt werden.

Mich auf meine Erfahrungen mit BC Ferries verlassend, sah ich kein wirkliches Problem darin und kontaktierte den Neubau-Manager unseres Kunden. Carl Sullivan, ein Mann von beeindruckender Statur, fand meine Idee, in seinem Heimatland mit dem Kajak in See zu stechen, „amazing" und „crazy". Aber noch wichtiger war, dass er meine Kajak-Transport-Anfrage unkompliziert und direkt mit „should be no problem" beantwortete.

Notwendige Details würden geklärt werden, wenn die Ablieferung des Schiffes bevorstünde. Nach der Westküste Kanadas, wo ich 2006 allein und 2009 zusammen mit Hannes gepaddelt bin, sollte nun die Ostküste folgen.

In meinen Gedanken, in denen ich mich in den letzten Monaten bereits mehrfach an der Westküste des Atlantiks zwischen haushohen Eisbergen sah, entstanden schon plastische Bilder vor meinem Auge. Sie ließen mich die salzige Atlantikluft schmecken, ich sah mich einem Buckelwal den Rücken streicheln und mit dem Eis der Eisberge einen Whisky on the Rocks trinken. Alles erschien schon greifbar nah.

Es wurde Zeit nach geeigneten Flügen zu schauen. Als ich bei der ersten Flugpreisanfrage zum Kästchen gelangte, in dem die Anzahl der gewünschten Flüge einzutragen war, stockte ich, dachte einen Moment nach und verschob die Flugbuchung. Mir schoss durch den Kopf, dass Hannes nach seinem Bachelor-Abschluss ein Praktikum machen wollte. Damit sollte er im Mai 2014 fertig sein und würde erst im Herbst sein Masterstudium starten.

„Das passt", dachte ich und griff noch am gleichen Abend zum Telefonhörer um meinem Sohn ein schwer abzulehnendes Angebot zu unterbreiten. Als nicht unwichtige und vermutlich zielführende Voraussetzung sei bemerkt, dass Hannes gerade solo war. So weit ich wusste zumindest. Das sollte helfen, schnell und direkt die Antwort zu bekommen die ich erwartete. Ich redete nicht lange um den heißen Brei und erkundigte mich nach Hannes Plänen für diesen Zeitraum. Hannes hatte nichts Konkretes auf dem Zettel. Dann schlug ich Hannes vor unser Haida Gwaii-Abenteuer in Neufundland zu wiederholen.

„Kostet Dich nichts. Bist eingeladen", machte ich ihm die Sache zusätzlich schmackhaft.

Hannes hatte durch meine Recherchen und Berichte immer mal beiläufig mitbekommen, was einen in Neufundland erwartet und konnte sich ungefähr einen Reim darauf machen, was auf ihn zukommen würde.

„Bin dabei." So knapp war seine Antwort.

Für mich klang sie wie der Vorspann auf einen Plot, der uns sechs Wochen an Kanadas Ostküste ein neues Abenteuer zwischen Eisbergen und Walen erleben lassen würde.

„Alles klar, ich buche dann zwei Flüge", antwortete ich um ebenso knappe Sachlichkeit bemüht und wartete auf weitere Reaktionen seitens meines Sohnes. Natürlich lief unser Gespräch etwas ausschweifender und Hannes Zusage folgten noch einige Sätze, die den Rahmen unseres gemeinsamen Vorhabens beschrieben. Hannes Sprechtempo nahm Fahrt auf, er schien sich gerade an meiner Vorfreude angesteckt zu haben und es war deutlich zu spüren, wie sich die räumliche Distanz am Telefon aufzulösen schien. Das Vater & Sohn Dream-Team stand vor einer neuen Herausforderung, deren Essenz ich bereits in Form einer Gänsehaut spürte. Ich hätte sofort anfangen können zu packen.

Informationen die das Internet bot waren zwar spärlich, aber sie reichten, um unserem Plan eine konkrete Struktur zu geben. Ich besorgte mir zwei Bücher: „Around the Rock – A Newfoundland Sea Kayak Journey" von Ken Campbell und „A Guide to Sea Kayaking in Newfoundland & Labrador" von Kevin Redmond und Dan Murphy. Ken Campbell, ein US-Amerikaner, hatte ganz Neufundland umrundet. Die Kanadier Kevin Redmond und Dan Murphy beschrieben kürzere Touren entlang der Küste der östlichsten Provinz Kanadas. Als Einstimmung auf die neue Paddeldestination waren die Bücher brauchbar. Wohin wir genau wollten, wusste ich allerdings auch nach der Lektüre noch nicht.

Die Homepage einer neufundländischen Vereinigung aktiver Seekajaker erwies sich als nützlichste Fundgrube. Der damalige Präsident des Klubs, Hazen Scars, ein Pensionär und aktiver Paddler, antwortete prompt auf meine Anfrage und bot mir seine Hilfe an. Über ihn organisierte ich die Abholung unserer Kajaks, die an Bord des in Flensburg gebauten Schiffes, der „OCEANEX CONNAIGRA", bereits ein gutes halbes Jahr vor uns in Neufundland eintreffen sollten. Hazen versprach außerdem, dass er, wenn unsere endgültige Paddelroute feststehen würde, sich um notwendige Transporte kümmern wollte, und schickte mir per E-Mail einen Stapel Seekarten, die ich lediglich um einige Google Earth-Karten komplettieren musste. So fügten sich alle Puzzle-Teile unseres Plans zu einem Großen und Ganzen, das versprach, ein neuer aufregender Trip zu werden.

Am 9. Juni 2014 verabschiedet uns Kerstin am Hamburger Airport.

„Bring mir Hannes gesund wieder nach Hause", flüstert Kerstin mir leise zu, als wir uns umarmen. Ein ernster Blick, der tief in meine Augen dringt, folgt ihrem Wunsch bevor sie sich Hannes zuwendet.

„Versprochen", rufe ich ihr nach, als sie sich Richtung Parkplatz auf den Weg macht.

Am späten Nachmittag landen wir in St. Johns. Hazen, begleitet von P. J. – Pepper Junior –, einem schon etwas altersschwachen Beagle, erwartet uns bereits und heißt uns in Neufundland willkommen. Er fährt uns zu seinem Haus am Stadtrand. Unsere Kajaks liegen zusammen mit einigen Ausrüstungsteilen in Hazens Werkstatt. Nichts fehlt. Warum auch. Der Rest der Ausrüstung steckt in unseren zwei riesigen Rucksäcken. Es kann losgehen.

Hazen lädt uns zu einem kurzen Ausflug zum Leuchtturm von Cape Spear, dem östlichsten Punkt Kanadas, ein. Dort bekommen wir eine Ahnung von dem, was uns auf dem Wasser erwartet. Einige Eisberge sind zu sehen. Sie stammen von gekalbten grönländischen Gletschern und sind den langen Weg bis an die Ostküste Kanadas getrieben, um hier zu stranden. In dem nur acht Grad kalten Wasser wird es noch einige Wochen dauern, bis diese beeindruckenden uralten weißen Brocken vollständig tauen werden. Die langen Atlantikwellen brechen sich vor der Küste und tauchen die Uferfelsen in ein Meer aus weißer Gischt. Hier mit dem Kajak anzulanden wäre zumindest heute keine gute Idee.

Hazens Empfehlungen folgend haben wir uns für eine Paddelroute entschieden, die an der nördlichen Küste bei Notre Dame Bay starten soll. Entlang der Nord- und Ostküste wollen wir bis nach St. Johns paddeln. Uns steht noch ein ganzer Tag zur Verfügung, den wir für Verpflegungseinkäufe, einen kurzen Stadtbummel, einen Blick vom Signal Hill auf den grauen Atlantik und letzte Vorbereitungen nutzen.

Dann ist es soweit.

Hazen fährt uns nach Lewisporte, einem Ort an Neufundlands Nordküste. Eine Mischung aus Aufregung und Vorfreude macht sich breit. Es kribbelt im Bauch. Haben wir an alles gedacht? Ist alles im Auto? Sind wir richtig ausgerüstet? Solche Fragen sausen mir pausenlos durch den Kopf, während Hannes hinten im Fond schläft.

Wir kommen in Lewisporte an und machen Halt bei Tim Hortens. Dort treffen wir Chris Vincent auf einen Kaffee. Chris, ein Local und Freund Hazens, paddelt seit vielen Jahren an der Küste Neufundlands. Der drahtige Kerl, knapp über 60, dessen freundliches Gesicht Ruhe ausstrahlt, war früher Lehrer. Seit einigen Jahren ist er pensioniert und baut nebenbei traditionelle Inuit-Kajaks. Chris kann uns einige Tipps hinsichtlich guter Lagerplätze und eisfreier Passagen geben. Das scheint tatsächlich wichtig. Von unserem ursprünglichen Plan, in Green Bay etwas weiter westlich zu starten, verabschieden wir uns gerade. Die Fischer dort warten immer noch darauf, dass der Wind dreht und die Eisfelder endlich aus der Bucht treibt.

„Green Bay – no chance", ist Vincents kurzer aber bestimmter Kommentar. „Too much ice" ergänzt Vincent mit einem Grinsen auf den Lippen und macht eine Kopfbewegung die andeutet, dass wir weiterfahren sollten.

„Follow me", gibt Chris uns zu verstehen. Eine halbe Stunde später parken wir an einem kleinen Strand und schauen auf eine fast vollständig mit Seeeis verblockte Bucht.

„Hier sollen wir starten?", mit fragenden Augen schaue ich erst Hannes und dann Hazen an. Hazen lacht nur und schaut zu Chris. Der grinst schon wieder und meint, dass er uns nur zeigen wollte, was von dem langen Winter noch übrig ist. In der nächsten Bucht rollt unser Auto dann an den steinigen Strand einer kleinen, eisfreien Bucht. Hier soll unsere Tour tatsächlich beginnen. In der Ferne sind kleine Eisfelder zu erkennen, deren Dichte von hier nur schwer zu beurteilen ist. Der letzte Winter, berichtet uns Hazen, war nicht nur kälter als sonst, sondern hielt Neufundlands Küste länger als üblich fest in seinem Griff. Grönländische Gletscher sorgen für stetigen Nachschub an Eisbergen, die am Ende ihrer Reise hier in der sogenannten „Iceberg Alley" vor Neufundland stranden, einer Art Wanderstrecke der Eisberge von Labrador bis zu der Stelle wo sie endgültig schmelzen. Hazen versichert uns, dass wir dieses Jahr mit besonders vielen Eisbergen rechnen können.

„Hoffentlich nicht zu viele", fange ich an zu zweifeln. Ob wir es schaffen werden einen sicheren Weg nach Twillingate zu finden scheint fraglich.

„Just try it", sagt Chris und gibt uns noch einen simplen Alternativplan mit auf den Weg:

„If it's going wrong you have to find another way."

„Ja klar, da hätte ich auch drauf kommen können". Wo und wie lang dieser andere Weg sein und wohin er führen könnte, bleibt Chris uns schuldig. Wir haben gute Karten und werden es herausfinden oder, besser gesagt, herausfinden müssen. Mit Hazen ist abgemacht, dass wir uns in drei Wochen treffen wollen. Irgendwo, wo man mit dem Auto ans Ufer kommt. Bevor wir uns verabschieden bläut Hazen uns ein, dass wir keine unnötigen Risiken eingehen sollen.

„The Northern Atlantic is not a playground. If you should get in trouble, give me a call. Anytime. I will do my best to help you."

Mit diesem Versprechen lässt Hazen uns ziehen.

Wir sind auf dem Wasser, auf dem Atlantik in der Notre Dame Bay und paddeln einem neuen Abenteuer entgegen. Die Sonne scheint, ein leichter Wind weht aus West und in der Ferne treiben Bergy Bits, Bruchstücke von Eisbergen. Die Szenerie wirkt unwirklich und fremd. Nach einer halben Stunde sehen wir überall kleine und größere Eisstücke schwimmen. Wir sind auf dem Weg nach Norden. Noch, müssen wir uns ehrlicherweise eingestehen, da nicht klar ist, wie lange wir diesen Kurs noch halten werden können. Größere Eisfelder könnten weiter nördlich die Bucht vor Twillingate versperren, wie Chris berichtete. Ob wir dort durchkommen werden ist unklar. Vielleicht hilft der Wind, uns den Weg frei zu machen. Egal, jetzt zählt nur das Hier und Jetzt. Hannes Müdigkeit ist lange schon verflogen. Seine wachen Augen und ein leichtes Grinsen, das ihm ins Gesicht gemeißelt scheint, zeugen von seiner Begeisterung. In unserem Gepäck steckt unter anderem eine Flasche Canadian Club. Die nötigen Eiswürfel für einen Whisky on the Rocks werden wohl nicht schwer zu beschaffen sein.

Die Kraft der Sonne reicht inzwischen für erste kleine Schweißausbrüche. Wir stecken uns Eisstücke unter die Mützen. Es hilft nicht wirklich. Das Missverhältnis aus Wärme von oben und Kälte von unten ist unglaublich. Ich kann nicht an mich halten und stoße einen Jubelschrei aus. Hannes stimmt mit ein.

Die Bay of Exploits liegt vor dem Bug unserer Boote. Die Bucht ist etwa 1.000 Quadratkilometer groß und umfasst über 30 Inseln. Chris Bedenken bezüglich der Eissituation beschäftigen mich. Ich halte es für keine gute Idee, einfach drauflos zu paddeln. Der weiter nördlich

Die imaginäre „Iceberg Alley" war in keiner Karte eingezeichnet

tatsächlich immer dichter werdende Flickenteppich aus kleinen Eisbergen, die etwa ein bis vier Meter aus dem Wasser ragen, ist mir etwas unheimlich. Südlich von Farmers Island landen wir auf einer kleinen Insel an. Bis morgen werden wir hier bleiben und dann entscheiden, welche Optionen sich uns bieten. Wir wollen gemeinsam auf der Karte checken welche Möglichkeiten wir haben, wenn das Eis tatsächlich ein ernst zu nehmendes Hindernis werden sollte.

Die eisfreien Passagen werden immer enger. Wir haben uns zunächst für den nördlichen Weg nach Twillingate entschieden, kommen aber zunehmend ins Grübeln, ob die Entscheidung richtig war. Ein Fischadler kreist über uns. Gerne würde ich nur für Minuten mit ihm tauschen und für eine Eis-Aufklärungspatrouille ein Stück weit nach Norden fliegen. Aus seiner Perspektive könnte ich dann überblicken, wie gut die Chancen für uns stehen Twillinggate zu erreichen. Bruchstücke von Eisbergen tauen langsam in der Sonne zu sonderlichen Skulpturen. Diese Galerie aus eisigen Formationen treibt an uns vorüber. Selbst wenn wir nicht weiterkommen und unsere erste Option sich als Sackgasse erweisen sollte, würden wir den Umweg nicht bereuen.

Der Sonne noch trotzend, reflektieren die Eis-Statuen das Licht in einem Spektrum zwischen grün und blau. Mit etwas Phantasie sind ein auf der Seite liegender Wal oder tierische Fabelwesen in den von der

Natur erschaffenen und fragil wirkenden vergänglichen Kunstwerken zu erkennen. Die Gänge zwischen den weißen Skulpturen werden immer schmaler. So schmal, dass der Platz zwischen ihnen selbst für unsere schlanken Boote zu knapp wird. Wir laufen Gefahr, uns in einem Labyrinth ohne Ausweg zu verirren.

„Das war's. Weiter kommen wir nicht", gebe ich meine Einschätzung der Eislage kund und bekomme von Hannes ein zustimmendes Nicken als Antwort. Wir müssen ein Stück rückwärts paddeln, bevor wir eine Wasserfläche finden die breit genug ist, um unsere Kajaks zu drehen.

„Zurück und Option zwei", ruft Hannes mir von hinten zu, als wir wieder mehr Raum zum Paddeln haben.

„Jo" bestätige ich, „Twillingate wird ohne uns klarkommen müssen." Statt über den nördlichen Teil der Bay of Exploits den äußeren Küstenbereich zu erreichen, werden wir es jetzt über den – ja die Passage heißt wirklich so – Dildo Run versuchen.

Option zwei stellt sich als Volltreffer heraus. Das meiste Eis wird mit dem Westwind an South Twillingate und New World Island vorbeigetrieben sein. Der Dildo Run führt uns bis an den nördlichen Teil der Port Albert Peninsula. Ganz ohne Eis geht es auch hier nicht, jedenfalls was unseren Canadian Club angeht. Von einem Whisky on the Glacier Rocks träume ich schon, seit feststand, dass wir die Tour machen würden. Bevor uns das Eis abhanden kommt, muss der Traum gelebt werden. An einem Strand voraus ist ein gestrandeter Eisklumpen im Format einer gut beladenen Europalette zu erkennen.

„Wenn das kein erstklassiger Bartresen ist, weiß ich auch nicht", ruft Hannes. Ich picke einige Eisbrocken von unserem Tresen in die Becher und fülle selbige mit einem Schluck unseres 12-jährigen Whiskys. Die Zutaten unseres Drinks sind viel mehr emotionaler als greifbarer Natur. Ganz langsam streichelt die Flüssigkeit meine Kehle und die Synapsen, die dem Kopf ein Signal senden, auf das mein Bewusstsein mit höchstem Wohlbefinden reagiert.

Wir haben ein Gefühl dafür entwickelt, wann wir im T-Shirt paddeln können und wann es ratsam ist, die Paddeljacke überzuziehen. Nur die Neopren-Stiefel bleiben, zusammen mit den Wollsocken, fast immer an den Füßen. Die Wassertemperatur liegt jetzt zwischen sechs und acht Grad. Einen zaghaften Test es trotzdem barfuß in Sandalen zu versuchen, haben wir nach geschätzten 120 Paddelsekunden abgebrochen.

Selbst im Boot kriecht die Kälte so schnell in unsere Füße, dass diese nach kürzester Zeit wie kalte weiße Klumpen im Boot liegen. In Wollsocken und Stiefel verpackt, geht es ihnen jedoch deutlich besser.

Es regnet schon seit dem Morgen. Graue Wolken ziehen tief über die Küstenregion. Die Ufer scheinen ausgeblichen. Vom satten Grün der Bäume und dem leuchtenden Blau des Himmels sind nur blasse Farbreste übrig geblieben. Ein Tag für Schwarz-Weiß-Fotografen. Nur kleine Farbtupfer, die sich wie eine Perlenkette entlang der Küste reihen, tauchen vor uns auf. Die neufundländische Atlantikküste ist über weite Teile mit bunten Schwimmern geschmückt, die an langen Seilen hängend an der Oberfläche treiben. Am anderen Ende der Seile liegen hölzerne Hummerfallen auf dem Grund des Ozeans befestigt. Es ist Lobstersaison.

Neugierig, immer hungrig und empfänglich für jedwede Abwechslung, die sich auf dem abendlichen Teller ergeben könnte, kann ich nicht an mich halten und rufe Hannes an meine Seite. Er soll unsere nebeneinanderliegenden Kajaks stabilisieren, während ich zwischen den Booten eine Falle ans Tageslicht zerre. Ein Brocken von Lobster sitzt in der mit Steinen beschwerten Falle, die ich ohne Hannes Hilfe kaum in der Lage gewesen wäre, hochzuhieven. Mit weit aufgerissenen Augen guckt Hannes auf den Lobster. Ich kann die Frage in Hannes Pupillen lesen und antworte mit einem beherzten Griff in die Falle:

„Den gibt's zum Abendbrot."

Die Falle sinkt leer wieder zurück auf den Meeresgrund und der Hummer verschwindet in einer Tüte verpackt in meinem Kajak.

Am späten Nachmittag regnet es noch immer. Der erste Regentag endet in einer heruntergekommenen Hütte, deren Dach aber noch intakt ist. Wir sind dankbar, unsere Klamotten in eine trockene Ecke hängen zu können und das Zelt nicht aufbauen zu müssen. Stattdessen können wir uns sofort der Zubereitung unseres nordatlantischen Dinners widmen. Unser großer Topf passt nicht so recht zum kapitalen Hummer. Ich töte das Schalentier vor dem Kochen, trenne Scheren und Schwanz vom Rest des Körpers und stopfe die wichtigen Teile in den Topf. Mit der Pfanne als Deckel und einem Stein als Beschwerung steht dem Garprozess nichts mehr im Weg. Der aufsteigende Dampf des Hummer-Suds regt unseren Speichelfluss an.

„Wie lange noch?", fragt Hannes ungeduldig auf den dampfenden Topf stierend.

„Ruhig Brauner", versuche ich meinen Sohn zu zügeln.

Dann liegen drei leuchtend rote Lobsterteile vor uns. Unter Zuhilfenahme unseres Multi-Tools gelingt das Aufbrechen der Scheren besser als gedacht. Nur noch das Knacken der Panzer, ein saugendes Schmatzen und Hochgenuss signalisierendes Stöhnen sind zu hören.

Morgens bei acht Grad Lufttemperatur in die nassen Paddelklamotten steigen zu müssen ist immer noch eine echte Herausforderung. Wir sind in der Labrador Sea angekommen. Über deren küstennahen Ausläufer, die Rocky Bay, fegen wir gerade wie im Flug hinweg. Der auffrischende Rückenwind treibt uns mit einem Affenzahn vor sich her. Ein Hochgenuss! Höchst konzentriert gelingt es uns immer wieder die Kajaks im richtigen Moment zu beschleunigen, um mit langen Surfs in den Wellen den Speed auf neue Höchstmarken zu treiben.

Kurz vor Carmanville wird es Zeit eine Pause einzulegen. Einige wenige Häuser stehen weit verstreut ein paar hundert Meter vom Ufer entfernt. Wir finden Windschutz hinter einem alten Bootsschuppen, wo wir jeder zwei Schokoriegel vertilgen – sage und schreibe 50 Prozent unserer zwischen Frühstück und Abendbrot veranschlagten Verpflegung. Zügigen Schrittes spaziert eine Dame in unsere Richtung. Linda dürfte auf die 60 zugehen und wohnt in einem schönen Haus, nur 200 Meter entfernt. Die deutschen Flaggen an unseren Kajaks haben sie neugierig gemacht. Wir berichten begeistert über unsere Reise und unsere tollen menschlichen Begegnungen. Linda erzählt uns warum die Menschen hier so hilfsbereit und freundlich sind:

„Wer hier lebt, lebt relativ isoliert. Je weiter man sich von den Siedlungen entfernt, desto wichtiger wird es, sich auf Nachbarn und Freunde verlassen zu können. Das bindet die Menschen aneinander und lässt Hilfsbereitschaft und Gastfreundschaft wie von selbst entstehen. Ihr werdet das ganz sicher noch am eigenen Leib erfahren."

Sie schwärmt von der Küste Neufundlands und ist glücklich, zusammen mit ihrem Mann hier ihren Platz gefunden zu haben. Ohne unser Lobster-Erlebnis auch nur zu erwähnen, erkundigen wir uns nach den Rahmenbedingungen des neufundländischen Lobsterfangs. Wir erfahren, dass die Lobstersaison nur kurz ist und dass die Fanglizenzen sehr begehrt sind. Sie werden in der Regel innerhalb der Familien weitervererbt.

„Der Ostküsten-Lobster ist der beste", meint Linda mit überzeugendem Tonfall.

Auf vorsichtige Nachfrage hin werden wir aufgeklärt, dass Lobster-Wilderei mit empfindlichen Strafen geahndet wird. Ein kurzer Blick meines Sohnes, der so viel wie „Du Verbrecher" sagen will, streift mich und lässt mich meine Straftat bereuen.

Linda deutet auf ihr Heim und lädt uns zu Kaffee und Muffins ein. Da zwei Schokoriegel längst nicht das bewirken, was man sich von ihnen verspricht, folgen wir Linda in freudiger Erwartung. In ihrer gemütlichen Wohnstube bittet sie uns Platz zu nehmen. Sie stellt frisch gebrühten Kaffee auf den Tisch und einen Teller mit Muffins dazu, deren Duft allerdings von einer unangenehmen Mischung aus Gummi, Neopren, Schweiß und menschlichen Ausdünstungen überlagert wird. Wenn Linda auch nur einen Hauch dessen wahrnimmt was wir jetzt riechen – warum sollte sie nicht – besteht Gefahr, dass die neufundländische Gastfreundschaft ernsthaften Schaden nimmt. Durch konsequente Bewegungsreduktion versuchen wir den Gasaustausch zwischen Raumluft und Körperumgebung auf ein Minimum zu senken und entschuldigen uns bald zaghaft für die eventuelle Raum-Kontaminierung. Äußerst höflich empfehlen wir uns und danken Linda für Ihre Gastfreundschaft.

„Alter Schwede, beim nächsten Hausbesuch sollten wir zuvor die Klamotten wechseln. Das stank schon hart nach Raubtierkäfig", stellt mein rücksichtsvoller Sohn fest.

In der Ferne sind große Eisberge zu erkennen. Zu weit weg, um eben mal einen Abstecher dorthin zu machen. Unweit der Straße nach Musgrave Harbour bauen wir auf einer leicht erhöhten Uferböschung unser Zelt auf. Bis zur Straße ist es nicht mal einen Kilometer weit. Per Anhalter werden wir zum General Store mitgenommen. Da unsere Schokoriegel zu Neige gehen ist Nachschub dringend erforderlich. Neben einigen anderen Artikeln, dünnen wir das Schokoriegel-Regal aus und ernten dafür ungläubige Blicke. Nach unserer Kalkulation braucht jeder vier Riegel am Tag. Der Wochenbedarf liegt damit präzise bei 56 Riegeln. Um es rund zu machen sammeln wir 60 der kompakten Energiespender in unseren Korb. Die überdurchschnittlich beleibte Kassiererin taxiert uns und erkundigt sich nach eventuellen Suchtsymptomen. Verständnisvoll betraut sie eine Kollegin mit der Aufgabe, das von uns geplünderte Regalfach wieder zu bestücken.

In der Nacht träume ich von einem riesigen Muffin. Hannes und ich sitzen in dem Muffin und fressen uns von innen nach außen durch. Als ich in blindem Eifer mampfend das Äußere des runden Schokokuchens erreicht habe, versperrt dickes Backpapier die Sicht auf den Ozean. Ein dumpfes Geräusch wird hörbar. Ich reiße das Papier auf und erkenne einen Atlantik-Killer-Lobster, der vom Ufer kommend in Richtung unseres Muffins marschiert. Er klappert furchteinflößend mit seinen baggerschaufelgroßen Scheren. Das Geräusch erinnert an hydraulische Schmiedehämmer. Mein Körper fängt an zu zittern. Arme und Beine gehorchen nicht mehr. Das Hämmern der Scheren wird immer lauter . . .

Während der nächsten Tage, ziehen wir unsere Kielwasserlinie von Musgrave Harbour bis Dover, einem kleinen Ort zwischen Hare- und Shoal Bay. Dover hat einen kleinen Laden und einen Liquor Store, der eigentliche Grund unseres Umwegs in die Zivilisation. Hannes hat morgen Geburtstag. Um der Zweimann-Party einen würdigen Rahmen zu verleihen, müssen noch ein Fläschchen Rum und ein paar Dosen Cola beschafft werden. Dass dies nicht unbedingt notwendig gewesen wäre, sollten wir nur wenig später erfahren. Gut versorgt verlassen wir Dover, um eine abgelegene kleine Insel anzulaufen, die uns schon auf dem Weg in die Bucht als überaus tauglich für ein geschütztes Lager erschien.

Von hinten ist Motorengeräusch zu hören. Ein Mann steuert sein Boot parallel zu uns, drosselt das Tempo und hebt seine linke Hand, die eine Flasche Canadian umklammert, zum Gruß. Wir lassen die Paddel auf die Boote sinken, um Konversationsbereitschaft zu signalisieren. Unsere Motorboot-Bekanntschaft beginnt die Unterhaltung mit einer einfachen und erfreulichen Frage:

„Habt Ihr Lust auf ein kaltes Bier?" Die Nachmittagssonne brennt. Wir sitzen in T-Shirts in unseren Booten. Ein kurzer Augenkontakt zwischen Vater und Sohn reicht, um die einstimmige Antwort zu geben. Warum nicht? Unser Mann mit dem Bier führt uns zu einem flachen Sandstrand in der Nähe. Dort kann selbst er sein deutlich schwereres Boot an den Strand ziehen und mit einer kleinen Kühlbox in der Hand an Land springen.

„Ich bin Terry, wohne in der Nähe. Hier, bedient Euch," sagt Terry mit einer Geste Richtung Kühlbox.

Er reicht uns jedem eine Flasche Canadian, deren Außenseite mit Kondenswasser-Tropfen benetzt ist und angenehme Kühlung verspricht.

„Cheers",

„Cheers",

Plong, Plong, glucks, glucks, glucks, ahhhh . . .

„Was treibt Euch hierher", will Terry wissen.

Wir verraten ihm unsere Namen, wo wir herkommen, was wir so treiben und warum wir hier sind. Terry wirkt etwas durch den Wind. Ohne große Umschweife lässt er sofort die Hosen runter und gibt uns im Telegrammstil die Fakten die wir brauchen um ihn einordnen zu können:

„Ich bin seit über zehn Jahren geschieden und lebe alleine ganz in der Nähe. Ich arbeite in der Ölindustrie. Gibt 'ne Menge Geld für den Job. Ich trinke ziemlich viel Bier, zu viel. Wollt Ihr noch eins?"

Wir sind erstaunt über die Offenheit, mit der uns Terry einen Teil seines nicht so prallen Lebens schildert. Terry wirkt dabei nicht unglücklicher als andere Menschen. Vielleicht liegt es am Alkohol vielleicht aber auch an einer Art von Selbstreflexion, die ihm sagt, dass es noch beschissener sein könnte. Da wir nicht in therapeutischer Mission unterwegs sind, nehmen wir noch ein Canadian.

„Cheers",

„Cheers",

Plong, Plong, glucks, glucks, glucks, ahhhh . . .

„Ich wohne nur 'ne Meile von hier. Mein Haus ist groß genug. Ihr könnt bei mir schlafen, wenn Ihr wollt. Duschen, Essen, alles möglich und Bier habe ich zu Hause noch mehr. Männer, Ihr braucht Energie!"

Terry schafft es, sich und uns Gesellschaft für den Abend zu organisieren. Auch wenn die Umstände unorthodox sind, seine Einladung klingt ehrlich und ohne einen Hauch von Hintergedanken. Wir nehmen sie an und folgen ihm zu einem kleinen Hafen. Dort raffen wir eine handvoll Sachen zusammen, die wir für eine Indoor-Übernachtung brauchen, und sichern die Kajaks.

„Hast Du einen Führerschein", fragt Terry an Hannes gerichtet und wirft ihm seinen Autoschlüssel zu, ohne eine Antwort abzuwarten.

„Ich glaube ich sollte nicht mehr fahren", fügt er hinzu und setzt sich auf den Beifahrersitz. Wir fahren keine 500 Meter zu Terrys Haus.

„Bedient Euch selbst", kommentiert er das Öffnen der Kühlschranktür. „Ich mach' Euch erst mal was zu essen. Ihr braucht Energie!"

Der Kühlschrank ist zur Hälfte mit Canadian-Bier gefüllt. Wir setzen uns in sein Wohnzimmer und taxieren seine Bude, der man ansieht, dass

Reinschiff machen auf der Prioritätenliste irgendwo ganz unten stehen muss. Später gesellen sich Terrys Bruder Adrian und ein Nachbar zu uns. Der Nachbar erfüllt alle Klischees einen neufundländischen Kleindealers, wie wir ihn uns vorstellen: Camouflage Hose, dicke Lederschuhe, ein verwegenes Hütchen, fette Goldkette und eine heisere Stimme, die mich an klassische Mafia-Filme erinnert.

Terry serviert uns zwei gut gefüllte Teller mit Kartoffeln und Elchfleisch und setzt sich mit einem Bier zu uns. Er schaut uns zufrieden zu und findet seine wiederholte Einschätzung „Ihr Jungs braucht Energie!" bestätigt. Als die Teller leergeputzt vor uns stehen, wird neues Bier auf den Tisch gestellt. Terry klärt uns anschließend auf, wie man die Häufigkeit T-Shirts zu waschen auf ein Minimum reduzieren kann:

„Wenn Du ein Sixpack Canadian kaufst, bekommst Du sechs Bier. Wenn Du drei Sixpacks kaufst, bekommst Du 18 Bier, wenn Du ein 15-ner Pack kaufst bekommst Du 15 Bier und ein T-Shirt."

Unserer Einschätzung nach muss Terry nie T-Shirts waschen. Er wirft uns jedem ein eingeschweißtes Canadian-Shirt zu:

„Ich habe genug davon, Ihr könnt die sicher besser gebrauchen," bestätigt er unsere Vermutung.

Terry verschwindet am Abend als erster in der Koje, der „Kleindealer" macht sich auf nach Hause und Adrian schläft auf der Couch ein. Wir verziehen uns in eines der Schlafzimmer.

Als wir früh am Morgen mit Terry frühstücken, macht er einen ganz passablen Eindruck und trinkt Kaffee. Zwei Stunden später fährt er uns, mit drei Bier intus, zum Hafen und scheint etwas traurig darüber, dass sein Besuch schon wieder verschwindet. Was auch immer aus Terry werden mag, wir haben in ihm bestätigt gefunden, was Linda uns prophezeit hat.

Hannes hat heute Geburtstag, sein sechsundzwanzigster. Am Abend wird es nur ein kleines Geschenk geben. Auf dem Weg zwischen den äußeren Inseln der Bonavista Bay genießen wir das Sommerwetter, atmen die milde salzige Luft und schauen auf eine sich scharf vom Horizont absetzende Silhouette, deren Kontur die nördlich liegenden Inseln miteinander verbindet. Manchmal reicht es aufs Meer zu schauen, den Blick einer Möwe folgen zu lassen und sich so der Freiheit bewusst zu werden, mit der die Weite des Ozeans uns beschenkt. Laut wissenschaftlichen Studien soll das Leben am Wasser ruhiger, kreativer und glücklicher machen. Ich bin auch schon ohne solche Studien zu dieser Erkenntnis gelangt.

Aus dem Bild das vor der Reise nur in meinem Kopf existierte,
wird nun ein gigantisches Natur-Spektakel

Das Zelt ist eingeräumt, die Kajaks liegen sicher über dem Spühlsaum den das letzte Hochwasser hinterlassen hat und eine angeschwemmte ramponierte Fischkiste funktionieren wir zu einer Party-Bar um, in der unser MP3-Player und eine Aktivbox Platz finden. Auf einem Kochtopf drapiere ich Hannes Geburtstagsgeschenk, eine Mini-Sachertorte aus der Dose, die ich bis heute vor Hannes geheimhalten konnte. Kerstin hat geschickt auch noch Geburtstagskerzen in meinem Gepäck versteckt. Mehr als drei kann ich auf der Mini-Torte nicht unterbringen.

Der feierliche Anlass verdient es, unseren Dresscode anzupassen. Wir streifen unsere nagelneuen Canadian-Shirts von Terry über und beginnen den feierlichen Abend mit „Setting Forth" aus dem Soundtrack von „Into The Wild" von Eddie Vedder. „Happy Birthday, Hannes!"

„Jetzt ist der Knabe schon halb so alt wie sein Vater", denke ich, als ich meinen Sohn dabei beobachte, wie er mit dem Finger die letzten Krümel aus der Tortendose kratzt. Vor gut 20 Jahren hat er noch in der Küche gestanden und seinen Finger in den Kuchenteig gesteckt, den Kerstin gerade in den Ofen schieben wollte. Wenn ich meinen Sohn jetzt so sehe, komme ich zu dem Schluss, dass er uns ziemlich gut gelungen ist.

Wir folgen den Ufern der großen und kleinen Inseln, queren schmale und breite Buchten und arbeiten uns dabei immer weiter nach Osten vor. An die Eisberge, die weit draußen vor sich hinschmelzen, haben wir uns lange schon gewöhnt. Sie stellen keine Highlights mehr dar, es sei denn, sie sind besonders groß oder haben außergewöhnliche Formen. Nahe des Leuchtturms von King's Cove Head blicken wir von unserem erhöhten Camp über die Blackhead Bay nach Bonavista. Wir haben es uns auf einem Hügel bequem gemacht. Ein großer Eisberg liegt vor der Bucht auf Grund und reflektiert die letzten Sonnenstrahlen. Allzu weit dürfte er nicht entfernt sein. Bei klarer Sicht ist es schwierig, Größen und Entfernungen richtig einzuschätzen.

Der Seenebel löst sich gerade auf, als wir uns mit den ersten Paddelschlägen von King's Cove verabschieden. Beim Queren der Blackhead Bay machen wir einen Schlenker, um dem majestätisch leuchtenden Eisriesen näherzukommen. Nach einer Stunde Fahrt baut sich vor uns eine weiße Wand aus Eis auf. Ein permanentes Knistern und Tropfen des schmelzenden Eises umgibt den Eisberg.

Wir umrunden den Giganten und versuchen, uns die Dimensionen des unter Wasser liegenden Teils vorzustellen. Wie eine Eisinsel ruht der Koloss in der Blackhead Bay. Wie groß mag er wohl gewesen sein, als seine Reise in Grönland begann? Wie lange wird er unterwegs gewesen sein, bevor er hier strandete? Vielleicht ist der Eisberg nur das Bruchstück eines noch viel größeren Brocken, der auf seinem Weg hierher in Stücke zerbrach? Je nach Größe, Wassertemperatur und Windverhältnisse kann ein Eisberg mehrere Jahre unterwegs sein, bevor er an Neufundlands Küste strandet. Nur ein Siebtel seiner Masse ragt aus dem Wasser. Das Wasser, das in diesen schwimmenden Bergen als ursprünglicher Teil eines arktischen Gletschers gefroren ist, kann tausende oder gar zehntausende Jahre alt sein. Da es zu dieser Zeit die heute bekannten Umweltprobleme und Luftverschmutzungen nicht gab, sind Schadstoffe der Gegenwart im Eis der von Grönland angetriebenen weißen Riesen kaum nachzuweisen. Das macht die Eisberge auch für Brauereien interessant. Die Quidi Vidi-Brauerei in St. John's fängt Eisberge ein, um aus dem daraus geschmolzenen Wasser das Iceberg-Beer zu brauen, das die Brauerei in blaue Flaschen abfüllt und erfolgreich vermarktet.

Stunden könnten wir mit der Umrundung von Eisbergen verbringen, ohne dass es langweilig wird. Vorsicht ist allerdings auch geboten, da gerade hohe Eisberge auseinanderbrechen oder sich drehen können,

Jeder Eisberg ist in seiner Form einzigartig und gleicht oft einer überdimensionalen Skulptur, geformt durch gewaltige Kräfte

wenn sie instabil werden. Ist man dann mit dem Kajak zu sehr auf Tuchfühlung, kann das unangenehme Folgen haben. Wir werden uns wieder mal der niedrigen Wassertemperatur bewusst und halten respektvoll
Abstand, denn ein unfreiwilliges Bad würde der menschliche Durch-
schnittskörper nicht lange überstehen.

Das ruhige Sommerwetter hat die Atlantikdünung fast zum Erliegen
gebracht. Wir wurden mehrfach vor der Umrundung des Cape Bonavista
gewarnt, da hier mit schwierigen Seebedingungen zu rechnen sei. Wohl
glaubend, dass eine Umschiffung des Kaps bei ungünstigen Bedingungen
zu einer echten Herausforderung für uns Paddler werden kann, sehen
wir uns jetzt geradezu mit Idealbedingungen konfrontiert. Heute einen
schnellen Bogen um das Kap zu paddeln, hieße, auf das spannende Abenteuer der Canyon-Erkundung zu verzichten, das wir gerade erleben.

Auf dem Weg nach Cape Bonavista durchstreifen wir fasziniert ein
Felslabyrinth aus schluchtartigen Passagen und Felstunnel-Durchfahr-
ten. Senkrecht aufragende Felsen behindern die Sicht und manchmal
landen wir gar in einer Sackgasse. Am Ende einer dieser Sackgassen liegt
ein Kiesstrand. Er mag zehn Meter lang sein und ist vom offenen Wasser
aus nur einen Moment lang zu sehen. Wir nutzen die sich offenbar am
Cape Bonavista nur selten ergebende Gelegenheit für eine Strandpause
und vertilgen auf dem kleinen Strand die in Bonavista erstandenen Waf-
feln mit einem wahrhaft einmaligen Blick auf die bizarren Felsen. Die
Kap-Umrundung ist paddeltechnisch ein Kinderspiel, aber trotzdem
aufregend, weil wir ganz dicht an den fast senkrechten Felsen entlang-
paddeln können und erst so ein Gefühl für die gewaltigen Dimensionen
der hoch aufragenden Felswände bekommen.

Östlich des Kaps wird es etwas bewegter. Ein mäßiger Südostwind
pustet uns ins Gesicht. Wir folgen der Küste bis Elliston. Gleich hinter der kleinen Siedlung erscheint ein langer Sandstrand. Am Ende des
Strandes liegt leicht erhöht eine Wiese, wo unser Zelt einen repräsentati-
ven Platz in bester Lage findet. Da unsere unteren Extremitäten langsam
anfangen zu verkümmern, gönnen wir ihnen ein kleines Abendtraining
und marschieren nach Elliston Point, wo eine weitere höchst interessante Siedlung liegt.

Hunderte Puffins, wie die Papageientaucher auch heißen, haben einen separierten Felsen, der nur durch eine schmale Schlucht von der
Insel getrennt ist, als Ruheplatz auserkoren. Man kann sich dem Felsen

bis auf 50 Meter nähern, ohne die Puffins zu beunruhigen. Tagsüber kommen Touristen, um sich die bunten Vögel anzuschauen, die scheinbar ruhelos den ganzen Tag mit dem Heranschaffen von Nahrung beschäftigt sind. Zusammen mit drei weiteren Puffin-Guckern sitzen wir nahe der Steilküstenkante und beobachten die lustigen Vögel, die an Land etwas unbeholfen wirken und in der Luft den Anschein erwecken, als wären ihre Flügel zu klein geraten. Als wir eine Weile nur ruhig dasitzen, traut sich der erste Puffin auf unserem Felsen fast vor unserer Nase zu landen. Andere gesellen sich dazu und posen vor meiner Kamera. Ein irres Schauspiel, das wir fast eine Stunde lang verfolgen.

Auf dem Rückweg treffen wir auf einige der sogenannten Root Cellars. Die sage und schreibe 135 Wurzelkeller machten Elliston zur Root Cellar-Welthauptstadt und sind somit ein einzigartiges kulturelles Erbe. Ohne diese Keller, in deren gleichbleibendem Klima das Gemüse über bis zu 12 Monaten frisch blieb, wären die Bewohner nicht in der Lage gewesen die kalten Winter zu überleben. Rüben, Karotten, Kartoffeln und Kohl wurden in den Kellern gelagert, um die Nahrungsmittelversorgung auch während der kalten Wintermonate zu gewährleisten.

Trinity Bay, die längste und breiteste Bucht auf unserem Weg, liegt vor uns. Oft wurden wir unterwegs gefragt, ob wir die Bucht queren oder auspaddeln wollen. Eine Querung kam uns nie in den Sinn. Daher hieß unsere Antwort immer: „Auspaddeln." Ein Fischer, den wir unterwegs kennenlernten, meinte daraufhin nach einer bedenklich langen Pause: „This is a long long bay." Das Wort long sprach er auffallend langgezogen. Jetzt verstehen wir was er meinte, denn ein Ende der Bucht ist nicht zu erkennen. Außerdem frischt der südliche Wind auf. Wer die Bucht auspaddeln will, muss zunächst lange Zeit südwärts paddeln. Nicht verlockend, aber unumgänglich.

Auf Green Island steht ein bemannter Leuchtturm. Die Insel liegt direkt vor uns. Wir versuchen die Leuchtturmwärter anzufunken, bekommen aber keine Antwort. Als wir trotzdem mit unseren Kajaks auf dem steinigen Strand neben dem Anleger des Leuchtturms anlanden, ist kein Lebenszeichen auszumachen. Kurz darauf taucht ein Motorboot mit den beiden Leuchtturmwärtern auf. Sie kommen von Besorgungen in Port Union zurück und heißen uns, sichtlich erfreut über den ungewöhnlichen Besuch, mit Kaffee, Keksen und frisch gebackenem Brot willkommen.

Am Cape Bonavista ragen die Felswände senkrecht empor

Ihr Chef, der Principle Keeper, ist so begeistert, dass er sich telefonisch von seinem Vorgesetzten die Erlaubnis einholt, uns für eine Nacht beherbergen zu dürfen. So gern wir auch bleiben würden, wir befürchten, dass es dann zeitlich eng werden könnte bis Trouty, einem winzigen Ort an der Nordwestküste von Trinity Bay, wo wir uns in zwei Tagen mit Hazen treffen wollen. Die Leuchtturmwärter bestätigen uns, dass der Wind aus Süd auffrischen soll und haben Verständnis für das ausgeschlagene Angebot. Zum Abschied lassen die Jungs vom Leuchtturm ihr Nebelhorn über der Trinity Bay dröhnen. Der Sound bringt unsere Eingeweide ins Vibrieren.

„Das nenn' ich mal eine amtliche Verabschiedung", sagt Hannes und freut sich über die Ehre, die man uns zuteil werden lässt.

Immerhin 15 Kilometer haben wir noch geschafft, als mein Blick auf einen kleinen Wasserfall am Ufer trifft.

„Da, Dusche."

Ich deute auf die kleine Felsnische, in der ein Bach mündet. Weitere Absprachen sind nicht notwendig. Einen Moment später prasselt frisches Wasser über zwei Körper, die es wirklich nötig haben. Hannes schaut sich oberhalb des Felsens um. Dort führt eine kleine, aus Stämmen und Brettern gezimmerte Brücke zu einer Jagdhütte, die sich in einem erstaunlich guten Zustand befindet. Die Tür ist unverschlossen. Aufgescheucht sucht ein Eichhörnchen das Weite, als Hannes die Tür langsam öffnet. In der Hütte finden wir alles, was man für ein paar Tage hier draußen braucht – Kocher, Kaffee, Tee, Konservendosen, außerdem ein Ofen, zwei Kojen und Schrotmunition. Die Schrotpatronen wecken meine Neugier. Ein kurzer schweifender Blick reicht, um die dazugehörige Flinte zu finden, die über einer der Kojen hängt.

„Sieht nicht besonders gepflegt aus, das Schießeisen, aber alles scheint zu funktionieren. Testen wir morgen früh, bevor wir weiterpaddeln", kündige ich beiläufig eine kleine Schießübung an. Wir hängen gemütlich in unserer Hütte ab, trinken das letzte Bier das wir in Bonavista erstanden haben und lassen uns von den abendlichen Sonnenstrahlen verwöhnen.

Am Morgen noch ein Duschbad unterm Wasserfall, Körner-Frühstück, Packen und der Startschuss in den neuen Tag. Ich präpariere in etwa 15 Metern Entfernung ein Stöckchen auf einem Baumstumpf, lege eine Patrone in die rostige Flinte und klemme mir das Schießgerät fest an die Schulter. Zielen, Schuss, Stöckchen zerbröselt. Der Knall hallt durch die Landschaft, die Flinte raucht, der Schütze schaut lässig gelangweilt in die nicht vorhandene Kamera:

„Der Typ hat es nicht anders verdient. Lass uns die Boote satteln. Der Tag wartet nicht ewig auf uns." Im Hintergrund dimmt langsam der Soundtrack von Ennio Morricone auf. Schnitt.

Um mit meinen Thriller-Western-Ambitionen nicht in einer Sackgasse zu landen, hänge ich die Schrotflinte zurück an den sprichwörtlichen Nagel.

Heute werden wir Hazen treffen. Dazu müssen wir die Trinity Bay noch ein Stück runter nach Süden. Was ist das denn? Direkt vor unseren Kajaks taucht die Rückenflosse eines Buckelwals auf. Keine 100 Meter liegen zwischen dem Wal und unseren Booten.

„Paddel mal ein Stück nach links", bitte ich Hannes in der Hoffnung, dass der Wal in seiner Nähe wieder auftaucht und ich das ultimative Foto bekomme, welches Wal und Paddler in trauter Zweisamkeit zeigt. Hannes zögert zwar einen Moment, ändert dann aber seinen Kurs, wie gewünscht. Tatsächlich taucht, der riesige Kopf, gefolgt von einem massigen Rücken ein zweites Mal auf.

Direkt neben Hannes, der erschrocken seine Fahrt bremst. Der Wal hat Hannes offensichtlich bemerkt. Er dreht sich leicht auf die Seite und verschwindet in Zeitlupe mit einem kurzen Gruß seiner gewaltigen Brustflosse, deren Spritzer beim Abtauchen bis auf Hannes Kajak reichen. Ich paddle zu Hannes. Der schaut mich an, als hätte er gerade eine Nahtoderfahrung hinter sich.

„Hast Du das gesehen, hast Du das gesehen . . .", stammelt er total aufgeregt, als würden die Worte seinen Gedanken nicht folgen können. Als er sich etwas beruhigt hat, lehnt er weitere aktive Wal-Annäherungs-versuche kategorisch ab:

„Ist mir scheißegal, was für Motive Du brauchst. So'n Ding mach ich kein zweites Mal." Es hört sich ernst an.

Der Verhandlungsspielraum dürfte ziemlich genau bei null liegen. Ich lenke ein. Trotz des Nervenkitzels gibt Hannes zu, dass der Moment mit etwas Abstand betrachtet auch etwas Positives hatte:

„Kann man solchen Giganten eigentlich näherkommen, als ich das gerade bin?" Hannes sieht das Privileg, das ihm die Situation gerade verschafft hat.

„Kaum", antworte ich und denke laut, statt es zu sagen: „Noch näher wäre wirklich nicht gut."

Innerhalb der nächsten Viertelstunde ergeben sich noch zwei vergleichbare Situationen, die zumindest auf unserer Seite so etwas wie vorsichtige Vertrautheit entwickeln. Einmal taucht ein Buckelwal genau zwischen unseren Booten ab, als wir parallel in einem Abstand von vielleicht zehn Metern nebeneinander paddeln. Als absolute Krönung unseres Wal-Rendezvous zeigt uns der graue Riese seine Fluke in voller Schönheit, um anschließend unter Hannes Boot in die Tiefe zu sinken. Als der Wal verschwunden ist beherrscht das Erlebnis noch über eine halbe Stunde unser Gespräch. Kopfschüttelnd bestätigen wir uns immer wieder gegenseitig, dass die letzte halbe Stunde das bisher Größte war, was wir unterwegs erlebt haben.

„Einschließlich Haida Gwaii", sagt Hannes nach kurzem Überlegen. Ich muss ihm Recht geben.

„Mal sehen, was noch kommt", äußere ich eine mir nicht unberechtigt erscheinende Vorfreude.

Die Reise mit Hannes ist, als würde man inneren Bildern folgen. Reale Erlebnisse treffen auf Träume, denen es sich lohnt zu folgen. Sie mit

Vielleicht ganz gut, dass wir nur einen Bruchteil des gigantischen Buckelwal-Körpers zu Gesicht bekommen

Erleben zu füllen und dabei auch mal ein bisschen Sicherheit zu riskieren, verleiht dem Leben wirkliche Intensität und hält uns hellwach. Die Erlebnisse, die einem dabei widerfahren – wie das Zusammentreffen mit dem Wal – sind der beste Beweis dafür.

Am Leuchtturm von Fort Point machen wir die letzte Pause, bevor wir zum vereinbarten Treffpunkt mit Hazen, nach Trouty, weiterpaddeln. In der Umgebung von Trinity wurden große Teile des Films „Schiffsmeldungen" gedreht. Vorlage des Films war der hervorragende gleichnamige Roman der US-amerikanischen Schriftstellerin E. Annie Proulx. Den Film hier zu drehen war eine der Bedingungen, die E. Annie Proulx stellte, als sie die Filmrechte vergab.

Es fällt nicht schwer, den besonderen Charakter der Landschaft zu erkennen, der dem Film die gewaltigen Bilder von Einsamkeit, Isolation und Mystik verlieh. Die Rauheit der Gegend passt sowohl zur Sprache der Autorin als auch zur Handlung des Romans, die der schwedische Regisseur Lasse Hallström an diesem Schauplatz beeindruckend als Spielfilm umgesetzt hat.

Nach einem Blick auf die zum Schutz der Handelsschifffahrt errichtete Festung von Admiral Island hinüber nach Trinity, paddeln wir das letzte Stück hinein in die Bucht Trouty Cove, von der ein schmales Flüsschen zur winzigen Siedlung Trouty führt. Wir sind etwas zu früh da. Nur kurz nach unserem Eintreffen ist Motorengeräusch zu vernehmen, das dem verschlafen wirkenden Kaff ein Lebenszeichen einhaucht. Hazens Wagen rollt den parallel zum Trouty River verlaufenden Schotterweg entlang auf uns zu.

„Ihr seid sicher durstig", begrüßt uns unser Freund aus St. John's mit einem Sixpack Canadian in der Hand, aus dem er einladend zwei Dosen reißt.

„Du weißt, was zwei unterhopfte deutsche Paddler brauchen", empfangen wir Hazen.

Shakehands und der übliche Austausch von Neuigkeiten folgen. Hazen lauscht interessiert unseren Erlebnissen der letzten drei Wochen und freut sich, uns gesund, wenn auch etwas abgemagert, wiederzusehen. Mit einem Gruß von seiner Frau informiert er uns über den die Nahrungsaufnahme betreffenden Tagesablauf, der zum Abend mit einem Cod-Dinner, wie der Kabeljau in Neufundland heißt, enden wird. Außerdem deutet Hazen einen Akt der Völkerverständigung an, der uns quasi zu einer zweiten Staatsangehörigkeit verhelfen soll. Wir sind gespannt. Mit dem Auto fahren wir nach Trinity und machen einen weiteren Abstecher nach English Harbour, wo die örtliche Kirche das English Harbour Arts Centre beherbergt, in der Sommersaison Schauplatz für Musik- und Theaterproduktionen.

Auf dem Rückweg nach Trouty legen wir noch einen Stopp in der Nähe des Leuchtturms Fort Point ein. Vom Parkplatz aus beobachten wir Buckelwale, die keine 200 Meter entfernt wieder und wieder an die Wasseroberfläche kommen, um dort deutlich hör- und sichtbar ihren charakteristischen Blas gen Himmel zu schicken. Es ist ein großartiges Schauspiel. Zurück in Trouty macht Hazen das Abendessen klar, das seine Frau zu Hause für uns vorbereitet hat – Kabeljau mit Kartoffeln und Gemüse.

Das schmackhafte Abendbrot wärmt Hazen über dem Kocher auf und stimmt uns auf die Prozedur ein, nach der wir heute Neufundländer werden sollen. Seit Jahren ist es in St. John's üblich, im Rahmen einer abendlichen Pub-Zeremonie aus Touristen Neufundländer zu machen. Die Prozedur wird auch als „Screech-in" bezeichnet und läuft wie folgt ab. Mit einem Glas Rum der Marke „Screech" werden die Noch-Nicht-

Neufundländer, also auch Kanadier vom Festland, in stark gewöhnungs-
bedürftigem Newfie-Englisch befragt:

„Are ye a screecher?"

Die potentiellen Screecher müssen antworten: „Deed I is, me ol' cock!
And long may yer big jib draw!"

In Hoch-Englisch soll das heißen: „Yes I am, my old friend, and may
your sails always catch wind."

Daraufhin wird das Glas Screech geleert. Als Abschluss der Zeremonie muss ein Cod geküsst werden. Statt Cod zu küssen brauchen wir ihn
heute nur zu essen. Den geforderten Satz in Newfie-Englisch, der aus
unserem Mund klingt als wären wir stockstramm und würden auf einem
Zellstofftaschentuch kauen, bekommen wir nach mehreren Anläufen
mehr recht als schlecht über die Zunge. Hazen bestätigt uns, dass wir
das Screech-in gerade so bestanden hätten:

„Ab jetzt seid Ihr Newfies."

Ein größeres Geschenk, als diesen Akt der staatsbürgerschaftlichen
Anerkennung hätte Hazen uns nicht machen können. Es bleibt an diesem Abend nicht nur bei einem Schluck Screech. Kurz vor Mitternacht
ähnelt auch unser Beitrag zur Konversation stark dem Newfie-Englisch,
wie Hazen uns bereitwillig bestätigt. Erst sehr spät kriechen wir in die
Zelte, jetzt mit doppelter Staatsbürgerschaft.

Hazen beobachtet uns beim Packen der Boote und stellt fest, dass
wir fast ohne Worte, nur mit Blicken kommunizieren. Als er uns darauf
aufmerksam macht, müssen wir kurz nachdenken. Er hat recht. Die tägliche Routine erfordert nicht viele Worte. Jeder weiß, was er zu tun hat.
Eine Kopfbewegung oder eine kleine Geste reichen meist aus, um eine
helfende Hand dorthin zu dirigieren, wo sie gebraucht wird. An diesem
Morgen war es das Zücken der Zahnbürste und Hannes fragender Blick
in meine Richtung, den ich nur mit einem kurzen Nicken beantwortet habe. Hannes hat daraufhin unsere Zahnbürsten präpariert und die
Becher mit Wasser gefüllt, während ich letzte Ausrüstungsteile verstaut
habe. Manchmal braucht man eben einen Beobachter, um zu erkennen,
wie sich nonverbale Kommunikation entwickelt.

Die Wettervorhersage von gestern scheint zu stimmen und Hazen
macht sich jetzt Sorgen wegen des starken Südwinds, der die Trinity Bay
in eine bedrohlich wirkende Wellenlandschaft verwandelt hat. Wir sind
uns nicht sicher, wie sich das weitere Vorankommen gestalten wird.

So zahm und sanft kann der Atlantik sein

Bonaventure Head gilt unter Neufundland-Paddlern nicht umsonst als ein „kritischer Punkt". Hazen schlägt vor, spätestens mittags nochmal zu telefonieren. Er will sich bis dahin in der Gegend um Trinity herumtreiben. Ein guter Plan.

Anderthalb Stunden brauchen wir, um das Südende der Trouty Bay zu erreichen. Kein wirklich langes Ende, aber äußerst kräftezehrend. Bis Bonaventure Head ist es viermal so weit. Wir sind uns einig, dass die Bonaventure Head-Umrundung heute ein zu hohes Risiko bedeuten würde. Der Wind hat weiter aufgefrischt und erzeugt einen irren Druck auf die Paddelblätter. Wir entschließen uns für den Rückweg nach Trouty. In einem Bruchteil der Zeit, die wir für den Hinweg benötigt haben, fliegen wir förmlich mit dem Wind zurück nach Trouty.

Dort rufen wir Hazen an, der 15 Minuten später bei uns ist. Erleichtert uns zu sehen, bietet er uns an, uns nach Sunnyside am südlichen Ende der Trinity Bay zu fahren. Die Windvorhersage für die nächsten Tage zeigt keine Aussicht auf große Veränderungen. Wir nehmen Hazen's Angebot dankend an. Kurz darauf sind unsere Kajaks auf dem Dachträger verzurrt, das Gepäck im Kofferraum verstaut und wir auf dem Landweg unterwegs nach Sunnyside. Von dort queren wir über den Bull Arm das Südende der Bucht, um am gegenüberliegenden Ufer, endlich mit Rückenwind, wieder nach Norden zu paddeln. Wir kreieren eine neue Paddeldisziplin, das Synchronsurfen. Einige Male schaffen wir es tatsächlich, parallel und gleichzeitig ein oder zwei lange Wellen zu surfen. Mit nur einer Bootslänge Abstand rauschen wir vor der Welle in einem Höllentempo dahin. Auch wenn die Beschleunigungsphasen viel Kraft kosten, der Spaß ist riesengroß.

Die Ostküste von Trinity Bay zieht quasi im Zeitraffer-Tempo an uns vorbei und es ist ein verdammt gutes Gefühl in solch kleinen Booten so schnell dahinzugleiten. Starke Böen machen uns aber immer wieder klar, dass die Konzentration nicht nachlassen darf. Mit 30 Knoten Wind ist der Atlantik tatsächlich kein Kinderspielplatz. Außerdem wird es Zeit, nach einem Übernachtungsplatz Ausschau zu halten.

Ein Bereich zwischen Zwei Felsen scheint geeignet, um zu versuchen, die Füße wieder an Land zu bekommen. Wir beobachten den Rhythmus der Brandung. Ich erwische eine geeignete Lücke in einer Wellenserie, lasse mich von einer kleineren Welle auf die Steine tragen, springe schnell aus dem Boot und ziehe es ein Stück hoch, um Hannes den Weg freizumachen. Hannes passt seinen Moment perfekt ab und kommt mit meiner Hilfe trockenen Fußes an Land. Eine ausgedehnte, an eine Tundra erinnernde, Wiesenfläche umrahmt das felsige Ufer. Ein perfekter Platz nach einem perfekten Paddeltag.

Die Durchschnittsgeschwindigkeit dürfte heute bei zehn Kilometern pro Stunde gelegen haben. Mein GPS-Gerät hat seinen Dienst quittiert. Die wasserdichte Tasche hat ein Loch und das Atlantikwasser ist dem angeblich wasserdichten Instrument auf Dauer nicht gut bekommen. Schon das vierte GPS-Gerät, das sich auf meinen Touren verabschiedet.

Der Tag ist ein Fest, denn die Sonne scheint und die Welt meint es gut mit uns. Unser Platz liegt sogar äußerst windgeschützt. Strahlend streckt Hannes mir seine Hand entgegen. Wir klatschen uns ab.

„Das war geiles Paddeln, Vater", sagt mein Sohn.

„Gerade noch so", relativiere ich vorsichtig, und versuche, Hannes Euphorie etwas zu bremsen, was ich äußerst ungern und nur sehr selten tue.

Es gibt nur wenige Dinge, die schöner sind, als mit seinem Sohn schwierige Situationen zusammen zu meistern. Zumindest im Nachhinein. Trotzdem scheint mir eine kleine Warnung angebracht:

„Eine Nummer Wind mehr und aus dem Spaß wird Seenot. Dann bist Du froh, wenn du an Land kommst. Egal wie".

"Ich weiß", sagt Hannes und ich glaube, er weiß es wirklich.

Laut dem UKW-Wetterbericht soll der Wind bei gleicher Richtung nur leicht abnehmen.

„Sieht nach geilem Paddeln aus", fasse ich den Seewetterbericht der Coast Guard zusammen und blicke in ein lachendes Gesicht.

Zwei Tage später liegt die Trinity Bay hinter uns. Wir haben unseren Kurs gerade auf Süd geändert. Linker Hand liegt die Insel Baccalieu Island. Genau hier treibt sich eine offenbar ortsfeste Gruppe Buckelwale herum. Wissenschaftler fotografieren die Wale von einem Schlauchboot aus. In der Nähe des Schlauchbootes lassen wir uns einige Minuten treiben und beobachten die Wale bei ihren Luftholmanövern, mit denen sie ihre Tauchgänge regelmäßig unterbrechen.

Seit unserer ersten Walsichtung haben wir täglich Buckelwale gesehen. Nie kam uns ein Wal wieder so nahe, wie am Eingang zur Trinity Bay. Wir haben uns an die Meeressäuger genauso gewöhnt wie an die

Eisberge. Sie sind Teil der Landschaft und damit Teil unserer Reise geworden. Wale, die in 200 oder 300 Metern Entfernung auftauchen, entlocken uns nicht mehr als ein „Guck mal, ein Wal" und zwei oder drei ausgesetzte Paddelschläge. Wir können uns fast jederzeit sicher sein, dass bald der nächste Wal erscheint.

Paddeln an dieser wilden Küste ist eine unvergleichliche Möglichkeit, echte Freiheit zu spüren. Wir müssen uns nicht an Wege und Straßen halten, wie Wanderer oder Radfahrer. Auch wenn die Küstenlinie unseren Weg grob vorgibt, können wir jederzeit entscheiden, wann wir wo eine Pause machen oder ob wir uns nicht lieber ein Stück treiben lassen, um die Schönheit zu bestaunen, die Neufundlands Küste ein ums andere Mal bereithält. Das Gefühl, sich auf diese Art durch Raum und Zeit zu bewegen kommt dem, was oft leichthin mit Freiheit umschrieben wird, tatsächlich sehr nahe.

Über Bay der Verde und Cabonear nähern wir uns Bell Island. Die Insel liegt im südlichen Teil der Conception Bay. In Cabonear haben wir in einem riesigen Shopping-Palast unseren letzten Einkauf getätigt, ausgiebig mit Kerstin telefoniert und bei Tim Hortons einen Kaffee-Muffin-Donuts-Termin absolviert. Einer kürzlich von Kerstin erhaltenen SMS ist zu entnehmen, dass Deutschland sein WM-Match gegen Brasilien mit sieben zu eins gewonnen haben soll. Hannes glaubt an einen Tippfehler seiner Mutter und wurde am Telefon gerade eines Besseren belehrt. Jetzt sehen wir uns mit einem neuen Problem konfrontiert, das Hannes sinngemäß wie folgt beschreibt:

„Ich werde verrückt, wenn Deutschland ausgerechnet dieses Jahr Weltmeister wird und ich nicht ein einziges Spiel gesehen habe."

Das WM-Finale soll in zwei Tagen stattfinden.

„Wir werden schon eine Möglichkeit finden, das Finale zu sehen. Vor St. John's kommt noch eine kleine Ortschaft. Da wird es wohl irgendwo eine Glotze geben, vor der wir Platz finden", versuche ich Hannes zu beruhigen.

Dichte Nebelbänke tauchen die Landschaft in ein mystisches Grau, das die Orientierung ohne Kompass schwierig gestalten würde. Es ist windstill. Als der Nebel sich endlich auflöst ist Bell Island zu sehen. Perfekte Bedingungen für eine Querung der Conception Bay.

Bei 25 Grad im Schatten ohne einen Windhauch wird die Überfahrt anstrengender als gedacht. Der Schweiß fließt in Strömen und der

Trinkwasserverbrauch steigt rapide an, obwohl wir nur in T-Shirts paddeln. In Erinnerung an die grausamen Windböen, die uns vor Bonaventure Head ins Gesicht gedroschen wurden, sind wir uns einig, dass wir es schlechter haben könnten. Am Nordende von Bell Island wartet ein flaches Felsplateau mit einer Süßwasser-Dusche aus 12 Metern Höhe auf uns. Schluss für heute!

Wir steigen aus den Kajaks, reißen uns die Klamotten vom Leib und stehen im nächsten Moment unter einem herrlichen Wasserfall. Gerne würden wir hier bleiben, aber wo das Zelt aufstellen? Gleich hinter unserer natürlichen Landungsrampe ragt der Fels steil empor. Über einen schmalen schrägen Absatz erreichen wir die obere Felskante. Dort ist Platz. Wir schleppen alles Notwendige nach oben, hieven die Kajaks auf einen Felsvorsprung, um sie vor der Flut zu schützen und hängen bei gefühlten 30 Grad den Rest des Tages auf dem Felsen ab. Ich halte es nur mit einem um den Kopf gewickelten nassen Handtuch aus. Gegen 20 Uhr liegen wir in Unterhose im Zelt auf den Schlafsäcken und freuen uns über jeden noch so leichten Luftzug, der durch den geöffneten Eingang zieht.

„Scheint wieder ein Rekord-Sommer zu werden", nuschle ich mitgenommen von der ungewohnten Hitze vor mich hin.

Cape St. Francis, das letzte nennenswerte und angeblich gefährliche Kap, empfängt uns mit Ententeich-Bedingungen unter blauem Himmel. Der Morgendunst hat sich zu Wolkenschleiern verwandelt, die seit einer Stunde das Weite suchen. In der Ferne liegt eine Segelyacht mit schlaff herunterhängenden Segeln. Bis auf einen mickrigen Leuchtturm bietet das Kap aus unserer Perspektive nicht viel Sehenswertes. Deutlich interessanter erscheint uns der nächste Hafen, Pouch Cove. Der Ort hat an die 2.000 Einwohner. Da sollte es doch möglich sein, für morgen zwei Plätze vor dem Fernseher zu organisieren.

Ein Übernachtungsplatz, der nicht allzu weit vom Ort entfernt liegt, ist noch wichtiger. In einem Café bekommen wir einen guten Tipp. Kurz hinter dem potentiellen TV-Schauplatz des entscheidenden Fußball-WM-Endspiels liegt Shoe Cove, eine geschützte winzige Bucht an einer Flussmündung direkt am East Coast Trial. Der East Coast Trial ist ein Küstenwanderweg, der von Cape St. Francis bis Cappahayden reicht.

Wir brauchen keine halbe Stunde, um Shoe Cove zu erreichen und sind überwältigt als wir aus den Kajaks steigen.

Gebe es ein Punktesystem, nach dem man Lagerplätze bewerten würde – Shoe Cove würde von uns die Maximalpunktzahl bekommen. Das Flusswasser sammelt sich zwischen Felsbrocken auf einem natürlichen Kieselsteinbett zu einer Natur-Badewanne mit angenehmer Badetemperatur. Es ist reichlich Platz für unser Zelt unweit dieser Badewanne und die Lage mit Blick auf den offenen Atlantik ist kaum zu überbieten.

Ab und zu kommen Wanderer vorbei. Wie Helen, eine ältere Dame mit langem weißem zu einem Pferdeschwanz zusammengebundenem Haar und auffallend wachen Augen. Wir kommen ins Gespräch. Helen Forsey stammt aus Ottawa, wohnt im Sommer aber in einer kleinen Hütte bei Cape St. Francis. Sie hat unsere Kajaks entdeckt und möchte wissen, was uns hierhergetrieben hat. Interessiert lauscht sie zusammen mit ihren Wanderfreunden unserer Reisegeschichte, die kurz vor ihrem Finale in St. John's steht. Als wir sie fragen, ob sie Rat wüsste in Sachen Fußball-Endspiel, verweist sie uns an ein Bed & Breakfast in Pouch Cove, das von einer Deutschen namens Elke Dettmer betrieben wird. Sie beschreibt uns den Weg zu Elkes Haus und lädt uns für morgen Nachmittag in ihre Hütte bei Cape St. Francis ein.

Diesen Abend halten wir es noch lange vor dem Zelt an unserem Strand aus und schauen auf den zahmen Nordatlantik. Die Situation ist vergleichbar mit Gudal Bay vor fünf Jahren an Graham Islands Westküste am anderen Ende Kanadas. Damals sind wir, genau wie heute, kurz vor Erreichen unseres Ziels an einem Ort gelandet, der uns freundlich aufnahm. Er verwöhnte uns mit allen Vorzügen, die die Natur nur bieten kann und machte es uns leicht, von der Richtigkeit dessen was wir tun überzeugt zu sein. Es bedarf manchmal einer langen Reise und etwas mehr Zeit, um solche Momente zu erleben. Erfahrungen dieser Art zu machen gehört zu den schönsten Begleiterscheinungen eines Abenteuers. Sie sind ein großer Schatz, dessen wir uns sehr bewusst sind.

Auf dem der Uferlinie folgenden East Coast Trail laufen wir nach Shoe Cove. Mit weiten, bis zum Horizont reichenden Ausblicken über den Ozean belohnt der Pfad die Wanderer, die sich auf den Weg gemacht haben. In Shoe Cove belohnen wir uns mit einem Riesen-Sandwich und eiskalter Cola, um anschließend Elke ausfindig zu machen.

In Elkes Bed & Breakfast werden wir schon erwartet. Helen hat Elke telefonisch vorgewarnt, dass zwei Norddeutsche bei ihr auftauchen würden. Es folgt eine Einladung zu Kaffee und Kuchen und eine sehr angenehme Unterhaltung mit Elke, ihrer Nichte, Felix, der hier einen Ferienjob macht und zwei deutschen Gästen aus Berlin. Alle sprechen natürlich deutsch und es fühlt sich ein bisschen so an, als würde man heimkommen. Auch Elke kommt während unseres Gesprächs zumindest mental ihrer alten Heimat ein Stück näher. Sie ist in Flensburg aufgewachsen. Unser Vorstellungsvermögen reicht ziemlich weit, aber in Neufundland auf eine Flensburgerin zu stoßen, hätten wir nicht für möglich gehalten. Elke hat nach ihrem Studium nach einer Doktorstelle gesucht und ist hier hängengeblieben. Dann hat sie ihr B&B eröffnet und war außerdem federführend mitbeteiligt bei der Etablierung des East Coast Trails, dessen erstes Teilstück 2001 eröffnet wurde.

Wie klein die Welt sein kann zeigt sich auch, als wir mit Elkes Gästen, Ludwig und seiner Frau, plaudern. Ludwig hat als Geographie-Professor an der Berliner Humbold-Uni gelehrt. Wie sich herausstellt, war er einer der Professoren, mit denen Hannes Ex-Freundin auf Exkursionen unterwegs war.

Elke besitzt keinen Fernseher, hat aber, mit Blick auf das große Fußball-Ereignis, schon alles organisiert:

„Wir treffen uns heute Abend alle bei Ilse unten im Dorf. Sie weiß Bescheid, dass wir mit sieben Leuten anrücken. Nach dem Spiel gehen wir wieder zu mir. Dann gibt es Kartoffelsalat, Bratwurst, Lobster und Bier."

Wir sind baff. Elke beschreibt uns, wo Ilse wohnt und gibt uns noch einen Gruß an Helen mit auf den Weg.

„Jetzt müssen wir nur noch gewinnen", sagt Hannes voller Vorfreude auf das abendliche TV-Ereignis, als wir uns auf den Weg nach Cape St. Francis zu Helens Hütte machen.

Der Weg führt leicht bergan. Von zartrosa über blau bis violett, leuchten Lupinen auf den grünen Teppichen aus wildem Gras. Die Erdschicht, auf der Pflanzen gedeihen können, ist nur dünn. Massiver Fels ist die Basis, das Fundament dieses Landstrichs. Neufundland wird auch „The Rock" genannt. Es braucht nicht viel Phantasie, um zu verstehen warum. Egal aus welcher Perspektive man dieses Land betrachtet, immer schaut man auf Felsen, zumindest an der Küste.

Helens Hütte ist nicht zu verfehlen. Sie besteht aus einem ausgedienten Eisenbahnwaggon, der hier oben solitär wie ein Thron am Cape St. Francis steht. NFLD RAILWAY steht in weißen Lettern auf dem rotbraun gestrichenen Waggon, der als solcher gut zu erkennen ist. Hellen

freut sich riesig, dass wir ihrer Einladung gefolgt sind. Stolz zeigt sie uns ihr Sommerdomizil.

Der Waggon, ein sogenannter Caboose, war früher ein Begleitwagen, der an den Güterzügen der Newfoundland Railway angehängt wurde. Er diente während der langen Überlandfahrten dem mitfahrenden Personal als Aufenthaltsort. Die Gleise verbanden Port aux Basques im Südosten Neufundlands mit der Hauptstadt St. Johns. Als 1949 Neufundland die zehnte Privinz Kanadas wurde, firmierte die Newfoundland Railway in Canadian National Railway um. Im Oktober 1988 wurde dann das Schienennetz offiziell aufgegeben. Der Güterverkehr über die Straße hatte sich als effektiver erwiesen. Helen hat versucht, möglichst wenig im Innern ihres Caboose zu verändern. Neben der Tür hängt noch der Originalschlüssel des Waggons. Eine alte Eisenbahner-Petroleumlampe baumelt an einem Haken. Pfannen und Töpfe hängen an der Wand. Die kleine Sitzecke am Fenster mit blau-gelben Vorhängen scheint ebenfalls noch in ihrem Originalzustand. Selbst die Kojen stehen noch dort wo sie früher waren, versichert uns Helen.

Helen ist die Tochter von Eugene Forsey, der von 1970 bis 1979 kanadischer Senator war. Sie hat Landwirtschaft studiert, einige Jahre in Ecuador und Ghana gelebt und arbeitet seit 1991 als Autorin, Redakteurin, Dolmetscherin und Sozial-Aktivistin. Jedes Jahr zieht sie sich für zwei oder drei Monate hierher zurück.

„Hier habe ich Ruhe zum Schreiben, treffe alte Freunde und kann über den Atlantik blicken. Manchmal ziehen Buckelwale direkt vor meinen

Augen vorbei. Cape St. Franzis gibt mir Kraft", sagt Helen nach einer kleinen Pause, schaut über das Meer und atmet tief aus. Die Verbundenheit dieser Frau mit diesem Ort und ihrem Caboose ist deutlich zu spüren und nicht schwer zu verstehen. Den Rest des Jahres lebt Helen in der Nähe von Ottawa. Wir machen einige Schritte zur Felskante und überzeugen uns von der atemberaubenden Aussicht über den blauen Ozean. Dann wird es Zeit, nach Pouch Cove zurückzukehren. Drei Menschen sind glücklich, sich an diesem besonderen Ort getroffen zu haben. Wir danken Helen für ihre Gastfreundschaft und sind tief gerührt, als Helen uns zum Abschied ein Buch schenkt, das sie selbst geschrieben hat. „The Caboose at the Cape – A Story of Coming Home", heißt das Buch. „Hier könnt Ihr die ganze Geschichte des Caboose nachlesen", sagt Helen. „Gute Reise und viele Wünsche für die Zukunft!", steht als letzter Satz auf deutsch unter Helens Widmung.

In Pouch Cove besorgen wir zwei Sixpacks „Quidi Vidi 1892" für den Umtrunk bei Elke nach dem Fußballspiel und treffen uns dann mit Elke, ihren Freunden und Gästen aus Deutschland in Ilses kleinem Wohnzimmer. Auch Ilse stammt ursprünglich aus Deutschland, genau wie eine Freundin, die aus dem Nachbarort noch zu uns stößt. Es fühlt sich wie ein Heimspiel an. Pünktlich zum Anpfiff sitzen neun Deutsche, teils auf dem Fußboden, vor Ilses Fernseher und verfolgen gespannt ein großes Sportereignis, das an Spannung kaum zu überbieten ist und schließlich mit einem der wichtigsten Tore der deutschen Fußballgeschichte endet. Wir sind Weltmeister!

Als wir von Ilses Haus durch Pouch Cove zu Elkes B&B laufen wird uns klar, dass der gemeine Neufundländer sich nicht sonderlich dafür interessiert, ob irgendein europäisches Fußballteam gerade den Titel aller Titel errungen hat. Die deutsche Fußball-Leidenschaft ist vergleichbar mit der Vorliebe der Kanadier die NHL, die Nationale Eishockey Liga, zu verfolgen. Der Ort wirkt ausgestorben und der abrupte Stimmungsbruch ist kaum auszuhalten. Wir sind Weltmeister und keinen kümmert es.

„Egal", sage ich zu Hannes, „Mission Endspiel sehen ist geglückt und morgen ist Zieleinlauf in St. John's." Bei Elke wird der Weltmeistertitel in übersichtlicher aber stimmungsvoller Runde schließlich doch noch mit ein paar Bier und Leckereien gewürdigt. Trotz Stirnlampen finden wir im Dunkeln nur schwer den Weg zurück nach Shoe Cove und sind heilfroh, als in unseren Lichtkegeln endlich das Zelt auftaucht.

14. Juli 2014. Eine Reise geht zu Ende. Über Red Head, Flat Rock Point und Torbay Point paddeln wir bei wenig Wind St. John's entgegen. „Das war's", denke ich und bin überglücklich, als ich zusammen mit Hannes in die kleine Bucht Quidi Vidi hineinpaddle. Die Sonne scheint, Touristen sitzen auf der Terrasse vor der Quidi Vidi Brauerei, deren Braumeister übrigens Deutscher ist, der es versteht unser kanadisches Lieblingsbier zu brauen, und schauen uns hinterher.

„Was sie wohl denken mögen", frage ich mich. Sie haben ja keine Ahnung davon, was wir in den letzten Wochen alles erlebt haben. Mit den letzten Paddelschlägen höre ich in mich hinein und spüre, wie Glücksströme förmlich durch mich hindurch pulsieren. Es kribbelt unter der Schädeldecke, ich bekomme Gänsehaut. Dann drehe ich mich zu Hannes um. Was mag jetzt wohl in seinem Kopf vorgehen? Ich blicke in ein hellwaches braungebranntes Gesicht. Sein Bart ist gewachsen. Hannes wirkt in sich ruhend, als er aus dem Boot steigt. Seine Augen strahlen etwas aus, das ich schwer beschreiben kann. Ich sehe Selbstvertrauen, ganz viel Zufriedenheit und noch mehr Freude. Strahlt all das wirklich aus den Augen meines Sohnes oder sind es geistige Reflexionen aus den sich wie wild überschlagenden Gedanken des überglücklichen Vaters? Wir sind in den letzten fünf Wochen um einiges reicher und sicherer geworden. Reicher an Erfahrungen, Erlebnissen und Eindrücken, sicherer in der Gewissheit, dass es Werte gibt, die mit materiellen Dingen nicht aufzuwiegen sind.

Als unsere Kajaks am Ende des kleinen Hafens auf der hölzernen Slipanlage liegen, drücke ich Hannes einen 20 Dollar-Schein in die Hand.

„Hol uns mal ein Six-Pack Quidi Vidi 1892."

Ich liege schon neben den Kajaks in der Sonne, als Hannes in locker wiegendem Schritt zurückkommt. Er reicht mir eine geöffnete Flasche mit den Worten:

„Prost, Vater, geiler Trip."

„Prost, Hannes!"

Auf dem Rücken liegend, eine Hand unter dem Kopf, schaue ich den Wolken hinterher. Nach eine Weile fragt Hannes mich:

„Na Vater, Du denkst doch garantiert gerade über Deinen Job-Ausstieg nach, oder?"

Wir waren lange zusammen, haben viele Gespräche über wirklich wichtige Dinge wie Hannes Studium, meinen Job und lohnenswerte Lebensmodelle geführt. Die Fähigkeit Empathie zu empfinden, entwickelt sich dabei ein ganzes Stück weiter. Hannes erkennt im Moment tatsächlich meine Gedanken. Die Mundwinkel meines Sohnes ziehen sich weit auseinander, gefolgt von einem selbstsicheren Nicken, als ich seine Vermutung bestätige.

„Und, neue Pläne?", hakt Hannes etwas provozierend nach.

„Keine neuen Pläne. Aber die alten sollten bald umgesetzt werden", resümiere ich und lasse mir von Hannes möglichst verbindlich bestätigen, dass er seinen Master 2017 in der Tasche haben wird.

Noch eine Nummer konkreter wird meine Planung, als ich einige Wochen später aus den Bildern unserer Reise einen Vortrag zusammenstelle und neue Reisereportagen für Magazine schreibe.

Das ist es, was mir wirklich Spaß macht, was mehr Raum in meinem Leben bekommen soll. Nur noch zweieinhalb Jahre will ich der Flensburger Werft meine Dienste anbieten.

Dann soll Schluss sein!

Out and over

So schnell kann es gehen. Manchmal wird man doch einfach von der Realität eingeholt. Über Jahre feilt man an einem Plan, legt sich Argumentationsmuster zurecht, wägt das Für und Wider ab und beleuchtet eine Sache von allen Seiten. Tue ich es oder tue ich es nicht? Ist jetzt der richtige Zeitpunkt gekommen oder warte ich noch ein wenig bis . . . ? Und dann passiert alles von selbst.

Mein Arbeitgeber, die Flensburger Werft, hatte 2015 einen Neubau-Auftrag für einen australischen Kunden unterschrieben. Das Schiff soll einmal zwischen Melbourne und Devonport auf Tasmanien verkehren. Ein Blick auf Google Earth reicht, um zu erkennen, dass der Werftauftrag mich in ein neues Seekajak-Abenteuer an Australiens Küste treiben könnte. Tasmanien ist ein hochinteressantes Seekajak-Revier. Dort will ich hin. Ich habe nicht viel Zeit vergehen lassen und schon während der Konstruktionsphase des Schiffes ein Gespräch mit dem Supervisor der australischen Bauaufsicht gesucht. Graeme, ein weißhaariger Mittsechziger, ist technischer Neubauchef der australischen Searoad-Reederei, die das Schiff in Flensburg geordert hat. Seit einigen Monaten ist Graeme in Flensburg auf der Werft, um bis zur Ablieferung des Ro-Ro-Schiffes den Bauprozess zu beaufsichtigen. Als ich ihm das erste Mal von meinem kühnen Kajakreiseplan erzähle, zeigt er sich sofort interessiert, aber auch besorgt. Interessiert wohl, weil jeder sich freut, wenn Menschen aus anderen Teilen der Erde Interesse für das Land zeigen, in dem man selbst lebt. Besorgt ist Graeme, weil ich Tasmanien mit dem Kajak bereisen will.

„Die Tasmanische See ist kein Abenteuerspielplatz. Der südliche Ozean ist auch mit der Ostsee nicht vergleichbar", ermahnt er mich vorsichtig.

Er wirkt misstrauisch. Wahrscheinlich hat er so seine Zweifel und ist sich nicht sicher, ob ich weiß, wovon ich rede. Ich versuche seine Bedenken zu entschärfen, indem ich ihm von meinen Touren an der kanadischen West- und Ostküste berichte.

„Ich könnte mir vorstellen, von Devonport bis Hobart zu paddeln, entlang der Ostküste", weihe ich ihn in meine Pläne ein und ergänze:

„Die Westküste ist mir eine Nummer zu groß für ein Solo-Abenteuer." Das klingt auch für Graeme nachvollziehbar und ich glaube, zumindest ansatzweise, so etwas wie Anerkennung und Verständnis in seinen Augen zu erkennen.

„Mit einem so kleinen Boot – das muss ein großes Abenteuer sein. Wenn Du Hilfe brauchst, lass mich wissen, was ich tun kann", ist sein kurzer Kommentar, nachdem ich ihm beschrieben habe, wie ich mir meine Tour im Detail vorstelle.

Vier Wochen später liegt ein Versandrohr aus Karton auf meinem Schreibtisch. Als ich neugierig den Kunststoffdeckel entferne, finde ich einen kompletten Satz Seekarten, die die tasmanische Küste von Devonport bis Hobart abdecken und dazu einen Gruß von Graeme. Einige Tage danach läuft der Australier mir wieder über den Weg.

„Hast Du die Karten bekommen?", erkundigt er sich, nun Vertrauen in mein Vorhaben ausstrahlend. Ich bin glücklich über die verlässliche Unterstützung und bedanke mich für den prompten Support. Wir haben abgemacht, dass ich kurz vor Ablieferung des Schiffes mein Kajak verladen kann und er dafür sorgen wird, dass das Boot heil in Melbourne ankommt. Außerdem bekomme ich eine Einladung, Graeme zu Hause in Melbourne zu besuchen. Er verspricht meine Schiffspassage von Melbourne nach Devonport auf dem Schiff zu organisieren, schaut mir in die Augen, als wollte er sich ein letztes Mal davon überzeugen, ob ich es auch wirklich ernst meine und klopft mir väterlich auf die Schulter:

„Dann kannst Du Dir Dein Kajak schnappen und Dir die tasmanische Küste auf eigene Faust ansehen. Du wirst schon wissen, was Du tust." Um die Organisation meines Rücktransports nach Melbourne will Graeme sich ebenfalls kümmern. Mir ist in zahlreichen Ländern schon viel Gastfreundschaft und Unterstützung entgegengebracht worden. Derartige Hilfsbereitschaft schon vor Antritt der Reise zu erleben ist eine besondere Erfahrung, die mich stark beeindruckt. Ich bin Graeme dankbar und schaue nun aufgeregt der Ablieferung des Schiffes und meiner Reise nach Tasmanien entgegen.

Im Oktober 2016 verzurre ich mein Kajak im Bauch des über 200 Meter langen Schiffes. Das Boot ist auf einen Bootswagen geschnallt. So werde ich es in einigen Monaten wie einen Handwagen von Bord ziehen können.

Ende Oktober eröffnet die Geschäftsführung der Werft-Belegschaft, dass es dem Unternehmen nicht gut geht. Geahnt haben es viele, dass es so kritisch ist. Trotzdem überrascht es die Mehrheit der Mitarbeiter. Ein Sanierungskonzept soll für Vertrauen bei den Banken werben. Alles muss sehr schnell gehen, um die Zahlungsfähigkeit der Werft zu sichern und die Gesellschafter bei der Stange zu halten. Kurz darauf wird ein Maßnahmenplan präsentiert, der unter anderem die Entlassung von 100 Mitarbeitern vorsieht. Gespräche mit Entlassungskandidaten finden statt und Anfang November ist von einer Liste die Rede, auf die sich Mitarbeiter setzen lassen können, wenn sie freiwillig aus dem Unternehmen ausscheiden möchten. Das Ganze wird von einem Sozialplan begleitet, der einen materiell abgefederten Ausstieg ermöglicht.

„Das ist meine Chance", denke ich sofort, erkundige mich nach den Konditionen und lasse mich auf die Liste setzen. Der Plan, meine Brötchen als freier Reisejournalist zu verdienen, scheint von der Realität eingeholt zu werden.

Um es kurz zu machen: Mitte November steht fest, dass Jörg Knorr am 01.12.2016 aus dem Unternehmen Flensburger Schiffbau-Gesellschaft ausscheidet. Exakt zu meinem 55. Geburtstag, nach 28 Arbeitsjahren im Schiffbau, soll aus einem Maschinenbauingenieur ein Reisejournalist werden, der sich auf neue Herausforderungen freut. Neue Herausforderungen – das klingt wie eine abgedroschene Phrase aus einem Bewerbungsschreiben. Aber es stimmt. Das Neue wird sein, dass ich die Herausforderungen selbst definieren werde.

Meine letzten zwei Wochen auf der Werft gehören zu den schönsten, die ich im Unternehmen verbracht habe. Ich bin im Unterschied zu vielen Kollegen, die zwar angestellt bleiben, aber Lohnkürzungen hinnehmen müssen, bestens gelaunt und sorge damit immer wieder für Verwunderung. Kaum einer kann sich vorstellen, wie glücklich ich mit der Situation bin.

Ich fühle mich mit einem Mal ganz frei!

Tassie Time – Ein Down Under-Abenteuer
Nord- und Ostküste Tasmaniens

Am 26. Januar 2017 sitze ich im Flugzeug nach Abu Dhabi. Vor mir liegt das Buch „Längengrad" von Dava Sobel. Ich lese darin über den Zusammenhang zwischen geographischen Längengraden, Zeitdifferenzen und Entfernungen. Jede Zeitzone mit einer Stunde Zeitdifferenz steht für 15 Grad geographischen Längenunterschied. In Tasmanien ist es zehn Stunden später als in Deutschland. Daraus ergeben sich 150 Längengrade. Ganz schön weit weg. Bedenkt man außerdem, dass Flensburg etwa 54 Grad nördlich und Hobart auf 42 Grad Süd liegt, dann wird klar, dass man nicht viel weiter weg reisen kann.

Nun denn, in 38 Stunden werde ich in Melbourne landen. Zeit genug, um sich ein paar Gedanken zu machen.

Was erwartet mich? Meine Erwartungen sind zuallererst an die Paddel-Destination Tasmanien geknüpft. Ich bin mir ganz sicher, dass meine Kajaktour ein neues spannendes Abenteuer wird. Spannung und Abenteuer – genau das ist es, was mich hinaustreibt, nun schon seit über 20 Jahren. Jetzt ist Tasmanien dran.

Was erwartet Kerstin? Ganz nüchtern betrachtet: Fünf Wochen ohne mich, nicht alltäglich aber schon mehrfach praktiziert. Klar macht Kerstin sich so ihre Gedanken, hat ganz bestimmt einige Bedenken und manchmal vielleicht auch Angst. Sie kennt mich seit über 30 Jahren. Seit 18 Jahren unternehme ich Reisen wie diese. Es werden wohl noch einige folgen. Sie weiß auch, dass ich meine Limits ziemlich genau kenne. Entscheidend aber ist, dass sie sicher sein kann, dass ich wieder nach Hause kommen möchte, zurück zu ihr, weil ich sie liebe. Nicht viele Frauen machen so etwas mit. Ich bin mir dessen bewusst und sie weiß das.

Ist es die Reise wert? Ja, es ist die Reise wert. Auf die immer wiederkehrende Frage von Freunden oder Familienangehörigen – warum machst Du das? – habe ich eine für viele vielleicht zu simpel klingende Antwort parat: Warum nicht? Die schönsten Reisen, so meine Erfahrung, sind die, bei denen man nicht so genau weiß, was einen erwartet. Morgens das Zelt abbauen, das Boot packen und lospaddeln. Mal sehen, wo man ankommt, was man sieht, erlebt und wen man trifft. Ist doch super. Aber zugegeben, danach wieder nach Hause zu kommen ist auch schön. Viel schöner als nach einem Hotelurlaub, weil der Kontrast zwischen vertrautem Zuhause und Abenteuern in einer fremden Welt phantastisch ist. Zuhause – das ist mein Heimathafen, um bei der Perspektive eines Bootsreisenden zu bleiben.

Nach dem langen Flug über Abu Dhabi lande ich endlich in Melbourne. Es ist Sommer mit Temperaturen jenseits der 30 Grad-Marke. Graeme holt mich wie versprochen ab. Er wohnt in der Nähe des Flughafens. Nur wenig später sitzen wir zusammen mit Paul, Graemes Partner, bei einem kalten Bier und besprechen wie es weitergehen soll. Zwei Tage später finde ich mich auf einer alten Bekannten, der „SEAROAD MERSEY II", wieder. Am Bau dieses Schiffes war ich vor wenigen Monaten noch beteiligt. So schnell holt einen die Vergangenheit wieder ein. In diesem Fall fühlt es sich sehr gut an.

Ich stehe mit Lloyd, dem Kapitän, und Marcus, dem Rudergänger, auf der Brücke. Im Hintergrund verschwindet die Skyline der Millionenstadt Melbourne und vor uns erstreckt sich die Bass Strait, ein für sein raues Wetter bekanntes Seegebiet, das zwischen Australien und seinem kleinen Ableger Tasmanien liegt. Lloyd kenne ich schon aus Flensburg. Wir haben auf der Werft einige Male miteinander gesprochen und er weiß, warum ich hier bin. Ich bin total aufgekratzt und blicke voller Erwartungen über den Bug des Schiffes. Tasmanien ist noch lange nicht zu sehen. Etwa 16 Stunden werden wir unterwegs sein, bis wir in Devonport festmachen. Das Schiff fängt ganz leicht zu schaukeln an.

„This ist the Bass Strait", sagt Lloyd.

Respekt klingt in seinen Worten mit. Nicht ohne Grund. Das Gewässer ist alles andere als ein Badeteich. Die Wettervorhersage verspricht allerdings eine ruhige Überfahrt. Lloyd empfiehlt mir, mich mit Marcus zu unterhalten. Der stammt aus Tasmanien und kennt die Ostküste sehr gut.

Ich hole Karte und Stift aus meiner Kammer und erscheine wieder auf der Brücke, um mich von Marcus briefen zu lassen und so viele Informationen wie möglich aufzusaugen.

Locals und entgegenkommende Reisende sind die besten Reiseführer. Marcus ist schon viele Jahre mit Booten an der tasmanischen Küste zum Fischen unterwegs gewesen. Er mag Ende Dreißig sein, hat kurze Haare, macht einen sportlichen Eindruck und hat einen festen Händedruck.

Über meine Karte gebeugt folgen wir der Linie, die ich als meinen Reisekurs markiert habe. Zu jedem Abschnitt, jedem Kap und jeder Bucht kann Marcus mir wertvolle Informationen geben.

Immer wieder höre ich „big swell", „no landing" oder „big surf" und zweimal sogar „big white shark".

Marcus schaut zwischendurch zu mir auf, als wollte er sicher gehen, dass ich auch wirklich verstanden habe, was er gerade gesagt hat. Ich verstehe ihn sehr gut. Will er mir Angst machen oder erwarten mich tatsächlich mehr Probleme als ich bis eben noch dachte? Ich mache mir eifrig Notizen und markiere Abschnitte auf der Karte mit entsprechenden Bemerkungen. Wichtig ist mir dabei, Gebiete zu markieren, in denen ich mit wenig Anlande-Möglichkeiten rechnen muss, weil die Küste zu schroff ist.

„Big swell" oder „big surf" birgt Gefahren. „No landing" hört sich ziemlich klar nach „weiterpaddeln ohne Pause" an.

Ich stelle fest, dass detaillierte Tagesplanung ein wichtiger Teil meiner Reise sein wird. Mein Zeitfenster von gut vier Wochen erlaubt einige Auszeiten, wenn es sein muss. Hoffentlich werden es nicht zu viele. Und wenn doch, kann ich immer noch Roy kontaktieren. Roy ist Mitglied des TSCC, des Tasmanian Sea Canoeing Club, eine Seekajak-Gemeinschaft auf Tasmanien, die ich während meiner Reisevorbereitung kontaktiert habe, um jemanden vor Ort zu finden, der mir helfen kann, falls ich unvorhersehbaren Problemen gegenüberstehen sollte.

Von Roy kam sehr schnell eine Antwort auf meine, an den Club gerichtete, E-Mail. Er signalisierte sofort Interesse an meinem Tasmanien-Trip und sagte seine Unterstützung zu. Die für mich überzeugendste Passage aus unserem E-Mail-Verkehr war: „ . . . falls es Notsituationen geben sollte, kannst Du mich jederzeit kontaktieren. 24 Stunden am Tag, sieben Tage die Woche."

Roy war mein Mann.

Am letzten Tag des Januars verlasse ich in Devonport die „SEAROAD MERSEY II" mit meinem Kajak auf dem Bootswagen im Schlepptau. Eineinhalb Kilometer muss ich bis zum Strand laufen. Beim Rucksack auf den Rücken hieven habe ich mir die Schulter irgendwie verdreht. Es schmerzt etwas, wenn ich den Arm nach hinten anhebe. Kann ich gar nicht gebrauchen, erledigt sich hoffentlich bald wieder.

Als ich endlich die Spritzdecke über dem Cockpit schließe, das erste Mal mein Paddel eintauche und der Strand an der Mündung des Mersey River langsam hinter mir zurückbleibt, bekomme ich eine Gänsehaut. Allerdings meldet sich auch meine linke Schulter, die mehr schmerzt, als mir lieb ist. Ungeachtet dessen macht sich ein unbeschreibliches Zufriedenheitsgefühl in mir breit und lässt mich alles andere, auch die Schulterschmerzen, vergessen.

Erst als ich die erste kleine Landspitze passiere, mache ich mir Luft und stoße einen Freudenschrei aus. Danach lässt das Kribbeln unter der Haut nach. Meine Aufregung verschwindet langsam. Ich versuche gleichmäßige, lange Paddelschläge hinzubekommen. Nicht ganz so einfach, da ich die linke Schulter und den Oberarm nur mit halber Kraft einsetzen kann. Ich bekomme den Arm nicht weit genug nach vorn. Die Paddelzüge werden dadurch deutlich kürzer als gewollt. Das wird sich hoffentlich noch einpegeln.

Mit frischem Rückenwind – einem schönen Willkommensgeschenk – paddle ich Point Sorell entgegen. Dahinter beginnt der Narawntapu National Park. Hinter Badger Head gehe ich an einem geschützt liegenden Strand an Land. Für den ersten Tag bin ich genug gepaddelt.

Noch bevor es dunkel wird – die Sonne geht gegen halb zehn unter – liege ich im Schlafsack. Nachts muss ich raus. Die Schulter schmerzt bei jeder Drehung. Scheint doch was Ernsteres zu sein. Erschwerend kommt hinzu, dass ich mich aus Gewichtsgründen für meine dünne Iso-Matte entschieden habe. Das Teil ist nur Zweieinhalb Zentimeter dick und mit einem halben Meter Breite alles andere als komfortabel. Ich verdränge das Problem erst mal und freue mich über den wahnsinnigen Sternenhimmel.

Über meinem Zelt macht sich die Milchstraße breit. Ein dichtmaschiges Netzt aus funkelnden Punkten überspannt den Nachthimmel. Die Milchstraße vereint so viele Sterne, dass sie sich wie ein breites Band durch das nächtliche Lichtermeer zieht.

Der nächste Morgen ist unspektakulär. Um sechs öffne ich das Zelt. Die Sonne mag noch nicht scheinen. Es ist kühl. Das Müsli wird im Zelt angerichtet. Kurz vor acht bin ich auf dem Wasser. Ich paddle wie ein Bewegungs-Legastheniker. Die Schulter schmerzt jetzt so stark, dass ich den linken Oberarm am Körper lassen muss. Gut, dass das Wetter mitspielt. Der Wind ist fast eingeschlafen. Ich muss also nicht volle Kraft voraus paddeln und kann es langsam angehen lassen. Trotzdem bereitet mir die Schulter ernsthafte Sorgen.

Als ich den Mündungsbereich des Tamar River quere, lässt sich die Sonne blicken. Am felsigen Ufer ist das Low Head Lighthouse zu sehen, ein auf einem wie dafür geschaffenen Hügel stehender Leuchtturm.

Zum Nachmittag frischt der Wind so richtig auf. An der Flussmündung des Curries River nahe Beechford, komme ich bei Hochwasser gut an Land. Die Landzunge an der Flussmündung bietet Schutz vor dem aus Nordwest wehenden Wind.

An exponierten Stränden bauen sich üblicherweise unangenehme Wellen auf, die auf ihrem Weg Richtung Strand immer steiler werden, um schließlich zu brechen. Dabei fallen Tonnen von Wasser tosend und schäumend von einem meterhohen Wellenkamm, um alles vor sich liegende darunter zu begraben. Es wird irgendwann der Zeitpunkt kommen, dass mir nichts anderes übrigbleibt, als eine Surflandung zu wagen. Solange ich geschütztere Strandbereiche finde, ziehe ich den sanfteren Landgang abseits der Brandung allemal vor.

Ich entscheide mich hierzubleiben und baue mein Zelt hinter einigen Büschen, die zusätzlichen Windschutz bieten, auf. Beechford, auf der anderen Seite des Flusses, hat etwa 150 Einwohner. Alle Hundebesitzer des Dorfes scheinen täglich zum Strand zu kommen. So lerne ich sehr schnell einige Nachbarn kennen, die natürlich wissen wollen, wer der Typ ist, der hier an ihrem Strand zeltet. Desy, eine ältere Dame mit einem kleinen Hund, macht mir wenig Hoffnung auf Wetterbesserung.

„Es soll die nächsten Tage so bleiben", lässt sie mich wissen und verspricht, mich morgen früh mit einem aktuellen Wetterbericht zu versorgen. Ein anderer Gassi-Geher lädt mich auf ein Bier ein, das wir uns auf seiner Veranda schmecken lassen. Desy scheint Recht zu behalten. In der Nacht ist deutlich zu hören, dass der Wind nicht daran denkt, sich schlafen zu legen. Auch am Morgen zeigt er sich noch in bester Form. Es sieht so aus, als würde meine Schulter einen Tag Ruhe geschenkt bekommen.

Tony, ein grauhaariger, sehr vital wirkender Rentner, kommt mit seinem halbwüchsigen Schäferhund-Mischling zu Besuch. Nach einem kleinen Plausch verschwindet er wieder, nicht ohne mich zuvor wissen zu lassen, dass ich gern bei ihm vorbeischauen darf, wenn mir langweilig wird. Kurz nach Tony erscheint Desy mit ihrem kleinen Terrier und dem aktuellen Wetterbericht, der die gestrige Ansage bestätigt. Bei Ebbe wäre mein Landfall hier wesentlich schwieriger gewesen.

Jetzt liegt ein breiter Gürtel scharfkantiger Steine vor dem Sandstrand. Aus der breiten Flussmündung ist ein kleines Rinnsal geworden, das fast trocken fällt. Auch wenn mein Strand geschützt liegt, die schäumenden Wellen weiter draußen wirken wenig einladend. Ich mache einen langen Strandspaziergang.

Als ich zurückkomme, schlendert ein Pärchen heran. Eva und Ben zeigen ihrem drei Monate alten Staffordshire Terrier das erste Mal den Strand. Die blonde Eva stammt aus Schweden, Ben hat einen Onkel in Dänemark. Beide leben schon seit einiger Zeit auf Tasmanien. Wir sitzen etwas länger im Schatten der Büsche zusammen hinter meinem Zelt. Sie schwärmen von der Ruhe in der sie hier leben können und von der schönen Lage ihres Dorfes direkt am Meer, inmitten einer gut funktionierenden Nachbarschaft. Natürlich kennt jeder jeden in Beechford. So wissen Eva und Ben auch Bescheid, wer schon alles bei mir war.

Am späten Nachmittag besuche ich Tony, der mir gleich ein kaltes Bier in die Hand drückt, als ich sein Haus betrete. Später kommen Desy und ihr Mann noch vorbei. Ich fange an, mich heimisch zu fühlen, will Tonys Gastfreundschaft aber nicht überstrapazieren und mache mich nach zwei Stunden wieder auf den Rückweg.

Abends taucht ein Geländewagen am Strand auf und nähert sich meinem Zelt. Eva und Ben steigen aus und überreichen mir eine große Plastikschüssel.

„Dinner for you", meint Eva mit einem freundlichen Lächeln. Ich soll die Schüssel einfach zwischen den Büschen zurücklassen, falls ich morgen früh weiterpaddle. Schon verschwinden die beiden wieder und lassen mich etwas unbeholfen wirkend, aber emotional aufgewühlt alleine zurück. Fleisch und Rosmarin-Kartoffeln, beides noch warm, finde ich unter dem Deckel der Plastikdose. Essen geht immer. Das späte zweite Abendbrot wird auf der Stelle weggeputzt. Die Tassies machen es mir mehr als einfach, ihr Land zu lieben.

Die St Albans Bay bietet den lang ersehnten Windschutz

Der Wind macht frühmorgens einen etwas zahmeren Eindruck, so dass ich schon kurz vor sieben Beechford verlasse. Meine Schulter zeigt sich glücklicherweise etwas erholt und ich kann mit dem linken Arm wieder gut nach vorne ausholen. Weiter draußen steht eine beachtliche Dünung. Sie bleibt den Tag über mein Begleiter. Bis zu drei Meter hohe Wellen rollen seitlich auf mich zu. Manche sind so steil, dass ich mein Boot hineinsteuere, um sie sicherer zu nehmen.

Hinter West Sandy Point öffnet sich eine paradiesische Bucht. St Albans Bay liegt eingerahmt zwischen riesigen hoch aufragenden Sanddünen. Von der starken Dünung weiter draußen ist in der Bucht kaum etwas zu spüren. Sofort steht für mich fest, dass ich am Ufer dieser Bucht übernachten werde. Erst mal baden. Als ich mich ins Wasser stürze und mich mit den Armen auf dem flachen Grund in einem angedeuteten Liegestütz abfange, schießt ein reißender Schmerz durch meine linke Schulter. Ein lautes „Scheiße" hallt über die Bucht. Trotz des Schmerzes zuckt mir sofort ein Gedankenblitz durch den Kopf:

„War's das jetzt?".

Der erste Schmerz klingt relativ schnell ab, wenn ich den Arm einfach nur hängen lasse. Aber jedes Anheben des Arms tut verdammt weh. Ich ärgere mich über diesen blöden Hechtsprung.

Beim Zeltaufbau beruhigt sich die Schulter etwas. Gedanklich bin ich schon beim nächsten Paddeltag. Wie wird es morgen funktionieren? Muss ich wieder mit kurzen linken Schlägen anfangen? Wann werde ich den linken Arm wieder voll einsetzen können? Diese Fragen sind immerhin existenziell. Ganz abgesehen davon, dass ein Arzt hier schwer zu finden sein wird. Aber ein Aus für die Schulter wäre auch das Aus für die Tour. Das wäre das schlimmste Szenario.

Ich verdränge diese Gedanken und beschäftige mich mit der Gegend, erkunde das Ufer der Bucht und mache einen langen Spaziergang durch die wüstenartigen Sanddünen. Von der höchsten Düne kann ich weit über die vom Wind aufgewühlte, mit weißen Schaumkronen durchsetzte, Bass Strait schauen. Das riesige Sandfeld wird von dichter Vegetation unterbrochen, die sich wie grüne Teppichfetzen durch das feinkörnige vom Wind geformte Sandmeer ziehen. Kein Mensch, kein Haus, nur Sand und Meer.

Die nächsten Tage laufen besser als erwartet. Die Schulter bleibt ein Problem, ist aber halbwegs belastbar. Ich schaffe Tagesstrecken, die gut in meinen Zeitplan passen. Die Paddelbedingungen sind teils ideal. Bei leichtem Rückenwind und Temperaturen zwischen 20 und 25 Grad verzichte ich auf die Paddeljacke. Ich genieße den tasmanischen Sommer, sehe Tölpel und Pelikane, die dicht über dem Wasser durch Wellentäler gleiten. Ab und zu kreuzt auch ein kleiner Pinguin meinen Weg. Einmal überrascht mich gar ein Fliegender Fisch, der neben mir aus dem Wasser springt, um sich anschließend 20 Meter über die Wasseroberfläche zu katapultieren.

Ich bin fasziniert von dem, was um mich herum passiert. Als etwa 200 Meter vor mir zwei Delfine eine Spring-Performance starten, muss ich die Fülle des Gesehenen erst mal sortieren. Es gibt Tage, an denen fast nichts passiert. Dann plötzlich bietet dir die Natur innerhalb einer Stunde eine Reihe von Schauspielen, die dich nur staunen und manchmal das Paddeln vergessen lassen.

Bei Petal Point im Foster Inlet verbringe ich zwei Nächte. Ich will mir die Umrundung der Nordost-Ecke Tasmaniens nicht bei stürmischem Wind aus Südost antun. Genau in diesem Gebiet habe ich mir, Marcus Tipps folgend, auf der Karte eine Wellenlinie für „big Surf" eingezeichnet.

Leider vertragen sich die in Melbourne besorgte australische SIM-Karte und mein Handy nicht mehr. Keine Ahnung, was das Problem ist. Auf jeden Fall fällt damit eine regelmäßige Kommunikation nach Hause aus, was Kerstin verständlicherweise alles andere als toll findet.

Nach der zweiten Nacht im Foster Inlet wage ich mich wieder aufs Meer. Der Wind weht leider immer noch aus Südost. Ganze 21 Kilometer schaffe ich. Zum Schluss komme ich nur noch mit fünf Kilometern pro Stunde gegen den Wind voran und bin ziemlich fertig, als ich endlich Little Musselroe Bay erreiche.

Der nächste Tag wird noch deprimierender. Nach nur 13 Kilometern anstrengendem Gegenwindpaddeln finde ich in Musselroe Bay, an der Mündung des Musselroe River, einen leicht zugänglichen und geschützten Platz. Auf den nächsten 30 Kilometern würde es bei diesem Wind keine sicheren Anlandemöglichkeiten an der felsigen Küste geben. Vor der Flussmündung steht als letztes Hindernis eine zweieinhalb Meter hohe Dünung. Dahinter paddle ich in den ruhig fließenden Musselroe River bis zu einem kleinen Parkplatz mit Picknicktisch.

Heute können die Sandheringe im Boot bleiben. Mein Zelt steht das erste Mal auf einer festen Wiese. Der Platz ist Klasse. Ein Mitsubishi-LKW-Camper rollt auf den Platz. Die dreiköpfige Crew will hier fischen. Ohne Erfolg, wie sich zwei Stunden später herausstellt. Ich werde zu Sandwich und Kaffee eingeladen und komme mit den Dreien ins Gespräch. Colin und Dan sind Vater und Sohn und stammen beide aus Wales. Dan lebt schon seit einige Jahren in Australien. Vater Colin, genauso alt wie ich, ist für drei Wochen zu Besuch in Australien. Iliyana ist in Bulgarien aufgewachsen, lebt jetzt

aber zusammen mit Dan in Australien. Ich erfahre, dass Dan und Iliyana ihre Jobs gekündigt haben, um längere Zeit zu reisen. Dans Vater nehmen sie einfach für drei Wochen mit.

Alle drei wirken vollkommen entspannt im Umgang miteinander. Ihre Gastfreundschaft ist wohltuend. Ich darf Kerstin mit Dans Handy anrufen, nachdem ich von meinen Kommunikationsproblemen berichtet habe. Danach bekomme ich die nächste Einladung zum Abendbrot. Ich soll mein Handy mitbringen. Dan hat, auch wenn er kein Deutsch versteht, mitbekommen, dass mein stark eingeschränkter Kontakt nach Hause Spannungen verursacht. Ich werde ganz selbstverständlich mit leckerem Thunfisch-Salat und Wein beköstigt. Wir reden über Jobs, Arbeit, Reisen . . . und stellen viele Gemeinsamkeiten in unseren Werte- und Lebensvorstellungen fest. Das Beste kommt nach dem Essen, als wir zum technischen Teil des Abends übergehen. Dan meint:

„Ich glaube ich habe eine Lösung für Dein Mobiltelefon."

Ich gebe ihm mein Handy. Dan hat zwei weitere Handys vor sich liegen und testet meine SIM-Karte zuerst in seinem Smartphone:

„Funktioniert", ist die erste gute Nachricht. „Du kannst mein altes Telefon haben", die noch erfreulichere nächste Ansage.

Leider passt meine SIM-Karte aber nicht mit Dans altem Handy zusammen. Meine Euphorie bekommt einen Dämpfer verpasst.

Dan lächelt selbstsicher und meint:

„Wir haben noch eine Option."

Er verschwindet in seinem Camper und kommt mit einem weiteren Handy zurück, das er mit meiner SIM-Karte bestückt. Dann schaltet er das Teil an, wartet kurz, wirft noch mal einen Blick auf das Display und drückt mir das Samsung-Handy triumphierend in die Hand.

„Das ist ein uraltes Smartphone, was wir nicht mehr brauchen. Wollte ich eigentlich schon wegwerfen. Der Akku ist ziemlich fertig. Den musst Du öfter mal nachladen. Es gehört Dir."

Ich bin völlig perplex und frage nach dem Preis. Dan winkt entschieden ab und ist für keinen Deal zu erweichen.

„Ist wirklich alt. Kein Problem."

Ich weiß nicht was ich sagen soll, stehe einfach nur gerührt da und lasse meine Freunde etwas unbeholfen wissen, dass sie gerade zur Rettung einer Beziehung beigetragen haben. So ganz will ich die Sache aber nicht auf sich beruhen lassen, hole ein original verpacktes Klappmesser, das ich extra als Geschenk mitgenommen habe und frage Dan, ob er eine kleine Münze für mich hat. Jeder weiß: Taschenmesser verschenkt man nicht, das bringt Unglück! Etwas irritiert holt Dan eine Fünf-Cent-Münze und drückt sie mir in die Hand.

Ich reiche ihm die Schachtel mit einem ebenso knappen Kommentar: „Gehört Dir."

Dan nimmt zögernd das kleine Päckchen mit einem fragenden Blick. Als er das Messer in der Hand hält, freut er sich wie ein kleines Kind, das gerade vom Weihnachtsmann beschenkt wurde.

Ich freue mich noch mehr.

Abends im Zelt finde ich keinen Schlaf. Iliyana, Dan und Colin zu treffen war ein Glücksfall. Nicht nur weil sie mir aus der Patsche geholfen haben, sondern vielmehr weil es zeigt, wie locker, freundschaftlich und intensiv Begegnungen stattfinden können, was Empathie und Unvoreingenommenheit bewirken können und dass einem selbst in entfernten Winkeln der Erde, auch wenn man nicht damit rechnet, geholfen wird. Ich fühle mich wieder ein Stück reicher durch diese Erfahrung und muss an einen Spruch von Oscar Wilde denken: „Reisen veredelt den Geist und räumt mit allen Vorurteilen auf."

Mein Zelt ist schon fast im Boot verstaut. Dan bringt mir einen zweiten Frühstücks-Kaffee. Bevor wir uns verabschieden, mache ich noch ein Foto mit meinen Freunden, die ich wirklich gern wiedersehen würde. Der Wind hat etwas gedreht und weht aus Nordost. Von hier aus sieht das Meer aus, als ob ich den langen Ritt wagen könnte. Als ich aus der

Flussmündung kommend Musselroe Point umrunde, wird es ungemütlich. Bis zu vier Meter hohe Wellen rollen seitlich heran. Ich muss einen größeren Abstand als üblich von der Küste halten, um den steileren Wellen zu entgehen. Vier Stunden paddle ich unter einem grauen Himmel zwischen den teils furchteinflößenden Wellen der Banks Strait.

Als ich vor zwei Monaten die Tour das erste Mal im Detail geplant habe, kam mir die Idee, einen Abstecher nach Clark Island, Cape Barren Island oder sogar Flinders Island zu machen. Diese Inseln gehören zur Furneaux Group, einer aus 52 Inseln bestehenden Inselgruppe am Ostende der Bass Strait. Diese Option habe ich angesichts der Seebedingungen gerade spontan verworfen. Sicher die Ostküste Tasmaniens erreichen – das ist jetzt die Mission des Tages.

Auf der Spitze eines Wellenbergs, kommt der Leuchtturm Eddystone Point für einen kurzen Moment in Sicht. Unten, in den Wellentälern, versperren mir die gewaltigen Wasserwände die Sicht zum Ufer. Laut meiner Karte müsste ich hinter dem Leuchtturm an einem kleinen Strand eine Möglichkeit finden, sicher an Land zu kommen. In Leuchtturmnähe erkenne ich ein vorgelagertes Riff. Es sieht so aus, als würde sich zwischen Leuchtturm und Riff eine machbare Passage anbieten. Damit könnte ich mir den letzten großen Bogen um das Riff sparen.

Die Brandung in Riffnähe ist jetzt von Lee zu erkennen. Ich taste mich vorsichtig heran und fange an zu zweifeln. Es war wohl doch keine so gute Idee, die Abkürzung zu nehmen. Zu spät. Jetzt kann ich von beiden Seiten die Brandung nicht nur sehen, sondern auch hören. Wie ein donnerndes Gewitter ballern die sich überschlagenden Wellen aufs Riff. Dann wird es unheimlich laut. Mein Heck hebt sich und ich werde von einer schäumenden Wasserwalze nach vorn geschoben.

Nichts ist mehr zu sehen außer Gischt und Wasser. Das Boot wird beschleunigt und dreht quer zur Welle. Zwei oder drei Sekunden später schwimme ich neben meinem Kajak. Was tun? Was schwimmt weg? Was kann ich noch sichern? Wie geht es weiter? Zu viele Fragen. Ich schaue kurz meinem Zehn-Liter-Wassersack und zwei laminierten Seekarten hinterher, die sich langsam vom Kajak entfernen und verschwinden.

Nur ein Gedanke treibt mich an: „Du musst wieder ins Boot. Sonst landest Du auf den Felsen." Ich versuche zwei Wiedereinstiege, kippe aber beide Male auf der Backbord-Seite wieder im Wasser. Zu früh zum Aufgeben. Der Einstieg muss klappen. Ich sehe keine Alternative. Noch ein Fehlversuch. Ich schwimme mit einer Hand am Boot, sehe nur Wellen um mich herum und zwinge mich nach einer kurzen Pause zu einem weiteren Versuch. Dieses Mal mit aller Konzentration, zu der ich in dieser Scheiß-Situation noch in der Lage bin. Beim vierten Mal klappt es.

Ich sitze endlich wieder aufrecht in meinem bis zum Rand gefluteten Cockpit. Die Schulter schmerzt. Vorsichtig paddle ich der Südseite des Kaps entgegen. Das Kajak ist total instabil. Vollkommen ausgepowert erreiche ich den Strand. Das Umdrehen das Kajaks ist Schwerstarbeit. Mit zitternden Beinen ziehe ich das Boot auf den Strand. Dann setze ich mich auf einen Stein, um runterzukommen. „Du Idiot", schreie ich mich an. „Warum bist Du nicht außen herumgepaddelt?"

Es macht keinen Sinn. Ich spüre, wie der Adrenalinpegel sinkt, die Schmerzen in der Schulter stärker werden und ich anfange zu frieren. Ich muss etwas tun. Erst mal aus den nassen Klamotten raus. In trockenen Sachen baue ich das Zelt auf, schaffe etwas Ordnung, lege das Boot trocken und mache mir was Warmes zu essen. Dann ziehe ich Bilanz: Zwei Karten und der Wassersack haben sich verabschiedet. Das ist verkraftbar. Irgendwo werde ich mir Plastikflaschen besorgen. Mit dem restlichen Trinkwasser sollte ich zur Not noch gut einen Tag hinkommen.

Nicht akzeptabel war die eindeutige Fehlentscheidung, die Abkürzung zu nehmen. Hinterher ist man klüger. Ich versuche es positiv zu sehen. Ich habe ein Limit erkannt, das ich nicht hätte überschreiten sollen. Die Welle war eine Nummer zu groß für mich. Das hätte nicht sein müssen und die zusätzlichen drei Kilometer hätte mein Hintern auch noch gut verkraftet. Die schmerzende Schulter nehme ich ab diesem Moment als gegeben hin. Damit muss ich vorläufig leben.

In der Nacht regnet es. Mit Topf und Pfanne fange ich zwei Liter Regenwasser auf. In einem kleinen Ort, der sich The Gardens nennt, kann ich schon am nächsten Tag meinen Wasservorrat wieder auffüllen. Das Trinkwasserproblem ist damit gelöst.

Zwei Tage später bekomme ich auf dem Meer von einem schwimmenden Albatros Besuch. Bislang habe ich die eleganten Flieger nur in der Luft gesehen. Der große Vogel lässt mich ganz nah an sich herankommen. Er fliegt erst auf, als mein Bug ihn fast berührt. Bei St Helens Island dreht eine Pelzrobbe langsam ihre Runden. Mein Kajak treibt

Gutmütige Brandung ist leider oft die Ausnahme.
Geniale Sicht entlang der Küste dafür fast immer garantiert.

neben dem Meeressäuger, der sich um alle nur denkbaren Achsen dreht. Die zeitlupenartigen Bewegungen der Pelzrobbe wirken wie eine Lehrstunde in Unterwasser-Yoga. Das Tier scheint ganz eins zu sein mit sich. Es nimmt mich offensichtlich nicht wahr, obwohl ich es fast berühren könnte.

Neben den Tierbeobachtungen werde ich mit prächtigem Wetter belohnt. Entspanntes Paddeln kann großartig sein.

Für morgen habe ich mich in Bicheno mit Roy vom Tasmanian Sea Canoeing Club verabredet. Roy hat mir die genauen Koordinaten unseres geplanten Treffpunktes geschickt und schon ein Zimmer im Hostel gebucht. Zum Abend hat er eine große Pizza in Aussicht gestellt. Das Wort Pizza lässt mir das Wasser im Mund zusammenlaufen. Roy endlich persönlich kennenzulernen ist längst überfällig. Meine Motivation pünktlich nach Bicheno zu kommen, bestimmt den ganzen Tag.

Da Wind und Wellen auf meiner Seite sind, schaffe ich die 80 Kilometer locker in zwei Tagen. Meiner Schulter geht es nicht wirklich besser, aber der Bewegungsspielraum des Gelenks reicht, um zumindest ein stetiges Tempo um die sieben Kilometer pro Stunde zu paddeln. Als ich unseren Treffpunkt erreiche, kommt ein stabil gebauter Glatzkopf mit zwei Flaschen Bier in der Hand auf mich zu.

„Welcome in Bicheno, I'm Roy"

Der Junge weiß, was ein Paddler nach einem langen Tagesritt auf dem Wasser braucht. Roy schüttelt mir die Hand, reicht mir eine Flasche, stößt seine dagegen und prostet mir zu:

„Cheers, Jörg!" Was für ein Empfang!

Roy ist eigentlich Kanadier, hat früher im Yukon und in Quebec gelebt und alle möglichen Jobs gemacht. Später lernte er seine australische Frau kennen. In Kingston, nahe Hobart, haben sie sich schließlich niedergelassen und leben dort schon einige Jahre zusammen mit ihren drei Kindern. Jetzt arbeitet Roy als selbstständiger Ingenieur und jobt in verschiedenen Projekten, so wie es in seinen persönlichen Zeitplan passt. Sein Lebensmodell, selbstbestimmt tun was einem zusagt, klingt interessant. Das Leben hält viel mehr spannende Erfahrungen bereit, als jeden Tag acht Stunden am Schreibtisch zu sitzen. Leider treffe ich Menschen wie Roy zu selten.

Nach einem kurzen Schnack, wir verstehen uns sofort bestens, packen wir alles Nötige in sein Auto, lassen mein Kajak auf einer nahegelegenen

Wiese zurück und fahren zum Hostel, das fast um die Ecke liegt. Dort kann ich das erste Mal seit zwei Wochen duschen, Wäsche waschen und die leeren Kamera-Akkus laden. Roy spendiert noch ein Bier. Im Gegensatz zu den Australiern die ich bis jetzt getroffen habe, ist Roys Englisch deutlich besser zu verstehen. Wir sitzen zusammen auf der Terrasse des Hostels und genießen die Abendsonne. Als Kanadier ist Roy es gewöhnt, von einer landschaftlichen Traumkulisse umgeben zu sein. Trotzdem weiß auch er die Naturschätze Tasmaniens zu schätzen.

„Klar", meint er, „meine Frau hat mich hierher gelockt. Aber Liebe hin oder her, an Tasmanien gibt es nicht viel auszusetzen. Die Tassies sind feine Menschen. Wir leben nahe der Küste, haben mit Hobart eine tolle Stadt in unmittelbarer Nähe und sind von ganz viel Natur umgeben. Ich bin hier glücklich und habe es nie bereut, hergekommen zu sein."

Roy schwärmt mir nichts vor, als müsste er einem Touristen sein Land schmackhaft machen. Er meint was er sagt. Das ist deutlich zu spüren. Dieser Mann hat es geschafft, sein Leben so einzurichten, wie es aus meiner Sicht sein sollte.

Am Hostel steht ein Wagen mit einem Zweier-Kajak auf dem Dachträger. Wir kommen mit Tom, dem Besitzer, ins Gespräch. Tom, der in Hobart lebt, ist vielleicht fünf Jahre älter als ich, ein schlanker sportlich wirkender Mann, der sich für meine Reise interessiert, nachdem Roy erzählt hat, dass ich ein German Seakayaker sei. Als ich erwähne, dass ich mein Kajak in Hobart verkaufen will, zeigt Tom sofort Interesse und notiert sich unsere Kontaktdaten.

Unser nächster Programmpunkt ist ein Supermarktbesuch. Beim Bezahlen werde ich von der Kassiererin in akzentfreiem Deutsch angesprochen. Die junge Dame ist Deutsche und hat sich während eines Urlaubs in Tasmanien verliebt. Nun lebt sie hier. So schnell kann es gehen, wenn man in der Lage ist, seinen Bedenken nicht zu viel Aufmerksamkeit zu schenken und stattdessen einem guten Gefühl zu folgen. Roy löst am Abend sein Pizza-Versprechen ein.

Satt und zufrieden gehen wir zurück ins Hostel und quatschen noch lange. Es tut richtig gut, mal wieder länger mit jemandem zu reden, noch dazu mit einem Paddler, der die Gegend gut kennt. Dass ich dringenden Kommunikationsbedarf hatte, bemerkte ich bereits während der letzten Tage, in denen ich mich öfter schon bei Selbstgesprächen ertappt hatte. Teilweise liefen die sogar auf Englisch.

Bevor wir in die Koje kriechen richtet mir Roy seinen GPS-Tracker so ein, dass ich jeden Abend meine Position an Kerstin, Roy und Graeme schicken kann. So werden meine Follower immer wissen, wo ich gerade hocke und können mein Vorankommen verfolgen. Nicht nur ich bin Roy sehr dankbar für das Überlassen seines Spot-Trackers bis zu meiner Ankunft in Hobart. Auch Kerstin wird glücklich sein, mir täglich übers Internet folgen zu können, wenn es mal wieder Empfangsprobleme mit dem Handy geben sollte.

Ich werde Roy in Hobart wiedersehen, da er verspricht, mich abzuholen wenn ich dort ankomme. Der Tag in Bicheno war eine willkommene Abwechslung, ein logistisch passender Zwischenstopp und eine weitere Erfahrung die beweist, dass auch solo zu reisen weder gefährlich sein muss, noch einsam macht.

Hinter Cape Lodi weht ein starker Wind genau von vorne. Überall Schaumkronen. Gleich hinter dem Kap finde ich einen Strand an dem ich abwarten will, bis der Wind vielleicht nachlässt. Das Gegenteil passiert. Der Wind frischt weiter auf, wie so oft am Nachmittag. Es macht keinen Sinn, sich in ein Meer zu stürzen, das mehr aus Schaumkronen als aus Wasser zu bestehen scheint. Unter diesen Umständen erkläre ich nach nur neun Kilometern den Paddeltag für beendet.

Nun habe ich viel Zeit über die Zusammensetzung meines nächsten Menüs nachzudenken. Zum Nachmittag gibt es eine Variation aus Reis-Crackern mit Erdnussbutter, Marmelade und Rosinen, gefolgt von Schokoladenkeksen von Roys Frau und Kaffee. Zum Dinner bin ich mit einer Rentiersuppe an Brot zufrieden und mache einen frühen Abgang in meinen Schlafsack.

Die ruhige See am frühen Morgen hat mich bis in den Freycinet National Park begleitet.

Die Wineglass Bay, eine der angeblich zehn schönsten Strände der Welt, liegt vor mir. Das türkisfarbene Wasser der halbmondförmigen Bucht wird von einem fast zwei Kilometer langen weißen Sandstrand eingerahmt, hinter dem sich ein sattgrün strahlender Eukalyptuswald erhebt. Die paradiesische Bucht liegt im nördlichen Teil der Halbinsel Freycinet. Vergleichsweise viele Touristen treiben sich am nördlichen Ende der Bucht herum. Der südliche Teil scheint menschenleer.

Hinter mir taucht ein riesiges Kreuzfahrtschiff auf, das sich langsam in die Wineglass Bay schiebt. Der Kapitän will seinen Passagieren offenbar die Bucht von oben zeigen. Das Schiff kommt dem Strand extrem nah. Zu nah. Die Situation wirkt befremdlich. Dekadenter Luxus und ursprüngliche Natur treffen aufeinander. Angesichts der von den Schiffsschrauben aufgewühlten Sedimente habe ich meine Zweifel, ob Kreuzfahrttourismus so praktiziert werden sollte. Nach einer Drehung in der Bucht verschwindet der Stahl-Gigant wieder.

Ich baue mein Zelt am Südende des Strandes unter einem Eukalyptusbaum auf. Einige Backpacker finden sich als Nachbarn ein. Abends sitzen wir zusammen auf einem umgestürzten Baum, teilen Tee, Nüsse, Schokolade, Kekse und Reiseerlebnisse und beobachten das Farbenspiel der untergehenden Sonne. Ein Südsee-Abend aus dem Bilderbuch unter wolkenfreiem Himmel – so muss es sein.

In der Nacht bekomme ich von einem dreisten Possum Besuch. Das Tier will mir meine Schokokekse aus dem Vorzelt klauen, wogegen ich entschieden bin. Ohne den Anschein zu machen das Feld räumen zu wollen, glotzt mich das ertappte Possum im Schein meiner Stirnlampe trotzig an. Wenn es sprechen könnte, würde es wahrscheinlich sagen:

„Was guckst Du so blöd? Ich habe Hunger. Das ist viel zu viel für Dich allein." Was auch immer mir diese frechen Augen mitteilen wollen, meine Antwort fällt knapp aus:

„Piss off!", ich reiße dem Eindringling meine Kekstüte aus der Pfote und ahnde den aus meiner Sicht dreisten Hausfriedensbruch mit einem kräftigen Hieb meines Badelatschen. Das Beuteltier trollt sich, ich hole alles Essbare ins Innenzelt und hoffe auf eine ungestörte Restnacht.

Drei Tage später habe ich die breite und geschützte Great Oyster Bay ausgepaddelt, an deren Nordende zwei Flussmündungen ein Feuchtgebiet haben entstehen lassen, das zahlreichen Wasservögeln als Lebensraum dient.

Am Abend erreiche ich Darlington auf der Insel Maria Island, die 1972 zum Nationalpark erklärt wurde. Die durch zwei sichelförmige Buchten entstandene Landzunge, an ihrer schmalsten Stelle nur 200 Meter breit, teilt die Insel in einen Südteil und den größeren Nordteil.

Dort findet sich der Mount Maria, mit 709 Metern die höchste Erhebung der Insel und die aufgelassene Siedlung Darlington, die im frühen 19. Jahrhundert von Wal- und Robbenfängern besiedelt und von den

Forester-Kängurus sind Meisterspringer und fürsorgliche Mütter

Engländern in den Jahren 1825 bis 1850 immer mal wieder als Strafkolonie genutzt wurde. Das ehemalige Sträflingslager in Darlington dient heute als Station der Nationalpark-Ranger, die einzigen, die auf der Insel ein Auto besitzen, und bietet Touristen eine einfache Unterkunftsmöglichkeit. Darüber hinaus gibt es einen komfortablen Campingplatz mit sanitären Einrichtungen, überdachte Kochmöglichkeiten und viel Platz.

Auf dem Campingplatz laufen die dachsgroßen Wombats zwischen den Zelten umher. Im Dickicht sind immer wieder kleinere Wallaby-Kängurus zu erblicken und am Rand des Eukalyptuswaldes wimmelt es von bis zu zwei Meter großen Forester-Kängurus. Cape-Barren-Gänse und viele weitere Vogelarten können beobachtet werden. Den Schnabeligel und alle drei giftigen, auf Tasmanien vorkommenden, Schlangenarten gibt es hier auch. Mit etwas Glück soll man sogar den seltenen Tasmanischen Beutelteufel zu Gesicht bekommen.

Zunächst erkunde ich die alten Gebäude am Hafen und die unansehnlichen Zementtürme, ein Denkmal der versuchten Industrialisierung, dann wandere ich zum Waldrand, da sich dort die meisten Kängurus tummeln sollen. Tatsächlich sind die springfreudigen Tiere hier kaum zu verfehlen. Hinter jedem Schatten spendenden Busch scheint ein Känguru zu hocken. Es ist interessant zu beobachten, mit welcher Leichtigkeit und Eleganz diese Tiere sich durchs Gelände bewegen und Sprünge von bis zu neun Metern bewältigen können.

Nicht nur das Tierleben auf Maria Island ist beeindruckend. Am frühen Abend warte ich darauf, dass die Sonne sich zum Horizont senkt, um mich dann zu den Painted Cliffs aufzumachen. Ich habe schon im Vorfeld von dieser von Wasser und Wind erodierten Felsformation gelesen, die im Abendlicht besonders eindrucksvoll erstrahlen soll.

Als ich an den Felsen ankomme, habe ich die Sonne auf meiner Seite. Im Norden hat sich eine dunkle Wolkenfront festgesetzt, die die Lichtkontraste noch verstärkt. Perfekte Bedingungen für ein großartiges Farbenspiel. Allein und ungestört bewundere ich das Naturschauspiel. Etwas später tauchen Manuela und Thomas auf, beide aus der Schweiz und auf der Insel meine Zeltnachbarn. Sie sind die ersten deutschsprachigen Reisenden, die ich auf der Tour treffe. Ihr Mietauto haben sie in Louisville stehenlassen und sind mit der kleinen Fähre für eine Nacht nach Maria Island gekommen, um Landschaft und Tiere zu bewundern. Auch sie lassen sich jetzt von der spektakulären Farbenszenerie gefangennehmen.

Die Natur kann Reisende mit großen Momenten überraschen, wenn man zur richtigen Zeit am richtigen Ort ist. Mein Timing hätte nicht besser sein können. Ich warte, bis die Sonne hinter den tief liegenden Wolken verschwindet und mache mich erst jetzt auf den Rückweg.

Meine Schweizer Nachbarn und ich essen zusammen Abendbrot und bekommen noch interessanten Besuch. Ein junger Tasmanischer Beutelteufel taucht zwischen den Zelten auf und huscht im Schein unserer Lampen dicht an uns vorbei. Ein wirklich krönendes Erlebnis zum Ende des Tages.

Die Nacht entwickelt sich zu einem Wetterspektakel. Erst fängt es nur an zu tröpfeln. Später wird aus Nieselregen ein Wolkensturz, der Tonnen von Wasser auf die Insel niedergehen lässt. Das Geprassel auf dem Zelt wird immer lauter und scheint nicht aufhören zu wollen. Ich taste neben mir den Boden ab und fühle stehendes Wasser unter meinem Zelt. Dann wird es noch lauter, als ob jemand das Zelt mit grobem Sand bewirft. Draußen sind Stimmen, Schritte und fluchende Wortfetzen zu hören. Lichtkegel bewegen sich über dem Platz. Manuela, Thomas und noch einige Camper sind mit ihren Zelten beschäftigt. Es scheint mehrere Wassereinbrüche gegeben zu haben. In mein Zelt ist noch kein Regenwasser eingedrungen. Das Beste hoffend, versuche ich jede überflüssige Bewegung zu vermeiden und Schlaf zu finden.

Zum Morgen ist wieder Ruhe eingekehrt. Als ich zur Toilette muss, finde ich die Schweizer unter dem großen Schleppdach an einem Picknicktisch. Ihr Zelt steht etwas abseits zum Trocknen. In ihrem Zelt hatte sich ein kleiner Teich gebildet und daher verbrachten sie die zweite Nachthälfte auf den Picknicktischen. Thomas erzählt, dass es große Hagelkörner geschüttet hat und der Zeltplatz total weiß war. Ich staune nur und bin froh, dass mein Zelt das Inferno gut überstanden hat.

Eine Dreiviertelstunde später sind wir auf dem Weg zum Mount Bishop and Clerk, einem reizvollen Zwillingsgipfel, der seinen Namen der Ähnlichkeit mit einem Bischof der eine Mitra trägt und von einem Geistlichen begleitet wird, verdankt. An schattigen Stellen finden wir immer noch kleine Häufchen von Hagelkörnern. Über eine sachte Steigung erreichen wir den Eukalyptuswald. Dann folgt ein immer noch leicht zu laufender Streckenabschnitt durch den Wald bis zu einem Geröllhang, durch den der markierte Wanderweg führt. Das letzte Stück zum 620 Meter hohen Berggipfel wird anspruchsvoller.

Die Painted Cliffs bestehen aus Gesteinsschichten die bis ins Erdmittelalter zurückgehen. Sie kommen in der Abendsonne am besten zur Geltung.

Alle Extremitäten sind jetzt gefragt, um den steilsten Bereich des Pfads zu überwinden. Ich bin kurz davor nach einer Pause zu rufen, als der Gipfel in Sichtweite kommt. Also reiße ich mich zusammen und folge den Schweizer Gämsen auch noch das letzte Stück bis zum Ziel.

Die Mühe hat sich gelohnt, auch wenn die Sonne uns heute nicht wohlgesonnen ist. Von dem kleinen Felsplateau können wir weit nach Norden schauen. Schouten Island und die Freycinet Peninsula sind gut zu erkennen. Der Blick reicht weit über die Tasman Sea nach Norden und Osten.

„Ein Adler", ruft Manuela und schaut fasziniert nach oben. Mein Blick folgt ihrem ausgestreckten Arm. Tatsächlich. Ruhig und mit nur wenigen Flügelschlägen dreht der Greifvogel seine Runde über dem Berg. Der kühle Wind drängt zum Rückweg. Nach einem letzten Rundblick klettern wir wieder bergab. Als wir den Campingplatz erreichen, mache ich mich gleich daran, mein Boot für die Weiterfahrt zu packen.

Manuela und Thomas, die die Nachmittagsfähre zurück nach Louisville nehmen werden, winken mir hinterher, als ich meinen Weg nach Süden fortsetze. Die Bedingungen sind großartig. Nur wenig Wind, ein mit Wolken durchsetzter Himmel mit gelegentlichen Sonnenphasen machen das Paddeln zur entspannten Lustreise.

Als ich die Mercury Passage in Richtung Hauptinsel quere, kreuzt ein treibender Katamaran meinen Weg. Ein Mann mit einer Angel steht an Deck, begrüßt mich erstaunt und fragt, ob ich etwas brauche.

Ich stutze kurz, schaue Richtung Sonne, die nun stabil am Himmel steht und antworte zögerlich:

„Ein kaltes Bier wäre nicht übel."

Der freundliche Skipper lacht und erwidert:

„Nichts leichter als das. Warte einen Moment."

Dann verschwindet er kurz und taucht mit zwei Flaschen Bier wieder auf, die er mir unter seiner Reling hindurchreicht. Hinter ihm erscheint grüßend seine Frau mit einer 200 Gramm-Tafel Schokolade, die ebenfalls den Weg in mein Boot finden soll. Ich bedanke mich, fast ein wenig nach Worten ringend.

Sie haben es wieder mal geschafft, die Tassies, haben der üblichen Gastfreundschaft noch eins draufgesetzt.

Keine 100 Paddel-Kilometer mehr und nur noch wenige Tage trennen mich von Hobart. Bei Nieselregen erreiche ich nachmittags einen kleinen Vorort von Dunalley. Sommerhäuser stehen nah am Ufer. Einen Platz zum Zelten außerhalb der Zivilisation zu finden, könnte hier schwierig werden. Ein trockener Platz zum Unterstellen wäre auch nicht schlecht, da der Regen keine Anstalten macht nachzulassen. Eines der Sommerhäuser hat zur Wasserseite hin eine überdachte Keller-Terrasse. Ich mache mir nicht die Mühe über Alternativen nachzudenken und steuere auf den Unterstand zu. Dort treffe ich Howard, der, genauso alt wie ich, sich über den ungewöhnlichen Besuch wundert. Ich kläre Howard in Kurzform auf, wie es mich hierher verschlagen hat und komme gleich zur Sache:

„Darf ich hier für eine Nacht mein Zelt aufstellen?"

Howard mustert mich – ich bin klatschnass – schaut rüber zu meinem Boot und lädt mich mit einer Handbewegung zu einem Kaffee in sein Haus ein. Auf dem Weg zur Küche erzählt er, wie der Rest des Tages ablaufen wird:

„Du kannst duschen, wenn Du willst. Dein Zelt brauchst Du heute nicht. Du schläfst bei mir im Haus."

Als wir in Howards Küche stehen, schaut mich mein Gastgeber vergnügt an und stellt mir eine komische Frage: „Magst Du Ente?"

„Ich mag fast alles", erfährt Howard von seinem hungrigen Gast. Um die Frage mit Bezug auf meinen üblichen Abendessen-Standard noch etwas direkter zu beantworten ergänze ich:

„Alles was anders ist als Pasta und Reis, mag ich besonders gern."

Howard lacht, gibt mir ein Handtuch und zeigt mir die Dusche. Später darf ich an Howards Computer meine E-Mails checken. So gut aufgehoben habe ich mich lange nicht gefühlt. Als zum Abend der Entenduft aus dem Backofen durch das Esszimmer wabert, fängt mein Magen zu knurren an. Howard hat mir zwischenzeitlich mit einem „Cheers" ein kaltes Bier neben den Rechner gestellt. Beim Tischdecken reicht er mir eine Flasche Sekt zum Öffnen und stellt zwei Gläser neben unsere Teller. Irgendwie scheint er ganz zufrieden, seine Ente nicht allein essen zu müssen. Ein delikates Essen in so angenehmer Gesellschaft dürfte genau jetzt kaum jemand mehr zu schätzen wissen als ich. Ein großartiges Gefühl. Genau betrachtet ist nicht das Essen, sondern die vorurteilsfreie Gastfreundschaft das eigentliche Geschenk, das mich ein weiteres Mal rührt und mir solch eine tiefe Empfindung von Geborgenheit beschert.

Nach dem Frühstück verabschiedet mich Howard am Steg mit einem freundschaftlichen Schulterklopfer. Ich ziehe die Spritzdecke zu und winke ein letztes Mal zurück. Über den Denison Canal, die Dunalley- und Frederick Henry Bay ziehe ich meine Schleifen bis Cremorne durchs Wasser. Es ist fast geschafft. Als letzten Übernachtungsplatz habe ich mir einen Strand bei Gellibrand Point, südlich von Hobart, ausgesucht und Roy informiert, dass er übermorgen mit meiner Ankunft rechnen kann. Roy hat mich instruiert, dass ich seinen GPS-Spotter am letzten Tag in der Tracking-Funktion angeschaltet auf dem Boot fixieren soll. So wird er über zehn-minütige Positionssignale meinen Kurs verfolgen und ein-schätzen können, wann ich in Hobart ankomme.

Bei Cape Direction ändere ich meinen Kurs nach Norden. Hobart ist weit voraus schon zu erkennen. Kurz vor Gellibrand Point entdecke ich ein Kajak mit Segel, das direkt auf mich zusteuert. Zwei Minuten später liegt Roy längsseits und wir begrüßen uns wie alte Freunde, die sich lange nicht gesehen haben. Roy hätte mich hier schon mit dem Fernglas aus seinem Küchenfenster beobachten können. Schön, dass er sich statt-dessen entschlossen hat, mir in seinem Kajak Hallo zu sagen.

Er ist schon früher losgepaddelt und hat am Strand herumgelungert, bis er mich schließlich kommen sah und schnell wieder in sein Kajak gesprungen ist, um mich stilecht von Boot zu Boot zu begrüßen. Die Überraschung ist ihm gut gelungen. Andernfalls hätte ich nach 650 Pad-delkilometern zum Schluss feststellen müssen, dass ich keinen einzigen Paddler getroffen habe. Wir machen zusammen eine Pause am Strand. Roy erklärt mir, wo er mich morgen abholen wird und gibt mir eine Karte, auf der unser Treffpunkt gekennzeichnet ist. Zehn Uhr wollen wir uns dort treffen. Und falls etwas schiefgehen sollte, wird Roy mir per Spotter auf den Fersen sein und mich zur Not telefonisch in den Hafen lotsen. Roy macht sich wieder auf den Heimweg und ich suche mir auf der anderen Seite von Gellibrand Point zum letzten Mal einen ruhigen Camp-Spot. Der Paddelteil meiner Reise ist so gut wie geschafft. Mor-gen noch 13 Kilometer Zieleinlauf nach Hobart.

Am letzten Tag hätte ich mich gern vom angekündigten Rückenwind in Tasmaniens Hauptstadt drücken lassen. Leider wird daraus nichts. Ich muss mich ins Zeug legen, um gegen den Nordnordwest-Wind an-zupaddeln. Pragmatisch nehme ich es hin und paddle Hobart voller Eu-phorie mit kräftigen Paddelschlägen entgegen.

Mein Lieblingsplatz? – Mein Kajak!

Meine lädierte Schulter hat zum Glück durchgehalten und hauptsäch-lich nachts genervt, wenn ich mich, auf der Suche nach einer schmerz-freien Liegeposition, hin und her gewälzt habe. Jetzt sind alle Mühen, bissige Wellen, donnernde Brandung und die Kenterung vergessen. Glücksgefühle nehmen mich in die Zange, als ich das letzte Stück zum Hafen von Hobart paddle.

Der letzten paar Hundert Meter vor Erreichen des Ziels gehören zu den emotional größten Momenten einer Tour wie dieser. Dann sehe ich Roy, der mir mit klaren Handbewegungen den Weg zum Schwimmsteg weist, am Anleger stehen.

Tasmanien liegt über 16.000 Kilometer Luftlinie von Deutschland entfernt. So weit weg von dem, was wir schlechthin als Heimat be-zeichnen, bin ich noch nie für eine längere Kajaktour unterwegs ge-wesen. Trotzdem habe ich ein bisschen das Gefühl, nach Hause zu kommen. Wahrscheinlich gibt Roy mir dieses Gefühl.

Er steht stellvertretend für alle hilfsbereiten gastfreundlichen Men-schen, die ich während meiner Reise getroffen habe. Und er steht an meinem Reiseziel und erwartet mich.

„Welcome in Hobart", begrüßt mich mein frankokanadisch-tasmanischer Paddelfreund begeistert, als ich neben ihm auf dem Steg stehe und schüttelt mir die Hand.

Als wir abends in Roys Haus zusammen mit seiner Familie beim Abendbrot sitzen, reden wir viel über meine Reise. Natürlich stellt Roy irgendwann die berühmte Frage nach dem schönsten oder bemerkenswertesten Erlebnis. Ich muss nicht lange nachdenken. Die Antwort, wenn ich sie denn so kurz formulieren müsste, steht auch für mein Fazit dieser Reise:

„The warm-hearted Tassies."

Das war ein Abenteuer der Extra-Klasse. Das Seegebiet mit teilweise heftiger Dünung und brechenden Wellen war nicht immer einfach zu paddeln. Was ich gesehen und erlebt habe, wird noch lange nachwirken. Die tasmanische Küste ist ein außergewöhnliches und überaus lohnendes Ziel für Seekajaker. Manchmal ist sie sanft, manchmal rau und respekteinflößend, aber immer wieder versetzte sie mich ins Staunen. Die interessante Tierwelt macht das Naturerlebnis zu etwas Einzigartigem, das man nur in Tasmanien erleben kann. Viele liebe Menschen haben mir geholfen, das eine oder andere Problem zu lösen und mich immer wieder reich beschenkt, sei es mit Einladungen auf ein Bier oder zum Essen, mit einem bequemen Bett und einer Dusche oder einfach nur mit ihrer angenehmen Gesellschaft.

Manchmal ist es gut, wenn man nicht genau weiß, warum etwas weh tut. Drei Monate nach meiner Rückkehr aus Tasmanien wurde ich an der Schulter operiert. Die Supraspinatussehne war durchgerissen. Sie wurde wieder zusammengenäht, was allerdings ein halbes Jahr Paddelabstinenz nach sich zog. Rückblickend war ich glücklich, keine Ahnung von der Ursache meiner Schmerzen gehabt zu haben.

Diese Reise hatte wenig mit dem zu tun was man erlebt, wenn man einen Pauschalurlaub bucht. Dem Komfort des organisierten Reisebüro-Tourismus konnte ich noch nie viel abgewinnen. In meinem Kajak unterwegs zu sein, ohne mich an eine vorgegebene Route oder einen detaillierten Zeitplan halten zu müssen, empfinde ich als eine der schönsten Möglichkeiten, die Welt zu betrachten.

Reinhold Messner hat einmal gesagt:
„Abenteuer beginnt, wo der Tourismus aufhört."

Ich glaube, er hat recht.

Epilog

Viele Reisen habe ich nun schon unternommen um mit der Familie oder solo mein Fernweh zu stillen. Seit der Kajaktour in Tasmanien hat sich etwas entscheidend verändert. Richtiger wäre zu sagen: Ich habe etwas geändert. Beim Schreiben dieser Zeilen bin ich bereits 15 Monate ohne festen Arbeitgeber. Ich bin mir ziemlich sicher, dass dieser Zustand anhalten wird. Aber das Beste daran ist, dass ich seitdem noch keine einzige unruhige Minute in Existenzangst verbracht habe. Jetzt, mit etwas Abstand, sehe ich meine Position noch gelassener und bin mir sicher, mit dem Verzicht auf eine Festanstellung die richtige Entscheidung getroffen zu haben. Dass meine Frau mich darin bestärkt den richtigen Schritt getan zu haben, macht mich umso glücklicher.

Der Weg in die von mir selbstgewählte journalistische Freiberuflichkeit schafft nicht nur Raum für neue Erfahrungen, neue Reisen und neue Horizonte. Selbstbestimmt zu arbeiten und zu entscheiden, wie und mit wem man seine Zeit verbringt ist ein großes Privileg, das man sich sicher leisten können muss, das aber nicht utopisch ist, wenn man weiß was man will, klare Prioritäten setzt, Pläne konsequent verfolgt und in der Lage ist, damit verbundene Konsequenzen zu akzeptieren.

Bitte verstehen Sie mich nicht falsch, liebe Leser. Es liegt mir fern, hier einen Leitfaden zur Selbstbestimmung zu präsentieren. Zu vielschichtig sind unsere persönlichen Pläne und Lebensumstände. Auch ein Angestellten-Job kann Spaß machen. Schön, wenn es so ist.

Die Sucht oder der Drang nach Abenteuern, wie auch immer man sie definieren mag, ist unterschiedlich ausgeprägt. Nicht jeder braucht das gleich in der von mir favorisierten Ausprägung. Meinen Weg habe ich versucht zu beschreiben. Es ist „mein" Weg. Nicht mehr und nicht weniger. Er soll nicht als Rezept verstanden werden, soll aber helfen, sich in Selbstreflexion zu üben, um sich selbst die Frage zu stellen, wie viel Abenteuer wir suchen und wie viel Abenteuer wir bereit sind zu ertragen. Nicht nur eine Reise und das was man dabei erlebt öffnet Türen, die neue Horizonte aufzeigen.

Dem wohl größten Abenteuer – unser Leben – können wir uns auf vielen Ebenen stellen. Es liegt an uns, diesem Abenteuer kleinere oder größere Chancen einzuräumen und Tuchfühlung mit uns selbst aufzunehmen. Wenn wir bereit sind dies zu tun, dann, da bin ich mir sicher, werden zumindest Inspiration, Selbsterkenntnis, ein starkes Selbstbewusstsein und ein Gefühl von Sicherheit, auf der Haben-Seite stehen. Eine Sicherheit, die resultiert aus einem tiefen Gefühl von Selbstvertrauen und persönlicher Stärke, an deren Ende die Überwindung von Existenz- und Verlustängsten steht.

Fühlten Sie sich als Leser mit diesem Buch gut unterhalten? Wenn ja, dann war es mir die Mühe wert. Konnte ich Sie sogar inspirieren, das Abenteuer etwas näher an sich heranzulassen, dann möchte ich Ihnen gratulieren.

Ausrüstung

Für jene, die sich für meine Ausrüstung interessieren, möchte ich bewusst nüchtern gehaltene Listen anfügen, in denen ich ohne große Kommentare das verwendete Equipment ohne Anspruch auf Vollständigkeit aufgelistet habe, mit dem ich gern auf Tour gehe:

Boots- und Campingausrüstung, Bekleidung:
Seekajaks und Paddel der Lettmann GmbH, Silva Kompass möglichst im Boot integriert, Horizon HX27OS-UKW-Funkgeräte, Garmin-GPSMAP 62s, wasserdichte Kartentaschen von Sealine, Handlenzpumpe, Paddeljacken und Schwimmwesten von Palm Equipment, Paddelhosen von Reed Chillcheater, Neopren-Stiefel von Mountain Equipment Co-Op, Tunnelzelt von Bergans, Baumarktplane als Zeltunterlage, breite Sandheringe, Isomatten von Therm-a-rest, Schlafsäcke und Bekleidung von Bergans, wasserdichte Packsäcke für Kleidung von Ortlieb und Aquapac, Victorinox-Multi-Tool, Wassersäcke und Faltschüssel von Ortlieb und Source, Gaskocher von Primus, Trangia-Kochgeschirr, Leine, Klebeband, Taschenmesser, 2-Komponenten-Reparatur-Knetmasse, kleines Verbands-Kit.

Fotoausrüstung:
Pentax-SLR-Kameras und -Objektive, wasserdichte Kameras von Pentax und GoPro, Stativ, Funkauslöser, Ortlieb-Kameratasche.

Medikamente:
Außer Schmerztabletten, die ich noch nie gebraucht habe, nehme ich nichts mit. Ich muss mal wieder das Verfallsdatum der Dinger prüfen.

Äußerst praktisch:
Eine dicke Sonntagszeitung. Die kann man im nassen Zelt auslegen und dieses anschließend zusammenpacken. So spart man sich das Auswischen nach dem erneuten Aufbauen. Oft ist die Zeitung am Morgen dann wieder halbwegs trocken und kann erneut zum Einsatz kommen. Notfalls hat man auch noch was zum Lesen.
Sei einigen Jahren habe ich einen sehr klein zusammenlegbaren Klappstuhl bei mir. Ich nenne meinen Helinox Ground Chair „Ü-50-Sessel".

Danksagung

Ich möchte mich bei Kerstin und Hannes und allen anderen Paddelpartnern, die es sich angetan haben, mich ein Stück oder gar über eine ganze Reise hinweg zu begleiten, bedanken. Ich habe es immer genossen, mit Euch unterwegs gewesen zu sein.

Ohne Unterstützung wären viele meiner Paddelprojekte deutlich schwieriger umsetzbar gewesen. Daher gilt mein Dank auch den Firmen Lettmann, Bergans, Activ Marine, Ricoh Imaging Deutschland, Globetrotter Ausrüstung, Aquapac, Victorinox, Hurtigruten, Geobuchhandlung Kiel, Lupine Lighting Systems, Martina Kink von der PR-Agentur Projects, Visit Estonia, BC Ferries, Searoad Ferries, Scandic Outdoor und der AXA-Generalvertretung Jörg Waskewitz.

Carola und Thomas vom Thomas Kettler-Verlag hatten mit ihrer professionellen Hilfe bei der Realisierung meines Buchprojektes einen wesentlichen Anteil. Danke dafür.

Anna von schøne agentur möchte ich Danke sagen für die wichtigen Ratschläge.

Ohne den Freiraum in meinem Schreibcamp auf der Insel Poel hätte das Schreiben des Manuskriptes sicher viel länger gedauert. Danke dafür an Petra und Christian.

Und nicht zuletzt bedanke ich mich im Voraus bei allen Lesern, ohne die dieses Buch wenig Sinn hätte.

Über den Autoren

Jörg Knorr wurde 1961 in Rostock geboren. Seine Kindheit und Jugend verbrachte er in Strausberg, östlich von Berlin. Nach dem Abitur zog es ihn wieder in den Norden, um zunächst drei Jahre bei der Marine zur See zu fahren und anschließend in Rostock Schiffstechnik zu studieren. Seine Verbundenheit zum Wasser und zu kleinen Booten zeigte sich bereits deutlich nach ersten Urlaubstouren mit der Familie im Faltboot. Mit Frau und Sohn machte Jörg sich Ende der Achtziger zu ersten Faltboot-Reisen auf den Mecklenburger Binnengewässern auf. Kajaktouren an der Ostseeküste verbot das damalige DDR-System. Berufsbedingt zog Jörg mit seiner Familie 1991 nach Flensburg.

Schaut man sich seinen weiteren Lebensweg an, bekommt man den Eindruck, als hätte Jörg in Sachen Reisen und Abenteuer einiges nachzuholen:

Im ersten eigenen Seekajak entlang der dänischen Ostseeküste und später auch um die Nordfriesischen Inseln erkannte er schnell, dass „da noch was geht". Seinem Fernweh folgend brachte ihn die erste lange Kajakreise von Flensburg nach Oslo. Später paddelte Jörg von Flensburg nach Finnland.

Es folgten lange Kajaktouren entlang der gesamten deutschen Ost- und Nordseeküste, eine Umrundung von Vancouver Island und der Queen Charlotte Islands an Kanadas Westküste. 2013 umrundete Jörg die Lofoten, 2014 paddelte er an Neufundlands Küste, 2016 von Lettland bis Tallinn und im Februar 2017 hieß sein Paddelziel Tasmanien. Zwischendurch ist Jörg immer wieder zusammen mit seiner Frau an norddeutschen und skandinavischen Küsten unterwegs.

Als andere Jugendliche sich ihren ersten Kassettenrekorder zulegten, kaufte Jörg sich seine erste Spiegelreflexkamera, denn neben dem Paddeln ist die Fotografie seine zweite Leidenschaft. Inzwischen hat der Wahl-Flensburger seinen Angestellten-Job aufgegeben und schreibt und fotografiert für verschiedene Reisemagazine und ist als Referent mit seinen Multimedia-Vorträgen unterwegs.

Seinem Motto *„Horizonte entdecken"* folgend, scheint Jörg nicht müde zu werden, nach immer neuen und spannenden Reisedestinationen zu suchen.

Veranstaltungstermine und sonstige Informationen zu
Jörgs Vorträgen und Aktivitäten finden sich auf seiner
Website www.kajaktraum.de

Wir machen Bücher für . . .

Randulf Valle

NORD NORWEGEN

OUTDOOR-ABENTEUER FINNMARK
ANGELN · WANDERN · KANU · WINTERTOUREN

KRISTIN FOLSLAND OLSEN

ENTDECKE DIE
LOFOTEN
50 OUTDOOR-HIGHLIGHTS AUF DEN
SCHÖNSTEN INSELN DER WELT

Nordskandinavien   HARRI AHONEN
WANDERWEGE
Über 200 Wanderungen in der beeindruckenden Landschaft
Nordschwedens und Nordnorwegens

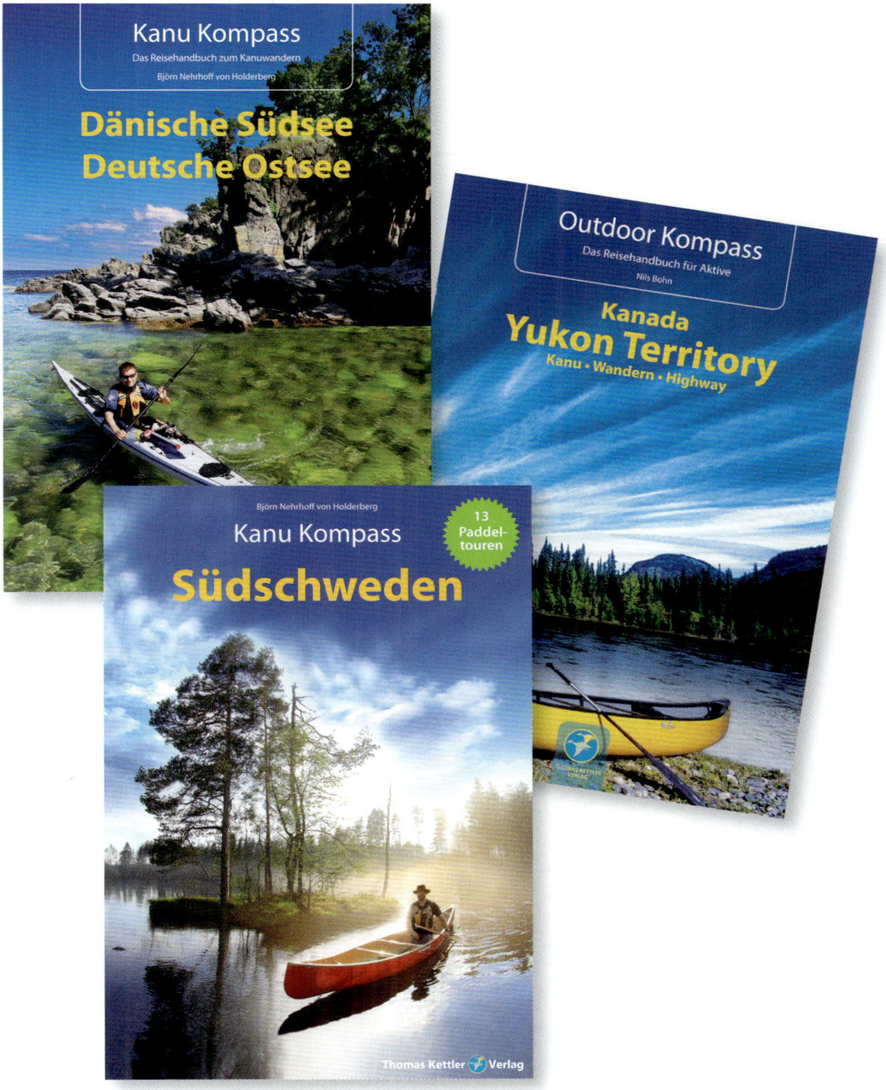

. . . Paddler, Abenteurer, Naturverbundene & Entdecker

Thomas Kettler Verlag

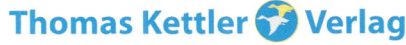

Die Buchreihe KANU KOMPAKT

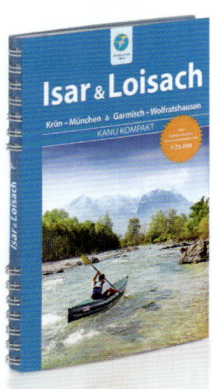

- Kanutourenführer mit Ringbindung
- topografische Wasserwanderkarten
- Reiseführer
- Kanufahrschule

4 in 1

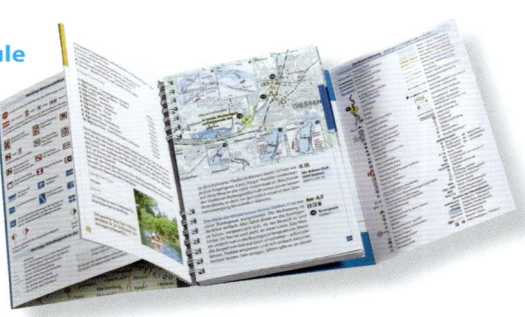

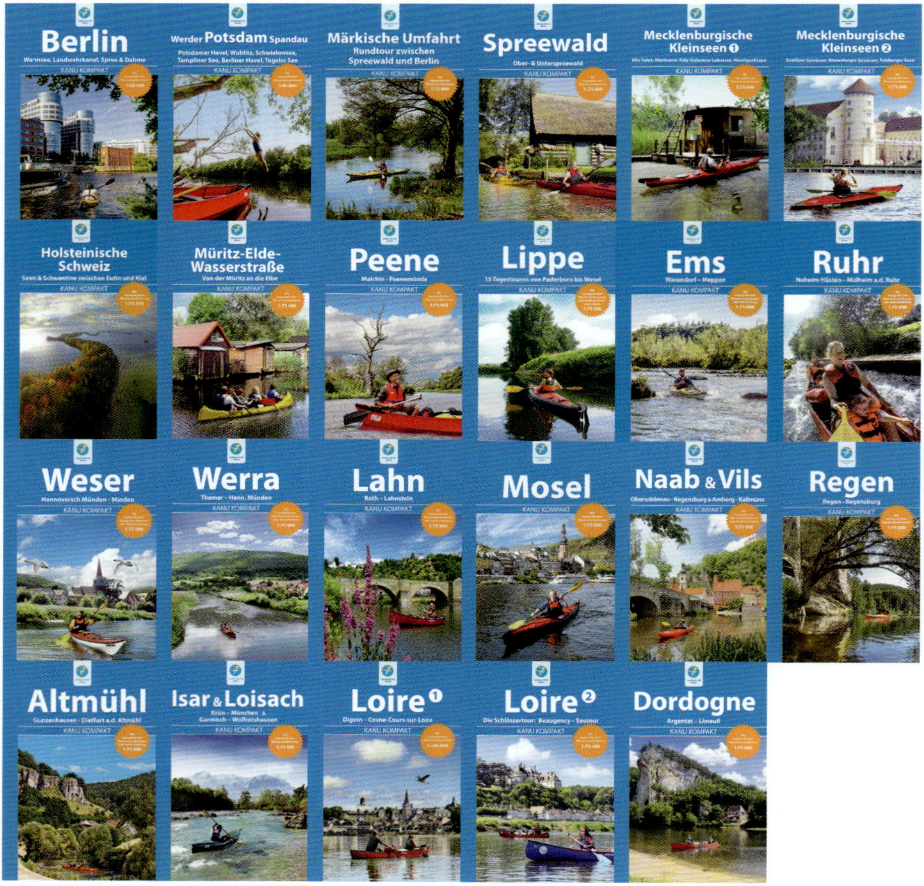

Berlin
Wannsee, Landwehrkanal, Spree & Dahme
KANU KOMPAKT

Werder Potsdam Spandau
Potsdamer Havel, Wublitz, Schwielowsee,
Templiner See, Beelitzer Havel, Tegeler See
KANU KOMPAKT

Märkische Umfahrt
Rundtour zwischen
Spreewald und Berlin
KANU KOMPAKT

Spreewald
Ober- & Unterspreewald
KANU KOMPAKT

Mecklenburgische Kleinseen ➊
Klix-Fahrt, Mirowern Müriz Gabemine Laberzen Mirelputzinen
KANU KOMPAKT

Mecklenburgische Kleinseen ➋
Zerdlärer Gemäszen, Wenterburgez Gewässer, Feldberger Seen
KANU KOMPAKT

Holsteinische Schweiz
Seen & Schwentine zwischen Eutin und Kiel
KANU KOMPAKT

Müritz-Elde-Wasserstraße
Von der Müritz an die Elbe
KANU KOMPAKT

Peene
Malchin - Poenemünde
KANU KOMPAKT

Lippe
15 Tagestouren von Paderborn bis Wesel
KANU KOMPAKT

Ems
Warendorf – Meppen
KANU KOMPAKT

Ruhr
Neheim-Hüsten – Mülheim a.d. Ruhr
KANU KOMPAKT

Weser
Hannoversch Münden - Minden
KANU KOMPAKT

Werra
Themar – Hann. Münden
KANU KOMPAKT

Lahn
Roth – Lahnstein
KANU KOMPAKT

Mosel
KANU KOMPAKT

Naab & Vils
Oberviähtenau – Regensburg & Amberg - Kallmünz
KANU KOMPAKT

Regen
Regen – Regensburg
KANU KOMPAKT

Altmühl
Gunzenhausen - Dietfurt a.d. Altmühl
KANU KOMPAKT

Isar & Loisach
Krün – München &
Garmisch – Wolfratshausen
KANU KOMPAKT

Loire ➊
Digoin - Cosne-Cours-sur-Loire
KANU KOMPAKT

Loire ➋
Die Schlössertour: Bezugency - Saumur
KANU KOMPAKT

Dordogne
Argentat - Limeuil
KANU KOMPAKT

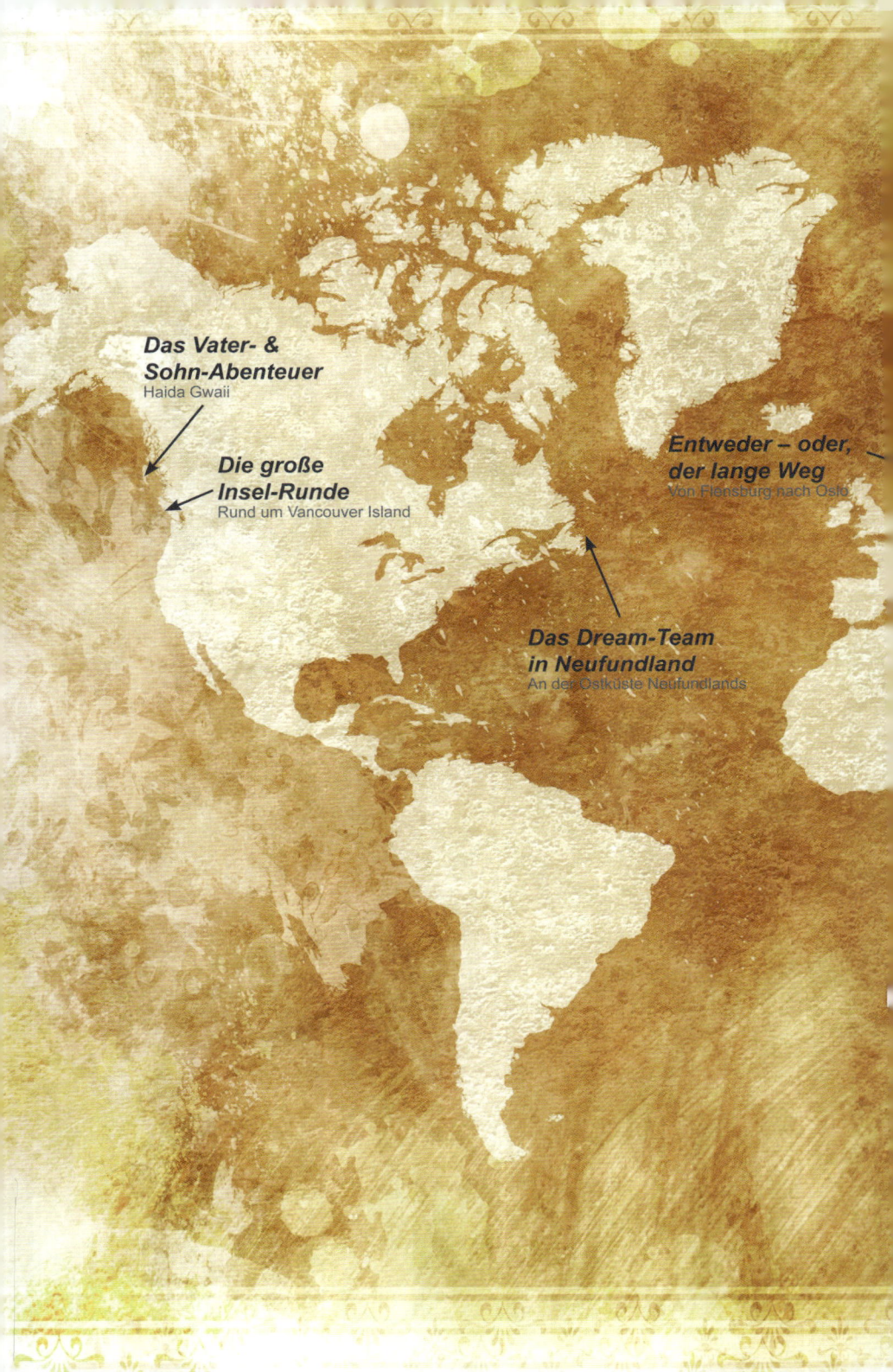

**Das Vater- &
Sohn-Abenteuer**
Haida Gwaii

**Die große
Insel-Runde**
Rund um Vancouver Island

**Entweder – oder,
der lange Weg**
Von Flensburg nach Oslo

**Das Dream-Team
in Neufundland**
An der Ostküste Neufundlands